Etgar Keret

Plötzlich klopft es an der Tür

atb aufbau taschenbuch

ETGAR KERET, geboren 1967 in Ramat Gan, Israel, ist einer der bedeutendsten zeitgenössischen Schriftsteller Israels. Er gilt als Meister der Kurzgeschichte, seine Short-Story-Bände sind in Israel Bestseller und werden in 40 Sprachen übersetzt. Er lebt mit seiner Familie in Tel Aviv.

Bei Aufbau außerdem lieferbar: »Tu's nicht. Storys« sowie im Aufbau Taschenbuch »Die sieben guten Jahre. Mein Leben als Vater und Sohn«.

Mehr zum Autor unter www.etgarkeret.com.

Ein Kind großziehen, den Chef anlügen, eine Bestellung in einem Fast-Food-Restaurant aufgeben: In Etgar Kerets Storys ist das tägliche Leben kompliziert, gefährlich und immer voller Sehnsucht. In seinem spielerischsten und besten Band koexistieren die Lebenden und die Toten, wilde Kinder und sprechende Tiere, Träume und Wachleben in einer unruhigen Welt. Die Geschichten strotzen vor Absurdität, Humor, Traurigkeit und Mitgefühl und machen Etgar Keret – von der New York Times zum »Genie« erklärt – zu einem der originellsten Schriftsteller seiner Generation.

Etgar Keret

Plötzlich klopft es an der Tür

Storys

Aus dem Hebräischen
von Barbara Linner

atb aufbau taschenbuch

Die Originalausgabe unter dem Titel
Pitom dfika badelet
erschien 2011 bei Kinneret Zmora-Bitan Dvir, Or Jehuda.

Die deutsche Erstausgabe erschien 2012 bei S. Fischer Verlag, Frankfurt am Main.

MIX
Papier aus verantwortungsvollen Quellen
FSC® C083411

ISBN 978-3-7466-3693-1

Aufbau ist eine Marke der Aufbau Verlage GmbH & Co. KG

1. Auflage 2021

Umschlaggestaltung zero-media.net, München
unter Verwendung eines Motives von FinePic®, München
Druck und Binden CPI books GmbH, Leck, Germany
Printed in Germany

www.aufbau-verlage.de

Für Schira

Inhalt

Plötzlich klopft es an die Tür

»Erzähl mir eine Geschichte«, befiehlt der bärtige Mann, der bei mir im Wohnzimmer auf dem Sofa sitzt. Die Lage, ich gestehe es, ist nicht gerade erfreulich für mich. Ich schreibe schließlich Geschichten, ich erzähle sie nicht. Und auch das mache ich nicht auf Bestellung. Der letzte Mensch, der mich gebeten hat, ihm eine Geschichte zu erzählen, war mein Sohn. Das war vor einem Jahr. Ich habe ihm etwas von einer Fee und einer Wühlmaus erzählt, ich weiß nicht mal mehr, was, und nach zwei Minuten ist er eingeschlafen. Doch hier ist die Lage wesentlich anders geartet. Denn mein Sohn hat keinen Bart. Und keine Pistole. Denn mein Sohn hat um die Geschichte hübsch gebeten, während dieser Mann einfach versucht, sie mir zu rauben.

Ich versuche dem Bärtigen zu erklären, dass es sich, wenn er die Pistole in die Tasche zurücksteckte, nur zu seinen Gunsten auswirken würde. Zu unseren Gunsten. Es ist schwierig, eine Geschichte zu erfinden, wenn dir die Mündung einer geladenen Pistole auf den Kopf zielt. Aber der Kerl bleibt stur. In diesem Staat, erklärt er, musst du, wenn du was willst, es mit Gewalt einfordern. Er ist ein Neueinwanderer aus Schweden. In Schweden ist das völlig anders. Dort bittet man, wenn man was will, höflich darum, und meistens kriegt man es auch. Aber in dieser dampfenden und erstickenden Levante ist das nicht so. Eine Woche hier reicht dir aus, um zu verstehen, wie es funktioniert. Oder richtiger gesagt, um zu kapieren, wie es nicht funktioniert. Die Palästinenser haben hübsch um einen Staat gebeten. Haben sie was gekriegt? Einen Scheißdreck haben sie gekriegt. Haben sie sich darauf verlegt, Kinder in Bussen in die Luft zu jagen, und plötzlich fing man an, ihnen zuzuhören. Die Siedler wollten, dass man den Dialog mit ihnen aufnimmt. Hat man? Einen feuchten Dreck hat man. Haben sie rumgeprügelt, ein bisschen kochendes Öl auf Grenzwächter gekippt, und auf einmal hat man angefangen, ihnen entgegenzukommen. Dieser Staat ist ein Staat, der nur Gewalt versteht, egal, ob von Politik, Wirtschaft oder einem Parkplatz die Rede ist. Bloß Gewalt verstehen wir hier.

Schweden, von wo aus der Bärtige die Einwanderung nach Israel gemacht hat, ist ein fortschrittlicher Ort, erfolgreich auf nicht gerade wenigen Gebieten. Schweden ist nicht bloß Abba und Ikea und Nobelpreis. Schweden, das ist eine volle Welt, und alles, was sie erreicht haben, haben sie ausschließlich auf sanften Wegen erreicht. In Schweden, wenn er zum Haus der Solistin von Ace of Base gehen, an die Tür klopfen und darum bitten würde, dass sie ihm ein Lied vorsingt, würde sie ihm ein Glas Tee machen, eine Akustikgitarre unterm Bett rausziehen und für ihn spielen. Und das alles mit einem Lächeln. Aber hier? Wenn er keine Pistole in der Hand hätte, würde ich ihn doch bloß sämtliche Treppen hinunterwerfen.

»Schauen Sie«, versuche ich einzuwenden.

»Nichts da mit schauen Sie«, knurrt der Bärtige und spannt den Abzug, »entweder eine Geschichte oder eine

Kugel in den Kopf.« Ich begreife, dass mir keine Wahl bleibt. Dem Kerl ist es absolut ernst.

»Zwei Menschen sitzen in einem Raum«, fange ich an, »und plötzlich hört man ein Klopfen an der Tür.« Der Bärtige richtet sich gespannt auf. Für einen Moment kommt mir vor, die Geschichte habe ihn gepackt, aber nein, die ist es nicht. Er horcht auf etwas anderes. Jemand klopft wirklich an die Tür.

»Mach auf«, sagt er zu mir, »und probier ja nichts. Bring ihn so schnell wie möglich weiter, sonst wird das böse enden.« Der junge Mann an der Tür ist von einer Meinungsumfrage. Er hat ein paar Fragen. Kurze. Zur hohen Feuchtigkeit hier im Sommer und dazu, wie sie sich auf meine Nerven auswirkt. Ich sage ihm, dass ich nicht interessiert bin, an der Umfrage teilzunehmen, aber er drängt sich trotzdem in die Wohnung.

»Wer ist das?«, fragt er mich und deutet auf den Bärtigen.

»Das ist mein Neffe aus Schweden«, lüge ich. »Er ist hergekommen, um seinen Vater zu beerdigen, der durch eine Schneelawine getötet wurde. Wir gehen gerade das Testament durch. Wären Sie bitte bereit, unsere Privatsphäre zu respektieren und zu gehen?«

»Is ja schon gut«, klopft mir der Meinungsforscher auf die Schulter, »doch bloß ein paar Fragen, gib deinem Bruder eine Chance, sich zu ernähren. Sie zahlen mir pro Kopf.« Er lümmelt sich mit seinem Ordner auf das Sofa. Der Schwede setzt sich neben ihn. Ich stehe noch, versuche entschieden zu klingen.

»Ich bitte Sie zu gehen«, sage ich zu ihm, »Sie sind zu einer ungünstigen Zeit gekommen.«

»Ungünstig, eh?« Der Meinungsforscher zieht einen Trommelrevolver aus dem Ordner. »Warum denn ungünstig, weil dein Bruder Orientale ist? Für Schweden, wie ich sehe, hast du ein Meer von Zeit. Aber für einen Marokkaner, einen entlassenen Soldaten, der ein Stück von seiner Milz im Libanon gelassen hat, für einen Kameraden hat man nicht mal ne Minute übrig.« Ich versuche ihm zu erklären, dass dem so nicht ist. Dass er mich einfach in einem delikaten Augenblick mit diesem Schweden erwischt hat. Aber der Meinungsforscher nähert den Revolverlauf seinen Lippen, signalisiert mir, den Mund zu halten. »Marschmarsch, allez-hopp«, sagt er, »nix mit Ausreden. Setz dich hier in den Sessel, und fang an auszuspucken.«

»Was ausspucken?«, frage ich. Die Wahrheit ist, dass ich jetzt langsam echt in Stress komme. Auch der Schwede hat eine Schusswaffe, es könnte hier eine Spannung entstehen, Ost-West und solches Zeug, Mentalitätsunterschiede. Oder er könnte einfach bloß so explodieren, weil er die Geschichte nur für sich selber, solomäßig, wollte.

»Leg dich nicht mit mir an«, droht der Meinungsforscher, »ich hab ne kurze Lunte. Nu, spuck schon aus, irgendeine Geschichte, ticketacke.«

»Ja«, schließt sich ihm der Schwede in überraschender Harmonie an, und auch er richtet seine Waffe auf mich. Ich räuspere mich und fange wieder an:

»Drei Menschen sitzen in einem Raum …«

»Und ohne ›plötzlich klopft es an der Tür‹«, fährt der Schwede warnend dazwischen. Der Meinungsforscher versteht nicht genau, was er damit meint, aber er springt auf die gleiche Welle mit auf.

»Wallah«, sagt er, »ohne Türklopfen. Erzähl was anderes. Was Überraschendes.« Ich schweige einen Moment, hole Luft. Beider Blick ist auf mich konzentriert. Wie kommt es nur, dass ich immer in solche Situationen gerate? Einem Amos Oz oder Grossman würde das nie im Leben passieren. Plötzlich ist ein Klopfen an der Tür zu hören. Ihr Blick wird konzentriert drohend. Ich zucke mit den Achseln. Das bin schließlich absolut nicht ich. Es gibt überhaupt nichts in meiner Geschichte, das mit diesem Klopfen in Zusammenhang steht.

»Werd ihn los«, befiehlt mir der Meinungsforscher, »werd ihn los, wer immer das auch ist.« Ich öffne die Tür nur einen Spalt. Ein Pizzabote steht dort.

»Bist du Keret?«, fragt er.

»Ja«, sage ich, »aber ich habe keine Pizza bestellt.«

»Bei mir steht hier, Zamenhoff vierzehn«, er wedelt mir mit einem Zettel vor der Nase herum und drängelt sich hinein.

»Das mag ja da stehen«, sage ich, »aber ich habe überhaupt keine Pizza bestellt.«

»Familienausgabe«, beharrt er. »Halb Ananas, halb Sardellen. Ist schon bezahlt. Mit Karte. Gib mir bloß ein Trinkgeld, und weg bin ich.«

»Bist du auch wegen der Geschichte hier?«, forscht der Schwede.

»Was für eine Geschichte?«, fragt der Bote. Man sieht, dass er schwindelt, er ist nicht besonders gut darin.

»Hol ihn raus«, wirft ihm der Meinungsforscher zu, »nu, hol schon den Revolver raus.«

»Ich hab keinen Revolver«, gesteht der Bote und deckt unter seinem Pizzapappkarton ein langes Schlachtermesser auf. »Aber ich schneid ihn in Scheibchen wie eine Pastrami, wenn er mir hier jetzt nicht gleich irgendein Geschichtchen vorsingt.«

Die drei sitzen auf dem Sofa. Der Schwede rechts, neben ihm der Bote, links der Meinungsforscher.

»Ich kann so nicht«, sage ich zu ihnen, »da kommt einfach keine Geschichte raus, wenn ihr drei mit der Waffe und dem Ganzen hier seid. Geht raus, dreht mal eine kleine Runde, und bis ihr zurückkommt, werde ich schon irgendwas fertig haben.«

»Der Scheißkerl wird die Polizei rufen«, sagt der Meinungsforscher zum Schweden, »was meint der denn, dass wir von gestern sind?«

»Nu, jetzt rück schon eine raus, und dann gehen wir«, fleht der Bote, »eine, eine kurze. Sei kein Knauser. Es sind schwere Zeiten. Arbeitslosigkeit, Anschläge, Iraner. Die Leute sind gierig nach was anderem. Was, meinst du denn, hat uns, korrekte Normalbürger, so weit gebracht, bis hierher zu dir? Die Verzweiflung, Mann, die Verzweiflung.«

Ich nicke und fange wieder an.

»Vier Menschen sitzen in einem Raum. Es ist heiß. Langweilig. Die Klimaanlage läuft nicht. Einer von ihnen verlangt eine Geschichte. Der zweite und der dritte schließen sich ihm an …«

»Das ist keine Geschichte«, platzt der Meinungsforscher wütend dazwischen, »das ist ein Bericht. Das ist genau das, was hier jetzt passiert. Genau das, vor dem wir zu fliehen versuchen. Kipp doch die Wirklichkeit nicht so über uns aus wie ein Mülllaster. Wirf deine Phantasie an, Bruderherz, erfind was, lass es strömen, geh damit so weit wie möglich.« Ich fange erneut an.

»Ein Mann sitzt allein in einem Zimmer. Er ist einsam. Er ist Schriftsteller. Er will eine Geschichte schreiben. Sehr viel Zeit ist vergangen, seit er seine letzte Geschichte geschrieben hat, und er hat Sehnsucht. Sehnsucht nach diesem Gefühl, etwas aus etwas zu erschaffen. Ja, etwas aus etwas. Denn etwas aus nichts, das ist, wenn man was komplett erfindet. Das hat keinen Wert, ist auch nicht wirklich eine Kunst. Aber dieses gewisse Etwas-aus-Etwas, das ist, wenn du etwas entdeckst, das die ganze Zeit über in dir vorhanden war, es in einem Ereignis entdeckst, das nie passiert ist. Der Mann entschließt sich, eine Geschichte über die Lage zu schreiben. Nicht über die politische und auch nicht über die gesellschaftliche Lage. Er beschließt, eine Geschichte über die menschliche Lage zu schreiben. Die menschliche Lage, wie er sie in diesem Moment erlebt. Doch es kommt keine Geschichte. Denn die menschliche Lage, wie er sie in diesem Moment erlebt, ist anscheinend keine Geschichte wert. Er stellt sich schon darauf ein aufzugeben, als es plötzlich …«

»Ich hab dich echt schon gewarnt«, schneidet mich der Schwede ab, »ohne Türklopfen.«

»Ich muss aber«, beharre ich, »ohne Türklopfen keine Geschichte.«

»Lass ihn«, sagt der Bote sanft, »lass mal locker. Er will ein Türklopfen? Dann eben Türklopfen. Wenn er uns bloß endlich eine Geschichte serviert.«

Lügenland

Seine erste Lüge erfand Rubi, als er sieben war. Seine Mutter gab ihm einen alten zerknitterten Geldschein und bat ihn, ihr beim Krämer eine Schachtel lange Kent zu kaufen. Rubi kaufte sich ein Eis von dem Geld. Die Münzen, die er als Wechselgeld herausbekam, versteckte er unter einem großen weißen Stein im Hinterhof des Hauses, in dem sie wohnten, und als er zurückkam, erzählte er seiner Mutter, dass ihn ein furchterregender rothaariger Junge mit einem fehlenden Schneidezahn auf der Straße angehalten, ihm eine Ohrfeige verpasst und ihm den Geldschein abgenommen habe. Sie glaubte es. Und ab da hörte Rubi nicht mehr auf zu lügen. In der Oberstufe fuhr er nach Eilat und räkelte sich dort fast eine Woche am Strand, nicht bevor er dem Schulsekretär die Geschichte von einer Tante aus Be'er-Scheva angedreht hatte, die an Krebs erkrankt war. In der Armee war diese illusionäre Tante dann schon blind und half Rubi aus einem Schlamassel wegen unerlaubter Abwesenheit heraus, ohne Haft und sogar ohne Stubenarrest. In der Arbeit rechtfertigte er einmal eine zweistündige Verspätung mit der Lüge von einem Schäferhund, den er angefahren am Straßenrand gefunden und zum Tierarzt gebracht hatte. In der Lüge blieb der Hund an zwei Beinen gelähmt, und die Verspätung ging völlig glatt durch. Eine Menge Lügen produzierte Rubi Algrabli in seinem Leben. Lahme und Kranke, Gewalttätige und Böse, Lügen mit Beinen und auf Rädern, Lügen mit Jackett und mit Schnurrbart. Lügen, die er in Sekundenschnelle erfand, ohne jeden Gedanken daran, dass er ihnen irgendwann einmal wieder begegnen müsste.

Alles begann mit einem Traum. Ein kurzer und nicht besonders klarer Traum von seiner toten Mutter. Im Traum saßen sie beide auf einer Matte inmitten einer weißen, gestaltlosen Fläche, die wirkte, als beginne oder ende sie im Nirgendwo. Neben ihnen auf der endlosen weißen Fläche stand ein Kaugummiautomat von der alten Sorte mit dem durchsichtigen oberen Teil und einem Schlitz, in den man eine Münze einwarf, dann an dem Griff drehte und einen runden Kaugummi erhielt. Und in dem Traum sagte Rubis Mutter zu ihm, dass diese jenseitige Welt sie langsam wahnsinnig machte, denn es seien zwar gute Menschen hier, aber es gebe keine Zigaretten. Nicht bloß keine Zigaretten, auch keinen Kaffee, keinen Kanal 2, rein gar nichts. »Du musst mir helfen, Rubi«, sagte sie, »du musst mir einen Kaugummi kaufen. Ich habe dich großgezogen, Sohn. Diese ganzen Jahre habe ich dir alles gegeben und nichts verlangt. Aber jetzt ist die Zeit gekommen, deiner alten Mutter etwas zurückzugeben. Kauf mir einen runden Kaugummi. Rot, falls möglich. Aber es ist auch nicht schlimm, wenn ein blauer rauskommt.« Im Traum durchwühlte Rubi immer wieder seine Taschen, suchte nach Münzen und fand keine.

»Ich kann nicht, Mama«, sagte er unter Tränen, »ich habe keine Münzen. Ich habe in allen Taschen gesucht.«

Für jemand, der im Wachzustand nie weinte, war es seltsam, im Traum zu weinen.

»Hast du auch unter dem Stein gesucht?«, fragte seine Mutter und legte ihre Hand über die seine. »Vielleicht sind sie noch da?«

Und da wachte er auf. Es war Schabbat, fünf Uhr morgens, noch dunkel draußen. Rubi ertappte sich dabei, wie er ins Auto stieg und zu dem Ort fuhr, wo er als Kind aufgewachsen war. Am Schabbatmorgen, ohne Verkehr auf den Straßen, brauchte er weniger als zwanzig Minuten dorthin. Im Erdgeschoss des Gebäudes, wo einmal der Krämerladen von Pliskin gewesen war, hatte ein »Alles für 1 Dollar« aufgemacht, und daneben, anstelle des Schuhgeschäfts, befand sich jetzt die Filiale einer Mobiltelefongesellschaft, die im Schaufenster ein Display an aufgerüsteten Geräten anbot, als gebe es kein Morgen. Doch das Gebäude war gleich geblieben. Über zwanzig Jahre waren vergangen, seit sie weggezogen waren, aber man hatte es nicht einmal angestrichen. Auch der Hof war noch der gleiche, mit ein paar Blumen, einem Wasserhahn, einer verrosteten Wasseruhr und einer Menge Unkraut. Und in der einen Ecke des Hofes, neben der Wäschespinne, die sie jedes Jahr zum Fest zur Laubhütte umfunktioniert hatten, ruhte der weiße Stein.

Da stand er, im Hinterhof des Hauses, in dem er aufgewachsen war, mit Anorak und einer großen Plastiklampe in der Hand, und fühlte sich komisch. Halb sechs in der Früh, Schabbat. Wenn nun, sagen wir mal, irgendein Nachbar herauskäme, was würde er zu ihm sagen? Meine tote Mutter ist mir im Traum erschienen und hat mich gebeten, ihr einen runden Kaugummi zu kaufen, also bin ich hergekommen, um nach Münzen zu suchen? Es war seltsam, dass der Stein nach so vielen Jahren immer noch da war. Obwohl, wenn man es recht bedenkt, es ist ja nicht so, dass Steine von selber irgendwohin gehen. Er hob den Stein hoch, halb furchtsam, als könnte es sein, dass sich irgendein Skorpion darunter verbarg. Aber es befanden sich weder ein Skorpion oder eine Schlange noch Liramünzen darunter, nur ein Loch vom Durchmesser einer Pampelmuse, aus dem Licht fiel. Rubi versuchte, in das Loch hineinzuspähen, doch das Licht blendete ihn. Er zögerte eine Sekunde, und dann steckte er seine Hand hinein, den ganzen Arm, bis zur Schulter. Er legte sich flach auf die Erde und bemühte sich, etwas zu berühren. Den Boden des Lochs. Doch das Loch hatte keinen Boden, und das Einzige, das er zu fassen bekam, fühlte sich an wie kaltes Metall. Wie ein Griff. Ein Griff von einem Kaugummiautomaten. Rubi drehte mit aller Kraft daran und spürte, wie der Mechanismus nachgab. Jetzt war der Augenblick gekommen, in dem ein runder Kaugummi herausrollen sollte, den ganzen Weg aus den metallischen Eingeweiden des Automaten bis in den Handteller des aufgeregten Jungen, der ungeduldig darauf wartete. Jetzt war der Augenblick, in dem all das passieren musste. Aber es geschah nicht. In der Sekunde, in der Rubi die Drehung des Automatengriffs vollendet hatte, tauchte er da auf.

Dieses »da« war ein andrer, aber auch bekannter Ort. Der Ort aus dem Traum von seiner Mutter. Ganz und gar weiß, ohne Wände, ohne Boden, ohne Decke, ohne Sonne. Nur Weiß, und ein Kaugummiautomat. Ein Kaugummiautomat, und ein kleiner gedrungener, hässlicher rothaariger Junge, den Rubi beim ersten Blick irgendwie zu übersehen geschafft hatte. Und bevor Rubi dazu kam, den Jungen anzulächeln oder etwas zu sagen, trat ihm der Rotschopf auch schon mit aller Gewalt ans Bein, und er brach in die Knie. Jetzt, als er stöhnend vor Schmerzen auf den Knien hockte, befanden sich Rubi und der Junge genau auf gleicher Höhe. Der Rotschopf blickte Rubi in die Augen, und obwohl Rubi wusste, dass sie sich nie begegnet waren, hatte dieser Junge irgendwas Bekanntes.

»Wer bist du?«, fragte er den rothaarigen Jungen, der schnaufend vor ihm stand.

»Ich?«, lächelte der Rotschopf bösartig, wobei er einen fehlenden Schneidezahn entblößte. »Ich bin deine erste Lüge.«

Rubi versuchte aufzustehen. Das Bein, gegen das der Rotschopf getreten hatte, tat irrsinnig weh. Der Rotschopf selbst war schon längst davongerannt. Rubi begutachtete den Kaugummiautomaten aus der Nähe. Zwischen den runden Kaugummis versteckten sich halbtransparente Plastikkugeln, die Überraschungen enthielten. Er durchwühlte seine Taschen auf der Suche nach einer Münze, doch da fiel ihm ein, dass es dem rothaarigen Jungen gelungen war, ihm die Geldbörse wegzuschnappen, bevor er geflüchtet war. Rubi begann in eine ungewisse Richtung zu hinken. Da es auf der weißen Fläche keinerlei Anhaltspunkt außer dem Kaugummiautomaten gab, konnte er als Einziges bloß versuchen, sich von ihm zu entfernen. Alle paar Schritte drehte er den Kopf nach hinten, um sich zu vergewissern, dass der Automat tatsächlich kleiner wurde, bis er bei einem der Male, als er sich umschaute, einen Schäferhund und daneben einen mageren alten Mann mit einem Glasauge und zwei Handstümpfen erblickte. Den Hund erkannte er gleich an der Art, wie er sich halb kriechend fortbewegte, wobei seine Vorderbeine mit enormer Anstrengung sein gelähmtes Becken nachzogen. Es war der angefahrene Hund aus der Lüge. Der Hund, der vor Anstrengung und Aufregung hechelte, freute sich, ihn zu sehen. Er leckte Rubis Hand und fixierte ihn aus glänzenden Augen. Den mageren alten Mann konnte Rubi nicht identifizieren. Der Alte streckte den Haken, der an seinem rechten Handstumpf befestigt war, zu einem improvisierten Händedruck aus.

»Rubi«, sagte Rubi und nickte.

»Igor«, stellte sich der Alte vor und klopfte mit einem der Haken auf Rubis Rücken.

»Kennen wir uns?«, fragte Rubi nach einigen Sekunden schweigenden Zögerns.

»Nein«, sagte Igor und angelte sich die Hundeleine mit Hilfe eines seiner Haken, »ich bin wegen ihm hier. Er hat dich kilometerweit gerochen und war ganz aufgeregt. Wollte, dass wir kommen.«

»Dann haben ich und du also überhaupt nichts miteinander zu tun«, meinte Rubi mit einem Gefühl der Erleichterung.

»Ich und du?«, gab Igor zurück. »Wirklich gar nichts. Ich bin die Lüge von jemand anderem.« Rubi hätte Igor nur allzu gern gefragt, wessen Lüge er denn sei, doch er war sich nicht sicher, ob diese Frage hier höflich war. Überhaupt wollte er ihn fragen, was dieser Ort eigentlich genau war und ob es hier noch viele Leute gab oder Lügen, oder wie immer sie sich auch nennen mochten, aber er fürchtete, auch das wäre eine zu heikle Frage. Also streichelte er, anstatt zu reden, den verkrüppelten Hund von Igor. Der Hund war ein lieber Kerl. Es sah so aus, als freute er sich tatsächlich riesig, Rubi zu treffen, und Rubi hatte Mitleid mit dem invaliden Tier und fühlte sich schuldig, dass er keine weniger leidvolle und schmerzhafte Lüge erfunden hatte.

»Der Kaugummiautomat«, fragte er Igor nach einigen Minuten, »mit was für Münzen funktioniert er?«

»Liras«, antwortete der Alte.

»Da war vorher irgend so ein Junge da«, sagte Rubi, »hat mir die Geldbörse weggenommen. Aber auch wenn er sie mir gelassen hätte, wären keine Liras drin gewesen.«

»Ein Junge mit Zahnlücke?«, fragte Igor. »Dieser Schurke klaut von allen. Sogar dem Hund frisst er das Bonzo weg. Bei uns in Russland würde man ein solches Kerlchen in Unterhemd und Unterhose in den Schnee rausstellen und ihn erst wieder nach Hause lassen, wenn sein ganzer Körper blau angelaufen ist.« Igor deutete mit einem Haken auf seine hintere Hosentasche. »Da drinnen sind ein paar Liras. Nimm sie, ein Geschenk von mir.« Der betretene Rubi holte sich eine Liramünze aus Igors Tasche, und nachdem er sich bedankt hatte, versuchte er ihm als Gegengabe seine Swatchuhr anzubieten.

»Danke«, lächelte Igor, »aber für was brauche ich eine Plastikuhr? Außerdem, ich hab's nie irgendwohin eilig.« Und als er sah, dass Rubi nach etwas anderem suchte, das er ihm stattdessen geben könnte, beruhigte er ihn schnell: »Ich bin dir sowieso schon was schuldig. Wenn deine Lüge von dem Hund nicht gewesen wäre, wäre ich hier total allein. Jetzt sind wir also quitt.« Rubi hinkte rasch in Richtung des Kaugummiautomaten zurück. Der Tritt des rothaarigen Jungen schmerzte immer noch, allerdings weniger. Er steckte die Lira in den Automaten, tat einen tiefen Atemzug, schloss die Augen und drehte schnell am Griff.

Er fand sich ausgestreckt auf dem Boden im Hof des alten Hauses wieder. Erstes Licht begann schon den Himmel in dunklen Blautönen zu färben. Rubi zog seine zur Faust geballte Hand aus dem tiefen Loch, und als er sie öffnete, entdeckte er einen runden, roten Kaugummi darin.

Bevor er ging, schob er den Stein an seinen Platz zurück. Er fragte sich nicht, was in dem Loch dort eigentlich genau passiert war, sondern stieg bloß ins Auto ein, schaltete in den Rückwärtsgang und fuhr weg. Den roten Kaugummi legte er unters Kissen, für seine Mutter, falls sie im Traum zurückkommen sollte.

In den ersten Tagen dachte Rubi noch eine Menge daran, an diesen Ort, an den Hund, an Igor, an seine anderen Lügen, die er zum großen Glück nicht getroffen hatte. Da war diese sonderbare Lüge, die er einmal Ruthi, seiner früheren Freundin, erzählt hatte, als er nicht zum Freitagabendessen bei ihren Eltern erschienen war, eine Lüge von seiner Nichte, die in Natania wohnte und mit einem gewalttätigen Mann verheiratet war, wie dieser gedroht hätte, sie umzubringen, und Rubi dort hinmusste, um die Gemüter zu beruhigen. Bis heute wusste er nicht, warum er diese abartige Geschichte erfunden hatte. Vielleicht dachte er damals, je komplizierter und schräger er etwas erfände, desto mehr würde sie ihm glauben. Es gibt Menschen, die, wenn sie nicht zum Freitagabendessen erscheinen, einfach sagen, dass sie Kopfschmerzen haben, aber bei ihm, wegen diesen Geschichten, lebten jetzt nicht weit von hier in irgendeinem Loch in der Erde ein wahnsinniger Ehemann und eine verprügelte Frau.

Er kehrte nicht zu dem Loch zurück, aber etwas von diesem Ort blieb in ihm zurück. Am Anfang log er noch weiter, aber solche positiven Lügen, wo nicht geschlagen, gehinkt oder an Krebs gestorben wurde. Er kam zu spät zur Arbeit, weil er die Blumentöpfe in der Wohnung seiner Tante gießen musste, die ihren erfolgreichen Sohn in Japan besuchen gefahren war; zu irgendeiner Feier wegen der Geburt einer Tochter kam er nicht, weil eine Katze fast vor seiner Tür geworfen hatte und er sich um die Jungen kümmern musste. Solche Sachen. Doch das Problem mit diesen ganzen positiven Lügen war, dass sie viel komplizierter zu erfinden waren. Wenigstens solche, die sich überzeugend anhörten. Überhaupt, wenn du den Leuten was Schlimmes erzählst, nehmen sie dir das sofort ab, das klingt normal für sie. Wenn du aber gute Sachen erfindest, tendieren sie zu Misstrauen. Und so stellte Rubi langsam und allmählich fest, dass er immer weniger log. Aus Faulheit hauptsächlich. Und mit der Zeit dachte er auch weniger an diesen Ort. An das Loch. Bis zu dem Morgen, an dem er auf dem Korridor Natascha vom Budget mit dem Abteilungsleiter reden hörte. Sie bat ihn, ihr für ein paar Tage dringend Urlaub zu geben, da ihr Onkel Igor einen Herzinfarkt gehabt habe. Ein armer Tropf, glückloser Witwer, der bei einem Verkehrsunfall in Russland schon seine beiden Hände verloren habe und jetzt das noch, er sei so einsam und hilflos. Der Abteilungsleiter genehmigte den Urlaub, und Natascha ging in ihr Büro, nahm ihre Tasche und verließ das Gebäude. Rubi folgte ihr bis zu ihrem Auto. Als sie stehenblieb, um den Schlüssel aus der Tasche zu holen, blieb er auch stehen. Sie drehte sich zu ihm um.

»Du arbeitest im Einkauf«, sagte sie zu ihm, »der Assistent von Zagori, stimmt's?«

»Ja«, nickte Rubi, »ich heiße Rubi.«

»Wallah, Rubi«, sagte Natascha mit einem nervösen russischen Lächeln, »also worum geht's? Brauchst du was?«

»Es ist wegen deiner Lüge, von vorher, beim Abteilungsleiter«, stotterte Rubi, »ich kenne ihn.«

»Bist du mir den ganzen Weg zum Auto nachgegangen, nur um mich zu beschuldigen, dass ich eine Lügnerin bin?«, zischte Natascha.

»Nein«, verteidigte sich Rubi, »ich beschuldige dich gar nicht, echt nicht. Dass du eine Lügnerin bist, geschenkt, wenn's dir Spaß macht. Ich bin auch ein Lügner. Aber dieser Igor, aus deiner Lüge, ich habe ihn getroffen. Er ist ein Goldmensch. Und du, entschuldige, wenn ich das sage, aber du hast schon genug Leiden für ihn erfunden. Ich wollte dir also nur sagen, dass …«

»Würdest du mal zur Seite rücken?«, schnitt ihn Natascha kühl ab. »Du behinderst mich dabei, die Autotür aufzumachen.«

»Ich weiß schon, dass das unsinnig klingt, aber ich kann's dir beweisen«, sagte Rubi drängend. »Er hat kein Auge, der Igor. Das heißt, er hat eins, aber nur eines. Einmal hast du gelogen und gesagt, dass er ein Auge verloren hat, stimmt's?« Natascha, die schon dabei war, ins Auto einzusteigen, hielt inne.

»Woher hast du das denn?«, fragte sie misstrauisch. »Bist du ein Freund von Slava?«

»Ich kenne keine Slava«, stammelte Rubi, »nur Igor. Wirklich wahr, wenn du willst, kann ich dich zu ihm mitnehmen.«

Sie standen im Hinterhof des Hauses. Rubi rückte den Stein weg. Legte sich auf den feuchten Boden und schob einen Arm in das Loch. Über ihm stand Natascha. Er streckte ihr die freie Hand hin und sagte: »Halt sie ganz fest.« Natascha betrachtete den Mann, der zu ihren Füßen ausgestreckt lag. Ein plus Dreißiger, ganz hübsch, der ein sauberes, gebügeltes weißes Hemd anhatte, das jetzt allerdings schon nicht mehr so sauber und viel weniger gebügelt war, dessen einer Arm in einem Loch steckte und dessen Wange an die Erde gedrückt war. »Halt sie ganz fest«, wiederholte er, und sie konnte nicht umhin sich zu fragen, während sie ihm ihre Hand reichte, wie sie bloß immer all diese Hirnkranken fand. Als er mit seinem ganzen Blödsinn am Auto angefangen hatte, hatte sie gedacht, das sei vielleicht so eine Art Humor, etwas dämlich einheimisch Israelisches, so wie diese »Versteckte Kamera« auf Kanal 2, doch jetzt begriff sie, dass der Typ mit den sanften Augen und dem verlegenen Lächeln wirklich durchgeknallt war. Seine Finger umklammerten fest die ihren. So verharrten sie erstarrt für eine kleine Weile, er auf der Erde ausgestreckt und sie leicht gebückt über ihm, mit verwirrtem Blick in den Augen.

»Okay«, flüsterte Natascha dann mit milder, fast therapeutischer Stimme, »jetzt halten wir also Händchen. Was nun?«

»Jetzt« sagte Rubi, »drehe ich am Griff.«

Es kostete sie viel Zeit, Igor zu finden. Zuerst trafen sie irgendeine behaarte und bucklige Lüge, anscheinend von einem Argentinier, der kein Wort Hebräisch sprach, und danach eine andere Lüge Nataschas, so eine Nervensäge von religiösem Polizist, der darauf bestand, sie aufzuhalten und ihre Ausweise zu überprüfen, aber von Igor nie auch nur was gehört hatte. Wer ihnen am Ende half, war Rubis verprügelte Nichte aus Natania. Sie fanden sie dabei, wie sie die Katzenjungen aus seiner letzten Lüge fütterte. Diese Nichte war schon seit einigen Tagen nicht mehr auf Igor gestoßen, aber sie wusste, wo man seinen Hund finden konnte. Und der Hund, nachdem er damit fertig war, Rubis Hände und Gesicht abzulecken, führte sie gerne zum Bett seines Herrchens.

Igor war in keinem guten Zustand, seine Haut war völlig gelb, und er schwitzte die ganze Zeit. Doch als er Natascha sah, lächelte er strahlend breit. Er freute sich dermaßen, dass sie gekommen war, um ihn zu besuchen, dass er darauf bestand, aufzustehen und sie zu umarmen, obwohl er kaum fähig war, sich auf den Beinen zu halten. Als er sie umarmte, fing Natascha an zu weinen und bat um Verzeihung, denn dieser Igor war, nicht weniger als er eine Lüge war, auch ihr Onkel. Ein Onkel, den sie erfunden hatte, stimmt, aber trotzdem immerhin ein Onkel. Daraufhin sagte Igor zu ihr, sie brauche sich für nichts zu entschuldigen, und das Leben, das sie für ihn erfunden habe, sei vielleicht nicht immer gerade eins der leichtesten, aber er genieße jeden Augenblick, und sie müsse sich keine Sorgen machen, denn gegen das Zugunglück in Minsk, gegen den Blitzschlag in Wladiwostok und die Bisse des tollwütigen Wolfrudels in Sibirien sei dieser

Herzinfarkt ein Pipifax. Und als sie zum Kaugummiautomaten zurückkamen, steckte Rubi eine Einliramünze in den Schlitz, nahm Nataschas Hand in die seine und bat sie, am Griff zu drehen.

Als sie wieder im Hof waren, entdeckte Natascha in ihrer Hand eine Plastikkugel mit einer Überraschung darin – ein hässlicher, goldfarbener Plastikanhänger in Form eines Herzen.

»Weißt du«, sagte sie zu Rubi, »ich hätte heute Abend für ein paar Tage mit einer Freundin in den Sinai fahren sollen, aber ich glaube, ich streich das und komm morgen hierher zurück, um Igor zu pflegen. Magst du auch kommen?« Rubi nickte. Er wusste, dass er, um morgen mit ihr mitzukommen, irgendeine Lüge fürs Büro erfinden müsste, aber obwohl er noch keinen genauen Plan hatte, was für eine, wusste er schon, dass es eine sonnige Lüge werden würde, in der viel Licht, Blumen, Himmel und wer weiß was vorkommen würden, vielleicht sogar ein paar lächelnde Babys.

Jesus Christ

Habt ihr euch einmal gefragt, was das häufigste letzte Wort im Munde derer ist, die dabei sind, eines gewaltsamen Todes zu sterben? Die MIT-Universität hat eine umfassende Fachstudie im Kreis heterogener Gemeinden im Norden Amerikas durchgeführt und entdeckt, dass es kein anderes Wort als »fuck« ist. Acht Prozent der Sterbekandidaten sagen »what the fuck«, sechs weitere Prozent sagen nur »fuck«, und dann gibt es noch 2,8 Prozent, die »fuck you« sagen, obgleich in ihrem Falle natürlich »you« das allerletzte Wort ist, auch wenn das »fuck« es unerschütterlich überstrahlt. Doch was sagt Jeremy Kleinman, einen Moment bevor er seiner Seele in der Quartiermeisterei droben enthoben wird? Er sagt: »Ohne Käse«. Jeremy sagte das, weil er gerade in einem Cheeseburgerlokal namens »Jesus Christ« etwas bestellte. Sie hatten keinen schlichten Hamburger auf der Karte, also verlangte Jeremy, der es mit dem koscher sehr genau nahm, einen Cheeseburger ohne Käse. Die Schichtverantwortliche in dem Lokal machte kein Aufhebens davon. Viele Kunden hatten das in der Vergangenheit schon von ihr verlangt. So viele, dass sie bereits das Bedürfnis verspürt hatte, in einer Reihe detaillierter E-Mails dem Generaldirektor der Jesus-Christ-Kette davon zu berichten, der in Atlanta saß. Sie hatte gebeten, in die Speisekarte auch die Variante eines einfachen Hamburgers aufzunehmen. »Viele Leute bitten mich darum, denn im Moment sind sie gezwungen, einen Cheeseburger ohne Käse zu bestellen. Das ist eine spitzfindige und etwas peinliche Möglichkeit. Sie ist peinlich sowohl für mich als auch, wenn Sie gestatten, für die gesamte Kette. Mich bringt das dazu, mich wie eine Technokratin zu fühlen, und den Kunden vermittelt es – dass die Kette ein komplizierter Apparat ist, den sie überlisten müssen, um das Gewünschte zu erhalten.« Der Generaldirektor antwortete nicht auf ihre E-Mails, und die Tatsache, dass er nicht antwortete, war aus ihrer Sicht sogar noch peinlicher und erniedrigender als alle die Male, bei denen ein käseloser Cheeseburger bei ihr bestellt wurde. Wenn sich ein treuer Angestellter an seinen Arbeitgeber wendet und ihn in ein Problem einweiht, noch dazu ein fachliches, das mit dem Arbeitsplatz zusammenhängt, ist das Minimum, zu dem der Arbeitgeber verpflichtet ist, dessen Existenz anzuerkennen. Der Generaldirektor hätte ihr schreiben können, es würde behandelt, oder dass er ihre Anregung zu schätzen wisse, zu seinem Bedauern jedoch die Speisekarte nicht zu ändern vermochte, oder noch eine Million mehr abgedroschener Antwortphrasen von dieser Sorte. Aber nein. Überhaupt nichts schrieb er. Und das brachte sie dazu, sich wie Luft zu fühlen. Genau wie an jenem Abend in New Haven, als ihr Freund Nick die Bedienung anbaggerte, während sie selber neben ihm an der Bar saß. Sie hatte damals geweint, und Nick hatte nicht einmal begriffen, warum. Noch in der gleichen Nacht hatte sie ihre Sachen gepackt und war gegangen. Gemeinsame Freunde riefen einige Wochen danach bei ihr an und erzählten ihr, dass Nick sich umgebracht hatte. Nach außen hin gaben sie ihr keine Schuld an dem, was passiert war, doch da war was an der Art, wie sie ihr das erzählten, irgendwie tadelnd, sie konnte nicht einmal genau definieren, was. Auf alle Fälle, als ihr der Generaldirektor nicht antwortete, erwog sie zu kündigen. Doch die Geschichte mit Nick brachte sie dazu, es nicht zu tun, nicht weil sie dachte, dass sich der Generaldirektor von Jesus Christ umbringen würde, wenn er hörte, dass eine Schichtleiterin in irgendeiner lausigen Zweigstelle im Nordosten des Kontinents gekündigt hatte, weil er ihr nicht antwortete, aber trotzdem. In Wahrheit hätte sich der Generaldirektor, wenn er gehört hätte, dass sie wegen ihm gekündigt hatte, schon umgebracht. Die Wahrheit ist, wenn der Generaldirektor gehört hätte, dass als Auswirkung der illegalen Jagd in Afrika der weiße Löwe zu einem aussterbenden Tier geworden ist, hätte er sich auch umgebracht. Er hätte sich gleichfalls umgebracht, wenn er etwas viel Geringeres und Harmloseres gehört hätte, zum Beispiel, dass es morgen regnen sollte. Der Generaldirektor der Cheeseburgerkette Jesus Christ litt an einer schweren klinischen Depression. Seine Arbeitskollegen wussten das, doch sie trugen Sorge, diese schmerzliche Tatsache nicht zu verbreiten, sowohl weil sie seine Privatsphäre achteten, aber ebenso weil sie den Aktienkurs im Nu fallen lassen konnte. Was verkauft uns denn die Börse anderes als die unfundierte Hoffnung auf eine rosige Zukunft? Und ein Generaldirektor, der an einer klinischen Depression leidet, ist nicht gerade der ideale Emissär, um eine solche Botschaft zu vermitteln. Der Generaldirektor von Jesus Christ, der die persönliche und öffentliche Problematik seiner psychischen Lage voll und ganz internalisierte, versuchte sich mit medikamentöser Behandlung helfen zu lassen. Die Medikamententherapie half überhaupt nichts. Die Medikamente, die er bekam, wurden ihm von einem exilirakischen Arzt verschrieben, der den Flüchtlingsstatus in den USA erhalten hatte, nachdem seine Familie aus Versehen von einer F-16 bombardiert worden war, was ein versuchter Anschlag auf das Leben von Sadam Husseins Söhnen hätte sein sollen. Seine Frau, sein Vater und seine beiden kleinen Söhne waren getötet worden, und nur seine älteste Tochter Soha blieb am Leben. In einem Interview mit CNN sagte der Arzt, dass er trotz seiner persönlichen Tragöde dem amerikanischen Volk nicht zürne. Aber die Wahrheit war, dass er sehr wohl zornig war. Noch mehr als das, er kochte vor Wut auf das amerikanische Volk, doch er begriff, wenn er eine Greencard wollte, würde er in dieser Angelegenheit lügen müssen. Während er log, dachte er an seine toten Familienangehörigen und an seine lebende Tochter. Er glaubte, dass eine Erziehung in den Vereinigten Staaten das Beste für sie sei, und als er log, tat er es eigentlich für sie. Wie sehr er sich doch täuschte. Seine älteste Tochter wurde mit fünfzehn von irgendeinem fetten Whitetrash geschwängert, der in die Klasse über ihr ging und sich weigerte, das Kind anzuerkennen. Infolge einer Komplikation in der Schwangerschaft erlitt der Säugling, der geboren wurde, einen Gehirnschaden. Und in den Vereinigten Staaten, wie an den meisten Orten auf der Welt, ist dein Schicksal, wenn du die alleinerziehende fünfzehnjährige Mutter eines zurückgebliebenen Kindes bist, im Grunde genommen besiegelt. Es gibt sicher irgendeinen grässlichen Film, in dem behauptet wird, dem sei nicht so, dass du Liebe finden und Karriere machen kannst und was nicht alles. Aber das ist nur Film. Im wahren Leben, von dem Moment an, in dem man ihr mitteilte, dass ihr Kind einen Gehirndefekt hatte, war es, als blinkte ein Neonschild mit der Aufschrift »Game over« in der Luft über ihrem Kopf auf. Vielleicht, wenn ihr Vater in CNN die Wahrheit gesagt hätte und sie nicht hergekommen wären, wäre ihr Schicksal anders verlaufen. Auch bei Nick, wenn er nicht mit dieser Wasserstoffblondine in der Bar rumgemacht hätte, wäre seine Situation und die der Schichtleiterin besser gewesen. Und wenn der Generaldirektor der Jesus-Christ-Kette eine angemessene medikamentöse Behandlung erhalten hätte, wäre seine Lage schlicht optimal gewesen. Und wenn dieser Irre in dem Cheeseburgerlokal Jeremy Kleinman nicht erstochen hätte, wäre Jeremys Lage lebendig gewesen, was, nach Meinung vieler, weitaus besser als der tote Zustand gewesen wäre, in dem er sich nun befand. Sein Tod trat nicht unmittelbar ein. Er keuchte, wollte etwas sagen, doch die Schichtleiterin der Filiale, die seine Hand ergriffen hatte, bat ihn, nicht zu sprechen, um seine Kräfte zu schonen. Er sagte also nichts, versuchte seine Kräfte zu schonen. Versuchte es, jedoch ohne Erfolg. Es gibt so eine Theorie, auch sie von der MIT-Universität, glaube ich, vom Schmetterlingseffekt: Ein Schmetterling flattert an einem von Brasiliens Stränden mit den Flügeln, und als Folge davon bricht auf der anderen Seite der Welt ein Tornado aus. Der Tornado kommt in dem Originalbeispiel vor. Es wäre möglich gewesen, auch ein anderes Beispiel zu erfinden, in dem das Flattern der Schmetterlingsflügel gesegneten Regen bringt, doch die Wissenschaftler, die die Theorie entwickelt haben, wählten einen Tornado. Und das nicht, weil auch sie genau wie der Generaldirektor der Jesus-Christ-Cheeseburgerkette an einer klinischen Depression litten. Es ist deswegen, weil Wissenschaftler, die sich auf Wahrscheinlichkeiten spezialisieren, wissen, dass die Chance, dass etwas Schädliches passiert, tausendfach größer ist als die, dass etwas Nützliches passiert.

»Halt mir die Hand«, das war es, was Jeremy Kleinman zur Schichtleiterin sagen wollte, während das Leben wie aus einem durchlöcherten Schokodrinkbeutel aus ihm herauströpfelte, »halt sie fest und lass nicht los, egal, was ist.« Aber er sagte es nicht, denn sie bat ihn, nicht zu sprechen. Er sagte es nicht, denn es war nicht nötig – sie hielt seine schweißnasse Hand, bis er starb. Noch lange danach eigentlich. Sie hielt seine Hand, bis die Leute von der Ambulanz sie fragten, ob sie seine Frau sei. Drei Tage später erhielt sie eine E-Mail vom Generaldirektor der Kette. Dieses Ereignis in der Zweigstelle hatte ihn dazu gebracht, die Kette zu verkaufen und seinen Abschied zu nehmen. Die Entscheidung holte ihn in hinlänglichem Maße aus der Depression, um damit anzufangen, E-Mails zu beantworten. Er beantwortete sie von seinem Notebook aus an einem bezaubernden Meeresstrand in Brasilien. In der langen Mail, die er schrieb, bemerkte er, dass sie vollkommen recht habe und er ihr begründetes Ersuchen an die neue Leitung weitergeben würde. Während er auf »Senden« drückte, streifte sein Finger die Flügel eines dösenden Schmetterlings, der sich auf der Tastatur des Notebooks ausruhte. Der Schmetterling flatterte mit seinen Flügeln. Irgendwo, auf der anderen Seite der Welt, begannen böse Winde zu wehen.

Simion

An der Tür standen zwei. Ein Leutnant mit Häkelkäppchen auf dem Kopf und hinter ihm eine schlanke Offizierin mit hellem, dünnem Haar und den Rangabzeichen eines Hauptmanns auf den Schulterklappen. Orit wartete einen Moment, und als sie weiterhin schwiegen, fragte sie, ob sie ihnen irgendwie helfen könne.

»Gozlan«, schnappte die Offizierin in Richtung des Religiösen halb befehlend, halb tadelnd.

»Es geht um Ihren Mann«, murmelte der Käppchenträger, »können wir reinkommen?«

Orit lächelte und sagte, hier liege offenbar ein Irrtum vor, denn sie sei überhaupt nicht verheiratet. Die Offizierin schaute auf einen zerknitterten Zettel in ihrer Hand und fragte, ob sie Orit heiße, und als Orit das bejahte, sagte sie mit energischer Höflichkeit:

»Vielleicht könnten wir trotzdem für eine Minute hereinkommen?«

Orit führte die beiden in das Wohnzimmer von ihr und ihrer Mitbewohnerin. Noch bevor sie dazu kam zu fragen, ob sie ihnen etwas zu trinken anbieten könne, platzte der Religiöse heraus:

»Er ist tot.«

»Wer?«, fragte Orit.

»Warum jetzt?«, schalt ihn die Offizierin. »Kannst du

nicht eine Sekunde warten, bis sie sitzt? Bis sie sich ein Glas Wasser geholt hat?«

»Entschuldigen Sie«, sagte der Religiöse zu Orit und presste mit einer nervösen Zuckung die Lippen aufeinander, »es ist das erste Mal für mich, ich bin noch Anfänger.«

»Schon gut«, sagte Orit, »aber wer ist tot?«

»Ihr Mann«, antwortete der Religiöse, »ich weiß nicht, ob Sie es gehört haben, aber heute früh gab es einen Anschlag an der Beit-Lid-Kreuzung …«

»Nein«, erwiderte Orit, »ich habe es nicht gehört, ich höre keine Nachrichten. Aber es spielt auch keine Rolle, denn das ist ein Irrtum, wie ich Ihnen schon sagte, ich bin nicht verheiratet.« Der Religiöse warf der Offizierin einen flehentlichen Blick zu.

»Sie sind Orit Beilski?«, fragte diese mit leichter Ungeduld in der Stimme.

»Nein«, sagte Orit, »ich bin Orit Levin.«

»Richtig«, bestätigte die Offizierin, »stimmt. Und im Februar vor zwei Jahren haben Sie den Stabfeldwebel Simion Beilski geheiratet.« Orit ließ sich auf dem zerschlissenen Wohnzimmersofa nieder. Ihr Halsinneres kratzte vor lauter Trockenheit. Bei zweiter Überlegung wäre es wirklich vorteilhafter gewesen, wenn dieser Gozlan gewartet hätte, bis sie sich ein Glas Diätcola geholt hatte, bevor er anfing.

»Also ich versteh nicht«, flüsterte der Käppchenträger mit lautem Organ, »ist sie es oder nicht?« Die Offizierin bedeutete ihm zu schweigen. Sie ging zum Spülbecken in der Küche und brachte Orit ein Glas Wasser. Das Wasser vom Hahn in der Wohnung war ekelhaft. Wasser hatte

Orit schon immer angewidert, aber das in der Wohnung besonders.

»Lassen Sie sich Zeit«, sagte die Offizierin, während sie Orit das Glas reichte. »Wir haben es nirgendwohin eilig«, fügte sie hinzu und setzte sich neben sie. So saßen sie da, in absoluter Stille, bis der Religiöse, der immer noch stand, die Geduld zu verlieren begann.

»Er war allein hier im Land«, sagte er, »das wissen Sie ja bestimmt.« Orit schüttelte den Kopf. »Die ganze Familie ist in Russland geblieben oder in der Völkerunion, ich weiß nicht genau, wie man heute dazu sagt. Er war völlig allein.«

»Abgesehen von Ihnen«, sagte die Offizierin und berührte mit ihrer trockenen Hand die von Orit.

»Sie wissen, was das heißt?«, fragte Gozlan und setzte sich in den Sessel ihnen gegenüber.

»Jetzt sei schon still«, blaffte die Offizierin in seine Richtung, »Idiot.«

»Wieso Idiot?«, entgegnete der Religiöse beleidigt. »Am Schluss müssen wir's sagen, wozu es also rausschieben?«

Die Offizierin ignorierte ihn und legte ihren Arm um Orit, eine peinsame Umarmung, die sie beide in Verlegenheit zu bringen schien.

»Sie müssen was sagen?«, fragte Orit nach und versuchte, sich der Umarmung zu entziehen. Die Offizierin ließ von ihr ab, holte etwas theatralisch tief Luft und sagte:

»Sie sind die Einzige, die ihn identifizieren kann.«

Simion hatte sie erst an dem Tag kennengelernt, an dem sie heirateten. Er diente mit Assi in der Basis, und Assi hatte ihr immer Geschichten von ihm erzählt – dass er seine Hosen dermaßen hochgezogen trug, dass er sich jeden Morgen entscheiden musste, auf welche Seite er seinen Schwanz legte, und wie er, dieser Simion, immer wenn sie im Radio Sendungen mit Soldatengrüßen hörten, also jedes Mal wenn ein Satz gesagt wurde wie »für den liebsten Soldaten in der Armee«, ganz gespannt aufhorchte, als ob dieser Gruß hundertprozentig für ihn sei. »Wer könnte diesem Knallkopf denn überhaupt einen Gruß schicken?«, lachte Assi immer. Und diesen Knallkopf hatte Orit geheiratet. Die Wahrheit war, dass sie vorgeschlagen hatte, Assi solle derjenige sein, der sie heiratete, aber Assi hatte gesagt, das käme nicht in Frage, denn eine fiktive Heirat mit einem Freund sei schon nicht mehr so ganz fiktiv und würde den Salat bloß vorprogrammieren. Er war es auch, der Simion vorschlug. »Für hundert Schekel macht dir dieser Trottel sogar ein Kind«, lachte Assi, »für einen Hunni machen diese Russen alles.« Sie sagte zu Assi, sie müsse darüber nachdenken, obwohl sie im Inneren schon damit einverstanden war. Aber es hatte sie gekränkt, dass Assi nicht bereit war, sie zu heiraten. Es war alles in allem ein Gefallen, denn als Verheiratete musste sie nicht zum Militär, und ein Freund sollte zu helfen verstehen, wenn man ihn braucht. Davon abgesehen, auch wenn es nur fiktiv war, es ist nicht angenehm, mit einem Idioten verheiratet zu sein.

Einen Tag danach kehrte Assi von der Basis zurück, drückte ihr einen nassen Kuss auf die Stirn und sagte: »Ich hab dir hundert Schekel gespart.« Orit wischte sich die Spucke ab, und Assi erklärte: »Der Trottel heiratet dich für umsonst.« Orit sagte, das komme ihr ein bisschen verdächtig vor, da müsse man aufpassen, denn vielleicht begreife dieser Simion nicht so richtig, was »fiktiv« sei.

»Er kapiert schon, und wie der kapiert«, erwiderte Assi und fing an, im Kühlschrank herumzustöbern, »er ist zwar sturzblöd, aber ein erstklassiger Schlawiner.«

»Warum war er dann ohne Geld einverstanden?«, beharrte Orit ernst.

»Ich was wissen?«, lachte Assi und biss in eine ungewaschene Gurke. »Vielleicht hat er's geblickt, dass das wohl das Nächste an Verheiratetsein ist, woran er je im Leben hinkommen kann.«

Die Offizierin fuhr den Renault, und der Religiöse saß hinten. Fast die ganze Strecke schwiegen sie, was Orit eine Menge Zeit ließ, darüber nachzudenken, dass sie zum ersten Mal in ihrem Leben einen toten Menschen sehen würde, und darüber, dass sie sich immer Scheißkerle als Freunde einfing und dann trotzdem, obwohl sie es vom ersten Augenblick an wusste, immer ein bis zwei Jahre mit ihnen zusammenblieb. Sie erinnerte sich an die Abtreibung und an ihre Mutter, die an Seelenwanderung glaubte und sich nachher darauf versteifte, dass die Seele des Säuglings in ihrem zerrupften Kater reinkarniert sei. »Hör dir an, wie er greint«, hatte sie damals zu Orit gesagt, »hör dir seine Stimme an, wie ein Baby. Vier Jahre ist er schon bei dir, und noch nie hat er so geheult.« Orit wusste, dass ihre Mutter Blödsinn redete und dass der Kater höchstens etwas zu fressen oder irgendein Weibchen vom Fenster aus witterte. Allerdings klang sein Geplarr tatsächlich ein bisschen wie das Greinen eines Babys, und er hörte die ganze Nacht nicht damit auf. Ihr einziges Glück war, dass sie und Assi da schon nicht mehr zusammen waren, denn wenn sie ihm so etwas erzählt hätte, hätte er auf der Stelle zu lachen angefangen.

Sie versuchte, an Simions Seele zu denken, wo sie jetzt wohl herumwanderte, erinnerte sich jedoch sofort selbst daran, dass sie ja überhaupt nicht daran glaubte. Anschließend versuchte sie sich zu erklären, weshalb sie zugestimmt hatte, mit den Offizieren nach Abu-Kabir mitzukommen, und warum sie ihnen nichts davon gesagt hatte, dass es eine fiktive Ehe gewesen war. Es war schon etwas sonderbar, so im Leichenschauhaus anzukommen, um den Ehemann zu identifizieren. Gruslig, aber auch bestechend. Es war ein bisschen, wie in einem Film mitzuspielen – das Erlebnis mitnehmen, ohne den Preis zu zahlen. Assi hätte sicher gesagt, das sei die superklasse Gelegenheit, lebenslang die Rente einer Soldatenwitwe zu kassieren, ohne einen Finger zu rühren, und dass gegen eine Heiratsurkunde vom Rabbinat kein Mensch in der Armee einen Mucks machen könnte.

»Es wird schon gutgehen«, sagte die Offizierin, die offenbar die Denkfalten auf Orits Stirn bemerkt hatte, »wir werden die ganze Zeit bei Ihnen sein.«

Zum Rabbinat war Assi als Simions Zeuge gekommen, und während der ganzen Zeremonie versuchte er nur, Orit zum Lachen zu bringen und schnitt ihr Grimassen. Simion selbst sah viel besser aus als in den Geschichten über ihn. Kein wahnsinnig toller Typ, aber lang nicht so hässlich, wie Assi ihn beschrieben hatte, und auch kein solcher Idiot. Er war sehr eigenartig, aber nicht dumm, und nach dem Rabbinat lud Assi sie und ihn zu einem

Falafel ein. An diesem ganzen Tag hatten Simion und Orit kein Wort gewechselt außer »Schalom« und dem, was bei der Zeremonie gesagt werden musste, und auch beim Falafel waren sie bemüht, einander nicht anzuschauen. Assi fand das lustig. »Schau doch mal, wie hübsch deine Frau ist«, er legte eine Hand auf Simions Schulter, »schau, welch eine Blume.« Simion hielt seine Augen auf das tropfende Pita in seiner Hand geheftet. »Was soll nur werden mir dir, o Simion?«, peinigte Assi ihn weiter. »Du weißt, dass du jetzt verpflichtet bist, sie zu küssen. Sonst ist die Ehe, nach jüdischem Religionsgesetz, nicht gültig.« Bis heute wusste sie nicht wirklich, ob Simion das geglaubt hatte. Assi sagte nachher zu ihr, klar habe er das nicht, er habe einfach bloß die Gelegenheit ausgenutzt, doch Orit war sich da weniger sicher. Wie auch immer, plötzlich beugte er sich in ihre Richtung und versuchte, ihr einen Kuss zu geben. Orit machte einen Satz rückwärts, und seine Lippen kamen nicht so weit, sie zu berühren, doch der Geruch, der aus seinem Mund kam, traf sie und vermischte sich mit dem Bratenfettdunst des Falafels und diesem modrigen Mief vom Rabbinat, der in ihrem Haar hing. Sie ging noch ein paar Schritte weiter weg und kotzte in einen Pflanzenkübel, und als sie ihre Augen von dem Kübel hob, trafen sie auf Simions. Simion erstarrte einen Moment, und dann begann er einfach davonzurennen. Flüchtete. Assi versuchte ihm nachzurufen, doch er blieb nicht stehen. Und das war das letzte Mal, dass sie ihn gesehen hatte. Bis heute.

Auf der Fahrt dorthin hatte sie Angst gehabt, sie würde ihn nicht identifizieren können. Sie hatte ihn schließlich nur ein einziges Mal gesehen, vor zwei Jahren, und damals lebendig. Doch jetzt wusste sie sofort, dass er es war. Ein grünes Laken bedeckte seinen ganzen Körper außer dem Gesicht, das bis auf ein kleines Loch in der Wange, nicht größer als eine Schekelmünze, völlig unversehrt war. Und der Verwesungsgeruch war genau wie der seines Atems an ihrer Wange vor zwei Jahren. Sie hatte sich oft an diesen Augenblick erinnert. Noch am Falafelstand hatte Assi zu ihr gesagt, es sei ja nicht ihre Schuld, dass dieser Simion aus dem Mund stinke, aber sie hatte die ganze Zeit das Gefühl gehabt, irgendwie sei es doch ihre. Und auch heute, als sie an ihre Tür geklopft hatten, hatte sie daran denken müssen. Es war ja nicht so, dass sie eine Million Mal oder so was geheiratet hätte.

»Möchten Sie, dass wir Sie einen Moment mit Ihrem Mann alleinlassen?«, fragte die Offizierin. Orit machte eine verneinende Kopfbewegung.

»Sie können ruhig weinen«, sagte die Offizierin. »Wirklich. Es hat keinen Sinn, es drin zu behalten.«

Mit geschlossenen Augen

Ich kenne einen Typen, der phantasiert die ganze Zeit. Was heißt hier, die ganze Zeit – der Mensch geht auf der Straße mit geschlossenen Augen. Eines Tages entdecke ich ihn, wie ich auf dem Vordersitz in seinem Auto sitze, nach links schaue und ihn neben mir sehe, mit beiden Händen am Lenkrad und geschlossenen Augen. Fährt im wahrsten Sinne des Wortes echt mit geschlossenen Augen.

»Chagi«, sage ich zu ihm, »das ist unpassend. Chagi, mach die Augen auf.« Aber er fährt weiter, als sei überhaupt nichts.

»Weißt du, wo ich jetzt bin?«, sagt er zu mir. »Weißt du, wo ich jetzt bin?«

»Mach die Augen auf«, beharre ich, »jetzt mach sie auf. Na los, das stresst mich.« Nur durch ein Wunder hat das nicht mit einem Unfall geendet.

Der Mensch phantasiert von Häusern anderer Leute, phantasiert, dass sie sein Zuhause seien. Von Autos und Arbeiten. Von seiner Frau. Stellt sich andere Frauen vor, dass sie seine Frau wären. Und auch von Kindern, Kindern, die er auf der Straße oder im Park getroffen hat, Kindern, die er im Fernsehen in irgendeiner Sendung gesehen hat. Stellt sie sich anstelle seiner Kinder vor. Bringt Stunden damit zu. Wenn es von ihm abhinge, würde er ein ganzes Leben so verbringen.

»Chagi«, sage ich zu ihm, »Chagi, wach auf. Wach in deinem Leben auf. Du hast ein erstklassiges Leben. Eine hinreißende Frau. Bezaubernde Kinder. Wach auf.«

»Lass mich«, antwortet er aus den Tiefen des Bodensitzkissens, »lass gut sein, vermies es mir nicht. Weißt du, mit wem ich jetzt zusammen bin? Mit Jotam Razavi, der mit mir im Regiment als stellvertretender Einsatzleiter gedient hat, mit Jotam Razavi auf einem Jeepausflug. Nur ich, Joti und der Kleine. Avitar Mendelson, das ist ein Junge, so ein Schlingel, der mit Amit im Kindergarten ist. Und Avitar, dieses Früchtchen, sagt zu mir: ›Papa, ich hab Durst, kannst du mir ein Bier geben?‹ Blickst du's? Der Junge ist noch keine sieben. Und ich sag zu ihm: ›Bier geht nicht, Avi. Das erlaubt Mama nicht.‹ Seine Mutter, das heißt, meine Ex, das ist Lilach Jedidia vom Gymnasium. Schön wie ein Model, sag ich dir. Schön wie ein Model, aber hart. Hart wie Stein.«

»Chagi«, werfe ich ihm vom Sofa aus zu, »das ist nicht dein Junge und das ist nicht deine Frau. Du bist nicht geschieden, Mensch, du bist glücklich verheiratet. Mach die Augen auf.«

»Jedes Mal wenn ich komme, um ihr den Jungen zurückzubringen, steht er mir«, macht Chagi weiter, »steht er mir wie ein Fahnenmast. Sie ist schön, meine Exfrau, schön, aber hart. Und diese Härte, haargenau die, lässt ihn mir stehen.«

»Sie ist nicht deine Exfrau«, sage ich zu ihm, »und in Wirklichkeit steht er dir nicht.« Ich weiß, wovon ich rede, er befindet sich einen Meter neben mir, in Unterhose. Da steht sich gar nichts.

»Wir mussten uns trennen«, sagt er, »mir ist es nicht

gutgegangen mit ihr. Und ihr? Ihr ging's auch nicht gut mit ihr.«

»Chagi«, flehe ich, »deine Frau heißt Karni. Und ist hübsch, ja, aber nicht hart. Nicht zu dir.« Seine Frau ist wirklich weich. Die Seele eines Vögelchens und ein großes Herz, hat Erbarmen für alle. Schon seit neun Monaten sind wir zusammen. Chagi fängt früh zu arbeiten an, also komme ich um halb neun zu ihr, direkt nachdem sie die Kinder im Kindergarten abgeladen hat.

»Lilach und ich haben uns im Gymnasium kennengelernt«, fährt er fort, »sie war die Erste für mich und ich der Erste für sie. Nachdem wir geschieden waren, hab ich viel rumgevögelt, aber keine ist an sie rangekommen. Und sie, wenigstens von weitem, schaut immer noch allein aus. Wenn ich plötzlich entdecken würde, dass sie jemanden hat, das würde mich fertigmachen, sogar wenn wir geschieden sind und das Ganze. Es täte mich in Stücke reißen. Ich würde es schlicht nicht ertragen. Alle anderen sind bloß so. Außer ihr. Nur sie war da immer.«

»Chagi«, zische ich, »sie heißt Karni, und niemand ist mit ihr zusammen. Ihr seid immer noch verheiratet.«

»Auch mit Lilach ist niemand zusammen«, sagt er und leckt sich seine trockenen Lippen, »auch mit Lilach. Ich würd mich umbringen, wenn's nicht so wär.«

Karni betritt jetzt die Wohnung. Sie hat eine Tüte von AM-PM in der Hand und wirft mir so ein knappes Schalom zu. Seitdem wir zusammen sind, bemüht sie sich, distanzierter zu sein, wenn wir in Gesellschaft sind. Chagi begrüßt sie überhaupt nicht, sie weiß, dass sie ihn gar nicht anreden braucht, wenn er die Augen geschlossen hat. »Mein Haus«, sagt er, »ist direkt im Zentrum von Tel

Aviv. Schön, mit einem Maulbeerbaum vorm Fenster. Aber klein. Einfach zu klein. Mir fehlt noch ein Zimmer. Am Wochenende, wenn die Kinder bei mir sind, muss ich das Sofa im Wohnzimmer für sie ausziehen. Das ist kein Zustand. Wenn ich bis zum Sommer keine Lösung finde, werde ich weggehen müssen.«

Gesundheitsfrühstück

Seit sie weg war, schlief er in der Nacht ständig woanders: auf dem Sofa, auf dem Sessel im Wohnzimmer, auf der Matte am Balkon wie irgend so ein obdachloser Penner. In der Früh legte er immer großen Wert darauf, außer Haus zu frühstücken – auch Häftlingen steht es zu, einmal am Tag eine kleine Runde im Gefängnishof zu drehen. In dem Café erhielt er jedes Mal einen Zweiertisch mit einem leeren Stuhl ihm gegenüber. Immer. Sogar wenn ihn die Bedienung gleich vorher schon gefragt hatte, ob er allein sei. Andere Leute saßen dort immer paarweise oder zu dritt, lachten, aßen sich gegenseitig etwas von den Tellern weg, stritten sich darum, wer die Rechnung zahlte, aber Miron saß stets allein da und aß sein »Gesundheitsfrühstück«, das ein Glas Orangensaft, eine Schale Müsli mit Honig und dazu einen doppelten Espresso ohne beinhaltete, mit fettarmer heißer Milch. Klar wäre es netter für ihn gewesen, wenn ihm jemand am Tisch gegenübergesessen und mit ihm gelacht hätte, wenn jemand mit ihm herumgestritten hätte, wer die Rechnung bezahlen durfte, und er darum hätte kämpfen müssen, den Geldschein der Bedienung hingehalten und gesagt hätte: »Nimm's bloß nicht von ihm, na, jetzt lass, Avri, diesmal zahl ich.« Aber dazu hatte er niemanden, und ein Frühstück allein war immer noch hundertmal besser, als zu Hause zu bleiben.

Miron sah immer den anderen Tischen zu. Lauschte ein bisschen den Unterhaltungen. Las die Sportbeilage in der Zeitung oder überprüfte aus einem entfernten, nicht ganz klaren Interesse, wie sich die israelischen Aktien gestern in der Wall Street verhalten hatten. Manchmal trat jemand zu ihm und fragte, ob er einen Teil der Zeitung haben könne, den er schon fertig gelesen hatte, und dann nickte er und bemühte sich um ein Lächeln. Einmal, als eine junge sexy Mutter mit einem Baby im Kinderwagen auf ihn zukam, sagte er sogar, während er ihr die erste Seite mit der roten Schlagzeile von einer Gruppenvergewaltigung in der Scharongegend abtrat: »Da sehen Sie, in was für eine irrsinnige Welt wir Kinder setzen.« Er war sich sicher, dass diese Bemerkung etwas Verbindendes hatte, ein Empfinden von Schicksalsgemeinschaft, doch die sexy Mutter starrte ihn nur mit einem konsternierten, halb zornigen Blick an und nahm ihm auch die Gesundheitsmagazinbeilage auf dem Tisch weg, ohne überhaupt darum zu bitten.

Es passierte an einem Donnerstag – ein dicker, schwitzender Mann betrat das Café und lächelte ihn an. Miron war überrascht. Der letzte Mensch, der ihn angelächelt hatte, war Ma'ajan gewesen, direkt bevor sie ihn verließ, und dieses Lächeln, das vor über fünf Monaten stattgefunden hatte, war absolut zynisch gewesen, während das des Dicken weich, beinah entschuldigend war. Der Dicke machte eine Art Bewegung, anscheinend als Frage gemeint, ob er sich setzen könne, und Miron nickte fast ohne nachzudenken. Der Dicke ließ sich nieder und sagte:

»Re'uven? Hören Sie mal, es ist mir echt so was von unangenehm, dass ich zu spät komme. Ich weiß, dass wir um zehn ausgemacht haben, aber ich hatte heute früh ein derartiges Theater mit der Kleinen.« Miron spürte, dass er jetzt irgendwo zu dem Dicken eigentlich sagen sollte, dass er nicht Re'uven war, doch stattdessen ertappte er sich dabei, wie er auf die Uhr spähte und sagte:

»Nicht so schlimm, sind ja bloß zehn Minuten.« Danach schwiegen sie eine Sekunde, und dann fragte Miron, ob mit seiner Tochter alles in Ordnung sei. Und der Dicke sagte, ja, sie gehe jetzt einfach nur in einen neuen Kindergarten, und immer wenn er sie in der Früh hinbringe, sei die Trennung schwer.

»Aber lassen wir das«, unterbrach sich der Dicke, »Sie haben genug um die Ohren auch ohne meine Probleme. Kommen Sie, reden wir übers Geschäft.« Miron nahm einen tiefen Atemzug und wartete ab.

»Schauen Sie«, sagte der Dicke, »fünfhundert ist zu viel. Geben Sie's mir für vierhundert. Wissen Sie was? Sogar vierhundertzehn, und ich verpflichte mich, sechshundert Stück abzunehmen.«

»Vierhundertachtzig«, erwiderte Miron, »vierhundertachtzig. Und auch das bloß, wenn Sie sich verpflichten, tausend zu nehmen.«

»Sie müssen verstehen«, sagte der Dicke, »der Markt ist jetzt im Keller, mit der Rezession und dem Ganzen. Erst gestern hab ich in den Nachrichten gesehen, wie die Leute aus Mülltonnen essen. Wenn Sie dabei bleiben, dann muss ich teuer verkaufen. Wenn ich teuer verkaufe, wird keiner kaufen.«

»Keine Sorge«, sagte Miron zu ihm, »auf drei, die Müll

essen, kommt einer, der im Mercedes fährt.« Das belustigte den Dicken.

»Man hat mir von Ihnen gesagt, dass Sie hart sind«, knurrte er mit einem Lächeln.

»Ich bin letztlich wie Sie«, auch Miron lächelte, »man versucht zu überleben.« Der Dicke wischte sich seine schweißige Hand am Hemd ab, und dann streckte er sie aus:

»Vierhundertsechzig«, sagte er, »vierhundertsechzig, und ich nehme tausend ab.« Und als er sah, dass Miron sich nicht rührte, fügte er hinzu: »Vierhundertsechzig, tausend Stück, und ich schulde Ihnen einen Gefallen. Und wer wüsste nicht besser als Sie, Re'uven, dass in unserem Bereich Gefallen mehr wert sind als Geld.« Der letzte Satz überzeugte Miron davon, in die ausgestreckte Hand einzuschlagen. Das war das erste Mal im Leben, dass ihm jemand einen Gefallen schuldete. Jemand, der dachte, er hieße Re'uven, aber nichtsdestotrotz. Und am Schluss des Frühstücks, als sie sich darum stritten, wer die Rechnung bezahlte, spürte Miron, wie sich eine kleine, warme Welle in seinem Bauch ausbreitete, als es ihm gelang, dem Dicken um eine Zehntelsekunde zuvorzukommen und der Bedienung den zerknitterten Geldschein in die Hand zu drücken.

Ab da wurde das fast zu einer Gewohnheit. Miron ließ sich nieder, bestellte und wartete gespannt auf jeden neuen Menschen, der das Café betrat, und wenn dieser Mensch mit fragendem Blick zwischen den Tischen herumging, zögerte Miron nicht, ihm zuzuwinken und ihn zum Sitzen aufzufordern.

»Ich möchte mit Ihnen nicht vor Gericht landen«,

sagte einer mit Glatze und buschigen Augenbrauen zu ihm.

»Ich auch nicht«, stimmte Miron zu, »es ist immer von Vorteil, sich im Guten zu einigen.«

»Nur dass Sie es gleich wissen, ich kann keine Nachtschichten machen«, verkündete eine mit Lockenkopf und Silikonlippen entschlossen.

»Was wollen Sie dann?«, knurrte Miron. »Dass alle Nachtschichten machen und bloß Sie nicht?«

»Gaby hat mich gebeten, Ihnen zu sagen, dass es ihm leidtut«, teilte ihm einer mit Ring im Ohr und verfaulten Zähnen mit.

»Wenn es ihm wirklich leidtut«, hielt ihm Miron vor, »dann sollte er kommen und mir das selber sagen, ohne Zwischenträger.«

»In der Mail hat es sich für mich so angehört, als ob du größer bist«, beschwerte sich eine dünne Rothaarige.

»In der Mail hast du mir weniger kritisch geklungen«, gab Miron beißend zurück.

Und am Ende regelte sich alles irgendwie. Er und der Glatzkopf gelangten zu einem Kompromiss, ohne Klage einzureichen. Die Silikonlippenfrau willigte ein, einmal in der Woche ihre Schwester zu holen, um auf die Kinder aufzupassen, damit sie eine Nachtschicht machen konnte. Der mit dem Ring im Ohr versprach, Gaby würde anrufen, und die Rothaarige und er waren sich einig, dass sie nicht exakt der jeweilige Geschmack des anderen waren. Ein Teil der Leute lud Miron ein, einen Teil von ihnen lud er ein, mit der Rothaarigen teilte er sich die Rechnung halbe-halbe. Das alles war so spannend und befriedigend, dass Miron, wenn ein Morgen verging, ohne dass sich jemand ihm gegenüber an den Tisch setzte, anfing, leichte Traurigkeit zu verspüren. Zu seinem Glück passierte das nicht allzu oft.

Fast zwei Monate, nachdem sich der schwitzende Dicke ihm gegenüber an den Tisch gesetzt hatte, betrat der mit dem pockennarbigen Gesicht das Café. Trotz der ganzen Narben und obwohl er mindestens zehn Jahre älter als Miron zu sein schien, war er ein gutaussehender Mann mit großem Charisma. Der erste Satz, den er sagte, als er sich hinsetzte, war: »Ich war sicher, dass Sie nicht kommen würden.«

»Aber wir hatten es ausgemacht«, erwiderte Miron.

»Ja«, lächelte der Pockennarbige traurig, »bloß nachdem ich Sie dermaßen beschimpft habe, hatte ich Angst, sie würden kneifen.«

»Also, hier bin ich«, grinste Miron auf fast provozierende Art.

»Es tut mir leid, dass ich Sie am Telefon angeschrien habe«, entschuldigte sich der Pockennarbige, »wirklich. Ich habe die Beherrschung verloren. Aber ich habe jedes Wort so gemeint, hören Sie? Ich verlange von Ihnen, dass sie aufhören, sich mit ihr zu treffen.«

»Aber ich liebe sie«, sagte Miron mit erstickter Stimme.

»Es gibt Dinge, die man liebt und auf die man verzichten muss«, stellte der Pockennarbige kategorisch fest und fügte hinzu, »hören Sie auf jemand, der ein bisschen älter ist als Sie, manchmal muss man verzichten.«

»Tut mir leid«, erwiderte Miron, »aber ich kann nicht.«

»Sie können«, brauste der Pockennarbige auf, »Sie können und Sie werden verzichten. Da gibt es gar keine andere Möglichkeit. Wir lieben sie ja vielleicht beide, aber ich bin zufällig ihr Mann, und ich werde nicht zulassen, dass sie mir die Familie auseinanderreißen, haben Sie gehört?« Miron schüttelte seinen Kopf von einer Seite auf die andere.

»Sie wissen nicht, wie mein Leben im letzten Jahr ausgeschaut hat«, sagte er zu dem Ehemann, »die Hölle. Oder nicht einmal die Hölle, bloß irgendein großer, schimmliger Brocken Nichts. Und wenn du so lange Zeit auf Nichts bist, und plötzlich kommt etwas daher, kannst du nicht nein dazu sagen. Sie verstehen mich, nicht wahr? Ich weiß, dass Sie mich verstehen.« Der Ehemann biss sich auf die Unterlippe und sagte dann:

»Wenn Sie sich noch einmal mit ihr treffen, bringe ich Sie um. Ich scherze nicht mit Ihnen, das wissen Sie.«

»Dann bringen Sie mich eben um«, zuckte Miron die Achseln, »das macht mir keine Angst. Am Ende sterben wir alle.«

Der Ehemann erhob sich halb über den Tisch und landete einen Faustschlag in Mirons Gesicht. Das war das erste Mal in seinem Leben, dass ihn jemand mit solcher Brutalität schlug, und Miron spürte einen scharfen, heißen Schmerz, der irgendwo in der Mitte des Gesichts anfing und sich nach allen Richtungen ausbreitete. Innerhalb einer Sekunde fand er sich auf dem Boden wieder, während der Ehemann über ihm stand. »Ich bring sie weg«, schrie der Ehemann und trat Miron in die Rippen und den Bauch, »ich bring sie weg von hier in ein anderes Land, und Sie werden nicht wissen, wohin. Sie werden sie nie mehr sehen, hören Sie? Sie mieses Stück Aas!« Zwei Kellner stürzten sich auf den Ehemann, und irgendwie gelang es ihnen, ihn von Miron wegzuzerren. Jemand schrie dem Barmann zu, er solle die Polizei alarmieren. Während seine Wange noch den kühlen Boden berührte, sah Miron, wie sich der Ehemann im Laufschritt aus dem Café entfernte. Einer der Kellner beugte sich hinunter und fragte, ob alles in Ordnung sei mit ihm, und Miron versuchte zu antworten.

»Möchten Sie, dass ich eine Ambulanz rufe?«, fragte der Kellner. Miron flüsterte, nein. »Sind Sie sicher?«, beharrte der Keller. »Ihnen läuft Blut aus der Nase.« Miron nickte langsam und schloss die Augen. Er versuchte mit aller Macht, sich selbst mit dieser Frau vorzustellen, die er nie mehr wiedersehen würde. Er versuchte es, und für einen Augenblick gelang es ihm auch fast. Sein ganzer Körper schmerzte. Er fühlte sich lebendig.

Ein Team

Mein Sohn möchte, dass ich sie töte. Er ist noch klein, weshalb er noch nicht so richtig weiß, wie er das sagen soll, aber ich kriege genau mit, was er meint. »Will, dass Papa sie ganz fest haut«, sagt er.

»So fest, dass sie weint?«, frage ich ihn.

»Nein«, er schüttelt heftig seinen Kopf, »fester.« Er ist nicht gewalttätig, mein Sohn, er ist schon fast viereinhalb, und ich kann mich nicht erinnern, dass er mich jemals in seinem Leben gebeten hätte zuzuschlagen. Er ist auch nicht so einer, der einfach bloß so um Dinge bittet, egal, ob es ein Eis oder eine Dora-Kindergartentasche ist. Er bittet nur um etwas, wenn er das Gefühl hat, er muss. Nur wenn es wirklich verdient ist. Wie sein Vater. Und falls ich mir erlauben darf, die Wahrheit zu sagen – nicht wie seine Mutter. Wenn sie mit Tränen in den Augen und irgendeiner Story von einem, der sie unterwegs verflucht oder mit dem Wechselgeld beschissen hatte, heimkam, habe ich sie immer gebeten, alles, was passiert war, drei- bis viermal zu wiederholen, stellte Fragen, forschte bis in die allerkleinsten Einzelheiten nach. Und in neunzig Prozent der Falle stellte sich am Schluss heraus, dass eigentlich sie schuld war. Dass der eine auf der Straße sie zu Recht beschimpft hatte, und der mit dem Wechselgeld ihr bloß die Mehrwertsteuer draufgeschlagen hatte. Aber mein kleiner

Roi ist da nicht wie sie. Wenn er seinen Vater darum bittet, sie fester zu hauen, als sie zum Weinen bringt, dann weiß ich, da ist was.

»Was hat sie dir getan?«, frage ich. »Hat sie dich gehauen?«

»Nein«, sagt mein kleiner Roi, »aber wenn Mama und Amram fortgehen, und sie kommt, um auf mich aufzupassen, dann macht sie die Tür vom Zimmer mit einem Schlüssel zu und lässt mich drin im Dunkeln. Und sie macht nicht auf, auch wenn ich weine und verspreche, ganz brav zu sein.« Ich umarme ihn ganz fest.

»Keine Bange«, sage ich zu ihm, »Papa macht, dass Oma damit aufhört.«

»Haust du sie noch fester?«, fragt mein kleiner Roi unter Tränen. Das bricht einem das Herz, dein Kind weinen zu sehen. Sogar noch mehr, wenn du geschieden bist. Ich kann nicht erklären, warum. Ich hätte echt gute Lust, ihm mit ja zu antworten, aber ich sage gar nichts darauf. Ich nehme mich in Acht. Denn das Schlimmste überhaupt ist, einem Kind etwas zu versprechen und es nachher nicht zu halten. So was ist eine lebenslängliche Narbe. Also wechsle ich auf der Stelle das Thema. Sage zu ihm:

»Willst du, dass wir zum Parkplatz von Papas Arbeit gehen, und ich setz dich auf die Knie und wir fahren Auto als Team?« Und wie ich »Team« sage, leuchten seine Augen auf, strahlen vor Begeisterung, und die Tränen, die von vorher noch übrig sind, machen sie sogar noch glänzender. Wir fahren so ungefähr eine halbe Stunde auf dem Parkplatz herum, er kurbelt am Lenkrad, und ich habe den Fuß auf Gas und Bremse. Sogar rückwärts lasse ich ihn fahren. Rückwärts findet er am lustigsten. Es geht nichts über ein Kinderlachen.

Ich bringe ihn eine Viertelstunde vor der Zeit zurück. Ich weiß, dass sie uns suchen, also nehme ich es echt hypergenau mit diesen Dingen. Bevor wir mit dem Aufzug hinauffahren, kontrolliere ich ihn ganz gründlich, um zu sehen, ob er nicht Schmutz oder Flecken irgendwo dran hat, und danach überprüfe ich auch mich selber, im Treppenhausspiegel.

»Wo wart ihr?«, fragt sie gleich an der Tür.

»Im Gymboree«, antwortet mein kleiner Roi, genau wie wir es ausgemacht haben. »Ich hab mit Kindern gespielt.«

»Ich hoffe, dass Papa diesmal schön gespielt hat«, sagt Schani selbstzufrieden, »dass er keine anderen Kinder geschubst hat.«

»Papa hat niemanden geschubst«, gebe ich in einem Ton zurück, der klar zum Ausdruck bringt, dass ich nicht damit zufrieden bin, dass sie vor dem Jungen Spielchen mit mir treibt.

»Stimmt«, sagt mein kleiner Roi, »wir haben viel Spaß gemacht.« Er erinnert sich überhaupt nicht mehr an die Tränen nach dem Kindergarten, daran, dass er mich gebeten hat, Oma zu hauen. Das ist das Schöne bei Kindern – du machst mit ihnen, was immer du willst, und innerhalb einer Stunde haben sie's vergessen, suchen hartnäckig nach etwas anderem, Gutem, um sich darüber zu freuen. Doch ich bin kein Kind mehr, und wie ich zum Auto hinuntergehe, ist alles, was ich im Kopf habe, das Bild von ihm, wie er an die Tür seines kleinen Zimmers klopft und ihre böse alte Mutter auf der anderen Seite nicht aufmacht. Ich muss klug vorgehen. Dafür sorgen, dass das aufhört, aber ohne mich zu gefährden. Meine Zeit mit dem Jungen zu gefährden. Auch diese erbärmlichen zweimal pro Woche habe ich blutsteuer erkauft.

Da war diese Geschichte in dem öffentlichen Park, als das dicke Mädchen meinen kleinen Roi am Kletterseilgerüst piesackte. Sie zwickte ihn ganz fest, und ich versuchte, sie von ihm wegzubringen. Ich gab ihr einen kleinen Ruck mit der Hand, worauf sie hinfiel und sich an dem Stahlrahmen anschlug. Praktisch rein gar nichts, sie blutete nicht mal, was aber ihre hysterische Mutter nicht daran hinderte, einen Riesentanz zu veranstalten. Und als mein kleiner Roi das nachher aus Versehen Schani erzählte, sind sie und Amram über mich hergefallen wie die Heuschrecken, und Schani sagte, wenn es bei mir noch einmal »Gewaltäußerungen« vor dem Jungen gebe, würden sie dafür sorgen, bei Gericht Berufung gegen das Abkommen einzulegen, das wir unterschrieben haben.

»Was für Gewalt?«, sagte ich zu ihr. »Fünf Jahre waren wir zusammen, hab ich ein einziges Mal die Hand gegen dich erhoben?« Sie wusste, dass sie nichts darauf sagen konnte. Verdient hätte sie es massenhaft, aber ich habe mich beherrscht. Jeder andere Mann hätte sie schon längst krankenhausreif getreten. Aber ich würde im Leben nie die Hand gegen eine Frau erheben. Und dann hat sich plötzlich dieser Amram eingemischt.

»Sogar jetzt, in diesem Moment, bist du gewaltbereit«, warf er mir ins Gesicht, »du hast einen verrückten Blick in den Augen.«

»Das ist kein verrückter Blick«, lächelte ich ihn an, »das ist die Seele. Das ist Gefühl. Nur weil du so was nicht hast, heißt das nicht, dass es was Schlechtes ist.« Am Schluss war er es mit seiner ganzen Nicht-Gewalttätigkeit, der zu brüllen anfing und zu drohen, dass ich den Jungen nicht wiedersehen würde. Schade, dass ich das nicht aufgenommen habe. Was für einen Dreck der abgelassen hat, stinkend wie ein Scheißhausabfluss. Aber ich habe weitergelächelt, so ganz seelenruhig, um ihn kleinweise wahnsinnig zu machen. Am Ende ging es so aus, dass ich versprochen habe, solche Sachen nie wieder zu machen. Als ob das genau bei mir auf dem Programm gestanden hätte, auch morgen ein fünfjähriges Mädchen im Park umzuwerfen.

Beim nächsten Mal, als ich meinen kleinen Roi aus dem Kindergarten abhole, schneide ich gleich das Thema mit der Oma an. Es wäre möglich gewesen zu warten, bis er davon anfängt, doch bei Kindern kann das ziemlich lange dauern, und diese Zeit kann ich nicht abwarten.

»Seit wir geredet haben«, sage ich, »war seitdem die Oma da, um auf dich aufzupassen?« Mein kleiner Roi schleckt an seinem Meloneneis am Stiel, das ich ihm gekauft habe, und schüttelt verneinend den Kopf.

»Wenn sie's noch mal macht«, fragt er, »machst du ihr dann Aua?« Ich hole Luft. Am allerliebsten auf der Welt würde ich ja zu ihm sagen, aber ich kann das nicht riskieren. Wenn sie was machen würden, dass ich ihn nicht mehr sehen kann, würde ich sterben.

»Am liebsten möchte ich«, sage ich zu ihm, »am allerliebsten auf der Welt möchte ich ihr wehtun. Sie noch fester hauen, als dass sie bloß weint. Nicht nur die Oma. Jeden, der dir was Böses tut.«

»Wie das Mädchen in dem Park?«, fragt er mit leuchtenden Augen.

»Wie das Mädchen in dem Park«, nicke ich, »aber Mama mag es nicht, wenn Papa haut, und wenn ich Oma schlage oder jemand anderen, lassen sie mich nicht mehr kommen, um mit dir zu spielen. Und das alles machen, was wir machen. Verstehst du?« Mein kleiner Roi antwortet nicht. Das Eis tropft ihm auf die Hose. Er macht das absichtlich, wartet darauf, dass ich eingreife. Aber ich tu's nicht.

»Ich mag das nicht, allein im Zimmer«, sagt er nach einem langen Schweigen.

»Ich weiß«, nicke ich, »aber ich kann das nicht stoppen. Nur du kannst das. Und ich möchte dir beibringen, wie.« Ich erkläre meinem kleinen Roi, was genau er tun muss, wenn die Alte ihn einsperrt. Mit welchem Teil vom Kopf er gegen die Wand stoßen muss, so dass es Spuren hinterlässt, aber ohne dass er sich wirklich verletzt.

»Und tut das dann weh?«, fragt er. Und ich sage zu ihm, ja. Ich werde ihn nie im Leben anlügen, nicht wie Schani. Als wir noch zusammen waren, sind wir zur Kleinkindstation gegangen, um Impfungen machen zu lassen. Den ganzen Weg hat sie ihn mit Stichen und Bienen und Überraschungen vollgequasselt, bis ich sie mitten im Satz kurzgeschlossen und gesagt habe, dass dort eine Frau mit einer Nadel sein wird, die wird meinem kleinen Roi wehtun, aber es geht nicht anders, das muss sein. Und mein kleiner Roi, der kaum zwei Jahre alt war, hat mich mit diesem gescheiten Blick angeschaut, hat alles verstanden. Als wir dort das Zimmer betraten, war er ganz verkrampft, aber er hat sich nicht gewehrt und nicht versucht davonzulaufen. Trug es wie ein kleiner Mann.

Ich gehe mit ihm das Ganze durch. Was er zu Schani nachher sagen muss. Wie er die Oma aufgeregt hat und wie sie ihn mit Gewalt gegen die Wand geschubst hat. Wie er einen Schlag abgekriegt hat. »Und tut das dann weh?«, fragt er am Schluss noch einmal.

»Es wird wehtun«, sage ich ihm, »ein Mal. Aber danach wird sie dich nie mehr allein im Zimmer einsperren.« Mein kleiner Roi schweigt jetzt. Er denkt nach. Das Eis ist schon weg. Er schleckt den Stiel ab.

»Und Mama wird nicht sagen, dass ich bloß was erfinde?«, fragt er.

»Wenn der Fleck am Kopf groß genug ist«, ich streiche ihm über die Stirn, »dann sagt sie das nicht.« Danach fahren wir mit dem Auto noch mal auf den Parkplatz. Mein kleiner Roi lenkt, und ich drücke aufs Gas und auf die Bremse. Ich zeige meinem kleinen Roi, wie man hupt, und das bringt ihn außer Rand und Band. Er hupt und hupt und hupt, bis der Parkplatzwächter kommt und bittet, dass wir damit aufhören. Es ist so ein alter Araber. Ich kenne ihn.

»Lass nur«, ich zwinkere ihm zu und stecke ihm einen Zwanziger zu, »der Junge spielt ein bisschen, wen stört das schon? Noch ein paar Minuten, und wir gehen.« Der Araber sagt nichts. Nimmt den Schein und fängt an, zu seiner Bude zurückzugehen.

»Was wollte der Mann?«, fragt mein kleiner Roi.

»Nichts«, sage ich zu ihm, »nur so, er hat nicht verstanden, woher der Krach kommt.«

»Und kann ich jetzt noch mal hupen?«, schaut er mich mit seinen riesigen braunen Augen an.

»Klar kannst du, mein Schatz«, ich küsse ihn, »öfter als einmal. Eine Menge. So viel, wie du willst.«

Pudding

Diese ganze Geschichte mit Avischai Avudi hätte, meiner Meinung nach, bei uns allen ein rotes Licht aufleuchten lassen müssen. Ein anständiger Mensch, alles in allem, ganz normal, der kein Petroleum trinkt und kein Glas frisst. Und eines Tages klopfen zwei an seine Tür, schleifen ihn die ganze Treppe hinunter, stecken ihn hinten in irgendeinen Lieferwagen und fahren ihn zum Haus seiner Eltern. »Wer seid ihr?«, fragt Avudi sie erschrocken. »Was wollt ihr?«

»Das ist keine gute Frage«, sagt der Fahrer, und der neben ihm nickt. »Eine gute Frage ist, wer *du* bist und was *du* willst.« Daraufhin lachen die beiden, als sei das ein Witz.

»Ich bin Avischai Avudi«, sagt Avischai in einem Ton, der sich drohend anhören soll, »und ich will mit euren Vorgesetzten reden, hört ihr?« Die zwei parken den Lieferwagen nun im Hof des Hauses seiner Eltern und drehen sich zu ihm um. Avischai ist sich sicher, dass sie ihn gleich zusammenschlagen werden und dass er das nicht verdient hat, dieses ganze Ding. Nur zu wahr, er hat es echt nicht verdient.

»Da habt ihr euch was eingebrockt«, sagt er zu ihnen, als sie ihn aus dem Lieferwagen ziehen, während er gleichzeitig sein Gesicht schützt, »ihr habt ja keine Ahnung, auf was ihr euch da eingelassen habt.« Aber die Wahrheit ist, dass sie ihn gar nicht schlagen. Avischai kann nicht wirklich sehen, was sie machen, weil er seine Hände vorm Gesicht hat, aber er kann es spüren. Und was er spürt, ist, dass sie ihm die Kleider ausziehen – nichts Sexuelles, was absolut Korrektes –, und nachdem sie damit fertig sind, ihn wieder neu anzuziehen, hängen sie ihm irgendeine schwere Tasche auf den Rücken und sagen: »Jalla, los, jetzt lauf heim, zu Mama und Papa. Damit du nicht zu spät kommst.« Und Avischai rennt, so schnell er nur kann. Er nimmt immer gleich drei Stufen auf einmal, bis er an der braunen Holztür seiner Elternwohnung angelangt ist. Er pumpert keuchend dagegen, und als seine Mutter aufmacht, geht er ganz schnell hinein, wirft die Tür hinter sich zu und sperrt sie zweimal ab.

»Was hast du denn?«, fragt seine Mutter. »Warum schwitzt du so?«

»Bin gerannt«, schnauft Avischai, »auf der Treppe. Leute. Nicht aufmachen.«

»Ich verstehe gar nichts«, sagt seine Mutter, »aber egal. Komm, nimm den Ranzen ab, und wasch dir das Gesicht und die Hände. Das Essen ist schon fertig.«

Avischai nimmt die Schultasche herunter, geht ins Bad und wäscht sich das Gesicht. Im Spiegel über dem Waschbecken sieht er, dass er sein »Ora«-Schulhemd anhat. Als er den Ranzen im Wohnzimmer aufmacht, entdeckt er darin Hefte und Bücher in geblümten Papiereinbänden. Ein Heimatkundeheft für die Feste, ein Rechenkasten, Herschkos Rechenlehrbuch für Anfänger.

»Lass jetzt die Hausaufgaben«, mahnt ihn seine Mutter, »komm essen. Na los jetzt, schnell, bevor die ganzen Vitamine aus dem Salat verdunsten.« Avischai setzt sich an den Tisch und isst still. Das Essen schmeckt gut. Er hat schon seit so vielen Jahren in Take-aways und Restaurants gegessen, dass er sich gar nicht mehr daran erinnert, dass Essen einen solchen Geschmack haben kann.

»Papa hat dir Geld für den Kurs dagelassen.« Seine Mutter deutet zu einem weißen verschlossenen Umschlag hin, der auf dem kleinen Tisch in der Diele liegt, neben dem Telefon mit der Wählscheibe. »Aber ich sag's dir, Avi, wenn das noch mal so wie mit den Modellflugzeugen ist, dass du's dir nach einer Stunde wieder anders überlegst, dann sagst du's besser jetzt gleich. Vorm Bezahlen.«

Avischai denkt sich: Das ist nur ein Traum. Und danach sagt er: »Ja, Mama«, denn auch wenn es ein Traum ist, heißt das nicht, dass man unhöflich sein muss. Er denkt sich: Wenn ich nur wollte, könnte ich jeden Moment aufwachen. Nicht dass er wüsste, was man genau macht, um mitten im Traum aufzuwachen. Man kann sich selber zwicken, aber das ist meistens andersrum, das macht man, um festzustellen, ob man wach ist. Vielleicht könnte er den Atem anhalten oder ganz einfach zu sich selber sagen: Wach auf! Wach auf! Oder vielleicht würde sich, wenn er sich schlicht weigerte, das alles um ihn herum zu akzeptieren, wenn er es in Zweifel ziehen würde, das Ganze plötzlich in Luft auflösen. Wie auch immer, kein Stress. Man kann ja zuerst mal fertig essen und sich erst nachher selber aufwecken. Und auch nach dem Essen ist es nicht wirklich dringend. Er kann erst noch in den Kurs gehen – echt spannend, was für ein Kurs das wohl ist – und danach, falls es noch hell ist, am »Ora«-Schulplatz ein bisschen Fußball spielen. Und erst wenn Papa von der Arbeit kommt, erst dann aufwachen. Oder es sogar noch ein, zwei Tage hinausschieben, bis vor irgendeiner besonders schweren Prüfung.

»Woran denkst du die ganze Zeit?« Seine Mutter streichelt den Ansatz seiner Glatze. »So viele Gedanken schwirren hinter deinen runden Augen herum, dass ich vom bloßen Hinschauen schon müde werde.«

»Ich hab an den Nachtisch gedacht«, schwindelt Avischai, »ob es Jelly oder Pudding gibt.«

»Was möchtest du denn am liebsten?«, fragt seine Mutter.

»Pudding«, bettelt Avischai.

»Der ist schon fertig«, sagt seine Mutter erfreut und öffnet den Kühlschrank. »Aber wenn du's dir anders überlegst, dann geht genauso Jelly. Das dauert nicht länger als ein paar Minuten.«

Gerade in der letzten Zeit steht er mir aber

Als Ronald zur zauberhaften Sonne eines Dienstags erwachte und seinen geliebten Terrier, Schachira, zwischen seinen Beinen vorfand, wie er ihm seinen Morgenständer leckte, glitt durch sein dämmriges, relativ leeres Gehirn ein einsamer Gedanke, scharf wie eine Rasierklinge: Ist das sexuell? Beziehungsweise, leckte ihm Schachira die Eier auf die gleiche Art, auf die er die von Schneider, dem Zwergschnauzer, zu lecken pflegte, den er jedes Mal zu besteigen versuchte, wenn sie im Me'ir-Park aufeinander stießen, oder leckte der Hund die Geschlechtsteile seines Herrn aus dem gleichen Impuls heraus, der ihn dazu bewog, Tautropfen von der Oberfläche eines duftenden Blattes zu lecken?

Dies war eine entschieden quälende Frage. Zwar nicht so peinigend wie die Frage, ob ihn Niva, seine breithüftige Frau, im Verdacht hatte, mit seiner Büropartnerin Ranana zu vögeln, und deswegen am Telefon immer so ekelhaft zu ihr war, oder ob es sich bloß um reine Antipathie handelte – jedoch quälend genug.

»Oh, Schachira, Schachira«, murmelte Ronald mit einer Mischung aus Selbstmitleid und Empathie in sich hinein, »nur du liebst mich wirklich.« Und Schachira, der vielleicht ein menschliches männliches Geschlechtsteil als solches nicht zu identifizieren wusste, seinen Namen jedoch sehr wohl erkennen konnte, reagierte mit freudigem Gebell. Keine Frage, es war vorzuziehen, ein Hund zu sein und mit hündischen Dilemmas von der Art konfrontiert, welchen-Baum-soll-ich-heute-früh-mit-Urin-bewässern, als ein Ronald zu sein und diese ganzen peinigenden moralischen Dilemmas zu wälzen wie beispielsweise – ist-Ranana-in-meinem-und-Nivas-Schlafzimmer-im-Stehen-zu-vögeln-während-sie-über-den-Schminktisch-gebeugt-ist-weniger-hässlich-als-sie-wirklich-und-wahrhaftig-im-Ehebett-zu-vögeln? Eine Frage mit vielfachen Implikationen übrigens. Denn wenn es das nicht war, dann war es im Bett schon bequemer, und Schluss der Debatte. Oder verkleinerte es zum Beispiel irgendwie das Ausmaß des Betrugs, wenn er von seiner nackten Frau phantasierte, während er in Ranana eindrang, oder handelte es sich dabei um eine weitere Abartigkeit?

»Papa ist nicht pervers, mein süßer Schachira«, Ronald streckte sich und stand vom Bett auf. »Papa ist ein komplexer Mensch.«

»Was?«, Niva spähte ins Schlafzimmer. »Hast du was gesagt?«

»Ich habe zu Schachira gesagt, dass ich heute spät zurückkomme, weil ich abends einen Termin mit den Deutschen habe«, nutzte Ronald den seltenen Augenkontakt, der mit seiner Frau entstanden war.

»Ach wirklich?«, gab Niva geringschätzig zurück. »Und was hat Schachira dazu gesagt?«

»Nichts«, erwiderte Ronald und zog graue Unterhosen an, »Schachira akzeptiert mich.«

»Schachira akzeptiert auch Bonzofraß«, zischte Niva, »er ist nicht gerade ein Hund mit hohen Standards.«

Einer der großen Vorteile, wenn man eine Nebenaffäre mit einer Arbeitskollegin unterhält, ist, dass sämtliche romantischen Abendessen, die man bei Kerzenlicht verspeist, als von der Steuer absetzbar anerkannt werden. Das ist bestimmt nicht der einzige Vorteil, doch ohne Zweifel der erregendste dabei. Speziell für Ronald, für den es eine der intensivsten und schönsten Freuden in seinem Leben war, Rechnungsbons an Papierstücke zu klammern, die mit Daten und Erklärungen aus seiner Feder geschmückt waren. Und wenn es sich dabei um Rechnungen handelte, die nicht nur ein Instrument zur Steuervergünstigung, sondern auch ein Beweisposten waren, der die nostalgische Reminiszenz an eine besonders gelungene Liebesnacht ermöglichte, war der darin verkörperte Genuss doppelt und dreifach.

»Ich brauche eine Rechnung für die Steuer«, sagte Ronald zum Kellner, wobei er das Wort »Steuer« betonte, als gäbe es auf unserer wundersamen Welt überhaupt Rechnungen anderer Art. Der Kellner nickte ihm zu, als sei er ein Kenner der Materie. Ronald mochte ihn nicht. Vielleicht weil er mit ärgerlicher Schulmeisterlichkeit stets ihre Aussprachefehler bei den ganzen Namen der Speisen korrigierte, oder weil er sich alle Mühe gab, während der gesamten Dauer des Essens seine linke Hand hinter dem Rücken auf eine Art zu verbergen, die Ronald stresste, vielleicht aber auch weil seine Kellnerei an sich, eine Existenz, die sich von Trinkgeldern ernährte, ein finanzieller Posten war, der Ronald besonders aufbrachte, da er sich nicht in den warmen, wohligen Schoß einbetten ließ, der sich »anerkannte Spesen« nannte.

*

»Was hast du denn heute?«, fragte Ranana, nachdem sie beschlossen hatten, den missglückten Versuch von wildem Sex fallenzulassen und stattdessen eine Melone zu essen und gemeinsam den Wissenschaftskanal anzuschauen.

»Ich bin irgendwie überlastet«, sagte Ronald. »Belastet, und auch körperlich ein bisschen schwach drauf.«

»Auch beim letzten Mal warst du überlastet. Und am vergangenen Donnerstag haben wir es nicht mal versucht. Sag mal …« Sie unterbrach sich im Satz, um ein besonders großes Melonenstück zu kauen und hinunterzuschlucken, und während dieser ganzen sich dehnenden Wartezeit wusste Ronald, dass nun ein knüppelharter Schlag folgen würde. »… Vögelst du deine Frau noch oder sie auch schon nicht mehr?«

»Was heißt hier ›auch‹?«, ereiferte sich Ronald. »Was soll das heißen, ›auch schon nicht mehr‹? Gibt es vielleicht irgendwas, das wir nicht machen?«

»Vögeln«, Ranana leckte sich ihre kurzen Finger, »wir vögeln nicht. Nicht dass das schrecklich schlimm ist oder so. Bloß, weißt du, wenn du im Standardschema eines Nebenherficks bist und das ganze Ding mit dem Sex hört auf, dann bist du halt nur noch so nebenher. Ohne irgendeinen Kontext. Verstehst du, was ich meine? Nicht dass es zwingend ist oder so was, es ist einfach bloß ein bisschen komisch. Denn mit deiner Frau, auch wenn ihr nicht vögelt, da könnt ihr ihre Eltern besuchen oder streiten, wer den Geschirrspüler ausräumt, aber wenn das mit einer Geliebten passiert, zieht dir das irgendwie ein bisschen den Boden unter den Füßen weg.«

»Wer sagt, dass wir nicht vögeln?«

»Dein Schwanz«, sagte Ranana ohne einen Hauch von

Provokation. »Deshalb habe ich auch wegen deiner Frau gefragt, um zu kapieren, ob du einfach bloß keine Lust mehr auf mich hast oder ob das eher was …« Sie stoppte.

»Eher was?«, hakte Ronald nach, als die Pause sich zunehmend hinzog.

»Gib mir eine Sekunde«, murmelte Ranana, »ich suche nach einem zartfühlenderen Wort für Impotenz.«

»Du machst echt eine Riesensache aus nichts«, erboste sich Ronald. »Nur weil ich irgendwelche zwei Mal ein bisschen müde und überlastet war wegen der Arbeit, besagt das noch lang nicht, dass ich impotent bin. Gerade heute früh hatte ich einen Ständer. Nicht bloß irgendeinen, schon echt nicht mehr normal.« Und Ronald, dem Schachira wieder einfiel, spürte, wie sich sein Glied ein wenig verhärtete, und war ohne jeden Grund von Schuldgefühl erfüllt.

»Sehr schön«, sagte Ranana, »das ist ja schon mal erfreulich. Und mit wem genau hast du diesen echt-schon-nicht-mehr-normalen Ständer geteilt, mit Niva?«

»Nein«, Ronald geriet für einen Moment in Bedrängnis, »mit mir selber.«

»Dir geht's gut«, lächelte Ranana ihr berühmtes, durchtrieben gemeines Lächeln, das Ronald bis zu diesem Tag nur im Geschäft zu besichtigen vergönnt gewesen war, und fuhr fort, den Melonensaft von ihrer stumpenfingrigen Hand zu lecken.

Möglicherweise hätte diese Nacht doch noch mit Vögeln geendet. Nicht gerade ein Akt triefender Geilheit, mehr so eine Art Vögeln zum Trotz, bei dem Ronald versucht hätte, sich selbst einen Ständer und Lust aufzuoktroyieren, und sei es nur, um Ranana dazu zu bringen, ihre Worte wieder zurückzunehmen. Möglicherweise, wer weiß. Doch das Mobiltelefon, das in seiner linken Hemdtasche vibrierte, genau da, wo das Herz sein sollte, brachte es fertig, diesen von vornherein verunglückten Abend in neue Tiefen abstürzen zu lassen. »Ich bedauere, dich bei deinem Termin mit den Deutschen zu stören«, hörte Ronald Nivas hassgetränkte Stimme.

»Aber nein, nein, Liebes, du störst überhaupt nicht. Wir sind gerade fertig geworden«, sülzte Ronald, wie er es immer zu tun pflegte, wenn er sich in Gesellschaft eines Kunden befand, und um die Sache noch glaubwürdiger zu gestalten, warf er sogar in Rananas Richtung, »It's my wife. She says hello.« Ranana beeilte sich, mit einem lautstarken Rülpser darauf zu reagieren. »Auch Herr Mattenklott sagt hallo«, sagte Ronald und fügte umgehend hinzu, »der Arme hat ein bisschen zu viel getrunken. Ich setze Ingo und ihn nur im Hotel ab, und dann komm ich nach Hause.«

»Ronald«, fuhr ihn Niva am anderen Ende der Verbindung an, »ich hab nicht angerufen, um nachzuforschen, wann du heimkommst. Ich rufe an, um dir etwas zu sagen.«

»Ich weiß, ich weiß, entschuldige«, entschuldigte sich Ronald gedankenlos und versuchte Ranana, die jetzt den Fernseher lauter gestellt hatte, die Fernbedienung aus der Hand zu schnappen.

»Es ist wegen deinem Hund«, setzte Niva nach kurzem Schweigen hinzu, »er ist ausgerissen.«

Wenn ein Hund die Gitterstäbe des Badezimmerfensters mit einer Laubsäge durchsägt und sich danach mit Hilfe von aneinandergeknoteten Bettlaken aus dem Fenster abseilt, kann man sagen, dass er »ausgerissen« ist. Wenn man mit ihm aber auf der Straße spazieren geht, ohne dass er angeleint ist, und nach einer Stunde entdeckt, dass er nicht mehr in der Gegend ist, handelt es sich um persönliche Fahrlässigkeit, so dass es nicht fair war, die Verantwortung dafür auf Schachira abwälzen zu wollen.

»Er hat sicher an irgendeinem Randstein oder einem Denkmal geschnüffelt, und als er plötzlich den Kopf hob, hat er gesehen, dass du nicht mehr da bist«, sagte Ronald in anklagendem Ton zu Niva, als sie beide die King-George-Straße entlangmarschierten und den Verlauf dieses verhängnisvollen Abendspaziergangs zu rekonstruieren versuchten. »Sag ich dir nicht immer, dass man Augenkontakt mit ihm halten muss?«

»Sag mal«, schnaubte Niva und warf sich mitten auf der Straße in die Pose einer Ehepartnerin, die gleich eine Szene vom Zaun brechen wird, »was genau versuchst du damit zu behaupten, dass ich kein ausreichend gutes Kindermädchen für deinen stinkigen Hund bin? Dass ich mit ihm nicht nach den Regeln der internationalen Gassigängerorganisation für Blindenhunde spazieren gehe? Wenn du statt mit deiner … dich mit deinen Deutschen zu verlustieren zu Hause gewesen wärst, hättest du selber mit ihm runtergehen können, und das alles wäre nicht passiert.«

Ronald hätte jetzt loslegen können, wie er sich bis zu später Stunde den Arsch aufriss, um sie beide zu ernähren, doch er schwieg lieber. Eines der ersten Dinge, die er in der Geschäftswelt gelernt hatte, war, sich vor dem Punkt zu hüten, wo keine Umkehr mehr möglich war, sich so viele Optionen wie möglich offenzulassen. Was oftmals bedeutete, nicht das zu sagen und zu tun, wonach es einen gelüstete. Jetzt zum Beispiel verspürte er echt ungemeine Lust, Niva ans Knie zu treten. Nicht angedeutet, sondern ihr einen Tritt mit aller Kraft zu verpassen. Sowohl weil sie Schachira verloren hatte, als auch weil sie es vermied, den Hund bei seinem Namen zu nennen und ihn auch noch als stinkig bezeichnete, hauptsächlich aber wegen ihres Benehmens, als sei diese ganze Tragödie eine Strafe, die Ronald vom Himmel ereilte, und nicht der menschliche Fehler einer egozentrischen und absolut verantwortungslosen Frau. Jedoch ihr mit aller Gewalt gegen das Knie zu treten, hätte, wie erwähnt, bedeutet, Optionen zu verschließen. Also schlug er ihr stattdessen vor, mit jener entspannten Losgelöstheit, die sich häufig bei Mördern zeigt, während sie den Schauplatz des Verbrechens bereinigen und sich der Leiche ihres Opfers entledigen, dass sie nach Hause gehen und dort warten solle für den Fall, dass jemand mit irgendeiner Information hinsichtlich Schachiras anrufen sollte.

»Aber wer soll denn anrufen?«, lachte Niva. »Dein dummer Hund von einem öffentlichen Telefon aus? Vielleicht seine Entführer, um Lösegeld zu fordern? Auch wenn ihn jemand findet, er wird doch nie im Leben unsere Telefonnummer wissen.«

»Ich denke trotzdem, dass es günstiger ist, wenn wir uns aufsplitten«, beharrte Ronald, während er ernsthaft erwog, die alte Geschäftsdevise, die ihn so viele Jahre lang getreulich begleitet hatte, zu verraten und Niva trotz allem einen Tritt zu verpassen.

Ronald lehnte an einem gelben Briefkasten direkt gegenüber der Mezudat Ze'ev und studierte die Liste, die er gerade fertiggestellt hatte, auf der Rückseite des Rechnungsbelegs des Restaurants, in dem er mit Ranana an diesem Abend gegessen hatte. Die Überschrift der Liste lautete »Orte, die Schachira liebt(?)«. Er wusste es sich selber nicht zu erklären, weshalb er in Klammern ein Fragezeichen dahinter gesetzt hatte. Vielleicht weil er das Gefühl hatte, dass es, wenn es in der Überschrift keinerlei fraglichen Aspekt gebe, so wäre, als erkläre er sich selbst auf uneingeschränkte Weise zum Interpreten von Schachiras Herzenssehnsüchten, wogegen Ronald doch unzählige Male sich und anderen eingestanden hatte, dass er Schachira nicht immer verstand. Warum bellte er manchmal und blieb ein andermal still? Warum fing er mit höchster Lust und Energie Löcher zu buddeln an und ließ das Grabungsunternehmen dann mit der gleichen Abruptheit im Stich, mit der er es begonnen hatte? Und sah er in Ronald einen Herrn, einen Vater, einen Freund oder gar einen Geliebten? In der Tat, es gab eine Menge an Verborgenem bei Schachira gegenüber dem Offenkundigen.

An erster Stelle auf der Liste stand der Me'ir-Park. Den Me'ir-Park suchten Schachira und er jeden Morgen auf. Im Me'ir-Park pflegte Schachira Kollegen zu treffen, ganz zu schweigen von dem zwergwüchsigen Schneider, der Schachira ein Freund und Bruder war. Aber zu dieser spätnächtlichen Stunde befanden sich weder Hunde noch Menschen im Me'ir-Park, abgesehen von einem betrunkenen russischen Obdachlosen, der auf irgendeiner Bank döste. Ronald nahm an, dass er Russe war, wegen der etwas stereotypen Wodkaflasche, die er umarmt hielt. Er blieb einen Moment stehen und sagte sich, dass er trotz all der Schwierigkeiten, die ihn fortlaufend verfolgten und ihn manchmal dazu brachten, sich mindestens wie eine Hiob-light-Ausgabe zu fühlen, dankbar für das sein musste, was er hatte, und dafür dem zu danken hatte, bei dem sich Säkulare in solchen Angelegenheiten bedanken sollten, dass er sich nicht in den zerrissenen Schuhen voller alter Zeitungen dieses Russen befand. Der Russe lachte jetzt ein besonders tiefes und lautes Lachen, das Ronalds These von seinem verhältnismäßigen Glück ein wenig ins Wanken brachte. Wer bestimmte das eigentlich?, dachte Ronald und war plötzlich von einer großen Wahrheit erfüllt, in die sich nicht wenig Selbstmitleid mischte. Wer hat bestimmt, dass mein Schicksal dem seinen vorzuziehen ist? Hier bin ich, in dem gleichen Park, in dem er betrunken und fröhlich ist, und ich bin weder das eine noch das andere, und alles, was ich auf dieser Welt habe, ist ein Hund, der mich verlassen hat, eine Frau, die ich nicht wirklich liebe, und ein Geschäft, das … Der Gedanke ans Geschäft munterte ihn sogar ein bisschen auf. Immerhin, es war gerade eine gewisse Blütephase, was zwar kein unbegrenztes Glück garantierte, sich aber dennoch in diesem Moment vorteilhafter darstellte als Zeitungen in den Schuhen.

Am Ausgang des Me'ir-Parks nahm Ronald eine flinke hündische Bewegung zwischen den Sträuchern wahr, doch nach einem kurzen Augenblick der Erwartung stellte sich das Objekt seiner verpuffenden Hoffnung als die niedrige und bärtige Silhouette Schneiders heraus. Ronald, der den Park für gewöhnlich nur tagsüber aufsuchte, war überrascht, Schneider zu so später Stunde dort zu entdecken. Der erste Gedanke, der ihm in den Sinn kam, war, dass Schneider mit irgendeinem sechsten Hundesinn gespürt hatte, dass Schachira verlorengegangen war, und von zu Hause ausgebüchst war, um sich an der Suche zu beteiligen. Doch ein bekannter Pfiff, der durch die Luft des Parks schwirrte, strafte diese romantische Vermutung Lügen, und kurz nach dem Pfiff tauchte Alma auf, die schöne, hinkende Herrin von Schneider. Alma, die vielleicht fünfundzwanzig war, war eine der schönsten Frauen, die Ronald kannte, und bestimmt die hinkendste unter ihnen. Sie war bei einem besonders dummen Verkehrsunfall verletzt worden und hatte sich mit den Entschädigungsgeldern ein renoviertes Penthaus in der Michalstraße gekauft. Kein Zweifel, dass das extreme Zusammentreffen von Alma mit einem miserablen Fahrer und einem hervorragenden Rechtsanwalt (sie hatte Ronald sogar einmal seinen Namen gesagt, aber da Ronald keinerlei Schadensersatzklage am Horizont sah, hatte er ihn schnellstens vergessen) ihr Leben völlig aus dem vorbestimmten Gleis in eine andere Bahn gelenkt hatte. Die Leute sagen immer gern, dass sie bereit seien, auf alles Geld der Welt zu verzichten, wenn sie ihre Gesundheit wieder zurückerlangen könnten, aber stimmte das wirklich? Alma, soweit das aus Leinendistanz zu sehen war, hatte immer so ein echtes Lächeln, das Ronald anfangs für seine Geschäftszwecke zu imitieren versucht und sogar einige Male vor dem Spiegel geübt hatte, bevor er es aufgab und ein anderes Lächeln, ein leichteres wählte. Ihr Lächeln war beständig, ein Lächeln, das auf ihrem Gesicht ruhte wie eine sich von selbst eingestellte Wahl, war gleichzeitig aber nicht fixiert und falsch, sondern reagierte die ganze Zeit auf die Umgebung – es wurde breiter, wurde kleiner, überrascht oder zynisch je nach Bedarf –, doch es war ständig da und immer entspannt. Hätte sie auch so gelächelt, wenn sie arm und ohne Platin im Bein gewesen wäre? Oder wäre das Lächeln dann anders gewesen, weniger gelassen, beunruhigter von einer ungewissen finanziellen Zukunft und einem Alter, das die perfekte Schönheit zerstören würde?

»Ich habe nicht gewusst, dass Sie und Schachira auch in der Nacht hierherkommen«, sagte Alma und humpelte in den Lichtkegel am Parkeingang.

»Tun wir auch nicht«, stöhnte Ronald verzweifelt. »Schachira ist ausgerissen«, sagte er und verbesserte sich hastig, »… verlorengegangen.« Schneider hüpfte mit der enervierenden Fröhlichkeit eines dummen, nicht sonderlich sensiblen Schnauzers um Ronald herum.

»Er kapiert nichts«, entschuldigte sich Alma. »Er wittert Schachiras Geruch an Ihren Kleidern. Er denkt, er sei hier.«

»Ich weiß, ich weiß«, murmelte Ronald und brach urplötzlich, ohne jeder Vorwarnung, in Tränen aus. »Aber er ist es nicht, er ist nicht da. Vielleicht ist er jetzt schon tot. Überfahren, oder dass ihn Kinder in irgendeinem Hinterhof misshandeln, auf ihm Zigaretten ausdrücken, oder dass Kontrolleure von der Stadtverwaltung …« Alma legte beruhigend eine Hand auf seinen Arm. Ihre Handfläche war feucht von Schweiß, und diese Feuchtigkeit hatte etwas Angenehmes, Zartes und Lebendiges.

»Hundefänger arbeiten nicht in der Nacht, und Schachira ist ein kluger Hund, keine Chance, dass er überfahren wird. Wenn es Schneider wäre …«, sagte sie und bedachte ihren fröhlichen Schnauzer mit einem betrübten, liebevollen Blick, den sich schöne Frauen immer für ihre hässliche Freundin vorbehalten, »dann müssten wir uns Sorgen machen. Aber Schachira weiß, wie er zurechtkommt. Ich kann mir mit Leichtigkeit vorstellen, wie er jetzt an Ihrer Haustür winselt oder an irgendeinem Knochen kaut, den er vor dem Hauseingang gemopst hat.«

Obwohl er Niva hätte anrufen können, um herauszufinden, ob Schachira zurückgekommen war, zog Ronald es vor, nach Hause zu gehen und selber nachzuschauen. Das Haus war in der Nähe, und außerdem wollte er, gerade weil es Alma fertiggebracht hatte, ihn zu dem Glauben zu verleiten, dass Schachira dort sein würde, Niva nicht das Recht zugestehen, ihm die guten Nachrichten zu erzählen. Ich und sie, dachte er, hätten uns schon längst trennen müssen. Einmal, entsann er sich, hatte er Niva betrachtet, wie sie schlief, und sich ein schreckliches Szenario ausgemalt, in dem sie bei einem Anschlag starb und es ihm leidtat, dass er sie betrogen hatte, und er in einer Lifesendung im Studio »Neues am Abend« weinte vor lauter Schuldgefühl, das ihm mit List und Tücke als lupenreiner Kummer zu präsentieren gelang. Dieses Gedankenspiel, so erinnerte er sich, war traurig und schrecklich gewesen, verschaffte ihm jedoch, überraschenderweise, auch das Gefühl einer gewissen Erleichterung. Als sei etwas an Nivas Eliminierung aus seinem Leben, das Platz für etwas anderes freimachte, etwas mit Gerüchen, Leben und Farbe. Doch bevor er dazu kam, sich deshalb wieder schuldig zu fühlen, drang in diese Phantasie Ranana ein, die sich nach Nivas Tod beeilte, zu ihm zu ziehen, anfangs um ihn zu trösten und zu stützen, und nachher bloß so, ohne Grund. Ronald fuhr fort, seine Phantasie schweifen zu lassen, bis zu der Stelle, an der Ranana zu ihm sagte, »entweder ich oder Schachira«, und er Schachira wählte und allein in seiner Wohnung blieb. Ohne Frau. Ohne Liebe, außer der von Schachira, deren Existenz die furchtbare Einsamkeit, die sich sein Leben nannte, im Grunde nur vertiefte.

Ronald ging fast an ihm vorbei, ohne ihn zu bemerken. Er war zu konzentriert auf den Versuch, ein erleuchtetes Licht in einem der Fenster seiner Wohnung im dritten Stock zu erspähen. Auch Schachira war beschäftigt – sein verschleierter Blick verfolgte bewundernd die geschickten Hände des Verkäufers am Schawarmastand »Der Fes«, die feine Fleischstreifen von dem Drehspieß absäbelten. Aber als sie einander zu guter Letzt dann doch bemerkten, strömte die Begegnung über vor Gefühl und Ablecken.

»Das ist vielleicht ein Hund«, erklärte der Verkäufer, kniete sich neben Schachira und legte Streifen des fetten Fleisches auf eine Papierserviette auf den Bürgersteig wie ein Priester die Opfergabe für einen behaarten Gott. »Sie müssen wissen, hier kommen viele Hunde her, und denen geb ich gar nichts. Aber der?« Er deutete auf Schachira. »Sagen Sie mal, ist der türkischer Abstammung?«

»Wieso türkisch?«, begehrte Ronald auf.

»Bloß so«, entschuldigte sich der Verkäufer, »ich bin aus Izmir, deswegen dachte ich nur. Als ich klein war, hatte ich genauso einen, einen Welpen. Aber er hat ins

Haus gepinkelt, und da hat mein Vater die Krise gekriegt, und er hat ihn weggejagt, als ob er das absichtlich gegen ihn gemacht hätte. Aber Sie, Sie sind ein guter Mann. Schauen Sie, da ist er Ihnen ausgerissen, und Sie sind nicht mal böse auf ihn. Nicht wie diese Brutalotypen, die ihren Hund mit der Leine verdreschen, wenn er bloß stehenbleibt, um zuzuschauen, wie sich das Schawarma dreht.«

»Er ist nicht ausgerissen«, korrigierte Ronald und lehnte seine müde Stirn an Schachiras kräftigen Rücken, »er ist verlorengegangen.«

In dieser Nacht, im Bett, beschloss Ronald, ein Buch zu schreiben. Etwas zwischen einer lehrreichen Parabel und einem Denkerbuch. Die Geschichte würde von einem König handeln, allseits geliebt von seinen Untertanen, der etwas ihm sehr Teures verlor. Kein Geld, vielleicht irgendein Kind oder einen Bruder oder sogar einen Singvogel, falls das nicht früher schon mal benutzt worden war. Gegen Seite hundert würde das Buch weniger symbolisch und aktueller werden, sich mit der Entfremdung befassen, die der Mensch in der modernen Gesellschaft erfuhr, und auch etwas Trost bieten. Auf Seite hundertsechzig, hundertsiebzig würde es in eine Art kommerziellen Unterhaltungsroman vom Lesbarkeitsniveau her übergehen, aber um vieles qualitätsvoller. Und auf Seite dreihundert würde sich das Buch in ein berührungsfreundliches Pelztierchen verwandeln, das der Leser umarmen und streicheln konnte, um seine Einsamkeit zu bewältigen. Er war sich noch nicht schlüssig über die Technologie, mit deren Hilfe er das Buch in ein berührungsfreundliches Tier verwandeln würde, aber er vermerkte bei sich, bevor er einschlief, dass auf den Gebieten der Molekularbiologie und der Verlage in den letzten Jahren Riesenfortschritte gemacht worden waren und hier schlicht eine Zusammenarbeit zwischen ihnen erforderlich sein würde.

In jener Nacht hatte Ronald einen Traum, und in seinem Traum saß er auf dem Balkon seiner Wohnung und studierte konzentriert eine Tageszeitung, in dem tapferen und aufrichtigen Versuch, das Rätsel der menschlichen Existenz zu lösen, als sein geliebter Hund Schachira völlig überraschend mit einem modischen grauen Anzug bekleidet und einem riesigen Knochen im Maul auf den Balkon stürzte. Schachira legte Ronald den Knochen vor die Füße und gab ihm mit einer Kopfbewegung zu verstehen, die Antwort in den Wirtschaftsseiten zu suchen. Dann fügte er mit einer menschlichen Bassstimme, die ein bisschen an den Nachrichtensprecher Gilad Adin erinnerte, erklärend hinzu, dass die menschliche Rasse nichts anderes als ein Steuerasyl sei.

»Ein Steuerasyl?«, fragte Ronald verwirrt, und Schachira nickte mit seinem klugen Kopf und erzählte rasch, wie sein Steuerberater, ein Außerirdischer, der auf dem Stern wohnte, von dem Schachira ursprünglich gekommen war, ihm geraten hatte, seine Profite in eine Initiative ökologischen Charakters zu investieren, denn bei der Einkommenssteuer der Außerirdischen würden sie da voll drauf abfahren. Und wie er ganz schnell über ein paar Strohfirmen auf dieses ganze Gebiet von Entwicklung neuen Lebens und neuer Rassen auf abgelegenen Planeten gekommen war.

»Im Großen und Ganzen«, erläuterte Schachira, »ist

allen klar, dass es in der Entwicklung der menschlichen Art sowie in der Entwicklung anderer Rassen nicht wirklich ein Upside gibt. Aber nachdem es sich um einen neuen Bereich handelt, der unter steuerlichem Aspekt noch total offen ist, besteht keinerlei Möglichkeit, mich daran zu hindern, für diese ganze Sache einen Berg von Rechnungen zu verbraten.«

»Das glaube ich nicht«, verwahrte sich Ronald in seinem Traum, »ich weigere mich zu glauben, dass unsere ganze Aufgabe auf dieser Welt darin besteht, ein Steuerasyl zu sein, mit dessen Hilfe mein geliebter Hund Geld waschen kann.«

»Zunächst einmal«, bemerkte Schachira, »kein Mensch redet hier von Geldwäsche. Alles, was ich verdiene, kommt schon von vornherein blütenweiß an, bei mir gibt es keine faulen Tricks. Es handelt sich hier um nicht mehr als ein halblegitimes Mittel zur Aufblähung der Ausgaben. Und zweitens, sagen wir mal, ich würde dir folgen und akzeptiere deine primäre Position, dass die wahre Aufgabe der Menschheit nicht ist, mir als Steuerasyl zu dienen. Wenn wir also dieses Gedankenspiel noch ein wenig weitertreiben, welche Aufgabe hat sie dann?« Schachira schwieg einen Moment, und als er sah, dass Ronald keine Antwort darauf in seinem Repertoire hatte, bellte er zweimal, hob mit seinem Maul den Knochen auf und verließ den Balkon.

Auch an diesem Morgen erwachte Ronald mit einem prachtvollen Ständer und dem nicht völlig enträtselten Lecken von Schachira, der ohne Knochen und ganz und gar unbekleidet im Schlafzimmer herumlief. Es ist nicht sexuell, war der erste und entschiedene Gedanke, der in seinem Hirn aufblitzte, es ist kameradschaftlich. Mehr als kameradschaftlich, es ist existentiell. »Mein Schachira, mein Freund«, jubelte er flüsternd, um Niva nicht zu wecken, »nur du liebst mich wirklich.«

Der Stich

Es begann mit einem Kuss. Fast immer beginnt es mit einem Kuss. Ella und Ziki lagen nackt im Bett, nur durch die Zunge miteinander verbunden, als sie einen Stich spürte. »Hab ich dich verletzt?«, fragte Ziki, und als sie den Kopf schüttelte, fügte er schnell hinzu: »Dir läuft Blut runter.« Und sie blutete tatsächlich. Aus dem Mund.

»Tut mir leid«, sagte er, und dann stieg er aus dem Bett und begann unruhig in der Küche herumzulaufen. Er holte die Eiswürfelform aus dem Tiefkühler und schlug sie routiniert ans Spülbecken. »Da«, er reichte ihr mit zitternder Hand einige Würfel, »drück das auf die Lippe. Na, nimm schon, das wird die Blutung stoppen.« Ziki war immer gut in solchen Sachen. In der Armee war er Sanitäter gewesen. Er hatte auch eine Zulassung als Fremdenführer. »'Tschuldige«, fuhr er fort, mit einem schiefen Lächeln, »anscheinend hab ich dich gebissen, du weißt schon, in der Hitze der Leidenschaft.«

»Nich schlinn«, sie lächelte ihn an, den Eiswürfel auf ihre Unterlippe gepresst, »ganichs assiert.« Was natürlich eine Lüge war. Denn es war ziemlich viel passiert. Nicht jeden Tag bringt dich jemand, mit dem du zusammenwohnst, dazu zu bluten und lügt nachher auch noch, indem er behauptet, er habe dich gebissen, während du eindeutig einen Stich gespürt hast.

Danach küssten sie sich ein paar Tage lang nicht mehr, wegen der Wunde. Lippen sind ein ungemein sensibler Bereich. Und auch nachher, als sie es wieder taten, geschah es nur mit Vorsicht. Sie hatte das Gefühl, dass er etwas verbarg. Und tatsächlich, als sie eines Nachts ausnutzte, dass er mit offenem Mund schlief, schob sie behutsam einen Finger unter seine Zunge und fand es. Ein kleiner Reißverschluss. Ein Reißverschlüsschen. Doch als sie daran zog, öffnete sich ihr kompletter Ziki wie eine Auster, und in ihm lag Jürgen. Jürgen hatte im Gegensatz zu Ziki ein Ziegenbärtchen, krass ausgeprägte Wangenkoteletten und einen unbeschnittenen Penis. Ella betrachtete ihn, wie er schlief, faltete still und leise die Zikihülle zusammen und versteckte sie im Küchenschrank hinter dem Abfalleimer, wo sie die Mülltüten aufbewahrten.

Das Leben mit Jürgen war nicht leicht. Der Sex war enorm, aber er trank eine Menge, und wenn er trank, machte er viel Radau und viel Scheiß. Er brachte sie auch liebend gern dazu, sich dafür schuldig zu fühlen, dass er wegen ihr Europa verlassen hatte und hierhergekommen war. Und immer wenn in Israel etwas Schlimmes passierte, egal ob im Leben oder im Fernsehen, sagte er zu ihr: »Da schau mal, wie dein Staat ist.« Sein Hebräisch war grottenschlecht und dieses »dein« ungemein anklagend. Ihre Eltern mochten ihn nicht, und ihre Mutter, die Ziki wirklich gern gehabt hatte, nannte ihn den »Goi«. Ihr Vater fragte ihn immer nach der Arbeit, worauf Jürgen jedes Mal grinsend sagte: »Herr Schviro, mit der Arbeit ist es wie mit dem Schnurrbart, schon längst aus der Mode.« Und das fand nie irgendjemand lustig. Schon gar nicht

Ellas Vater, der immer noch mit einem Schnurrbart herumlief.

Am Ende setzte er sich ab. Kehrte nach Düsseldorf zurück, um Musik zu machen und von der Stütze zu leben. In Israel, sagte er, könne er als Sänger nie erfolgreich sein, denn der Akzent arbeite gegen ihn. Die Leute hier hätten Vorurteile, mochten keine Deutschen. Ella sagte nichts, doch sie hatte insgeheim das Gefühl, dass er auch in Deutschland mit seiner sonderbaren Musik und den kitschigen Texten nicht sehr weit kommen würde. Er hatte sogar ein Lied, das er über sie geschrieben hatte. Es hieß »Goddess«, und das ganze Lied ging darüber, wie sie auf dem Wellenbrecher Sex machten und wie sie kam, wie eine »Welle, die am Fels zerbirst«, wörtliches Zitat.

Es passierte ein halbes Jahr, nachdem Jürgen weggegangen war – sie suchte eine Mülltüte und fand die Zikihülle. Vielleicht war es ein Fehler gewesen, ihm den Reißverschluss aufzuziehen, dachte sie. Vielleicht. Bei solchen Dingen lässt sich das schwer mit Sicherheit sagen. Am gleichen Abend fiel ihr beim Zähneputzen wieder dieser Kuss ein, mit dem Stich. Sie spülte sich den Mund mit viel Wasser aus und schaute in den Spiegel. Ihr war eine Narbe davon geblieben, und als sie sie aus der Nähe untersuchte, entdeckte sie unter ihrer Zunge einen kleinen Reißverschluss. Ella streckte zögernd eine Hand danach aus. Sie versuchte sich auszumalen, wie sie im Innern sein würde. Es erfüllte sie mit einer Menge Hoffnung, allerdings auch mit nicht gerade wenig Furcht, hauptsächlich vor sommersprossigen Händen und trockener Gesichtshaut. Vielleicht würde sie eine Tätowierung haben, dachte sie.

Eine Rose. Sie hatte sich schon immer eine machen lassen wollen, jedoch nie den Mut dazu gehabt. Es schien ihr schrecklich schmerzhaft.

Der höfliche Junge

Der höfliche Junge klopfte an die Tür. Seine Eltern waren zu beschäftigt mit Streiten, um zu antworten, aber nach eine paar Klopfern trat er trotzdem ein.

»Ein Fehler«, sagte der Vater zur Mutter, »das sind wir, ein Fehler. Wie auf diesen Zeichnungen, die zeigen, wie man was nicht tun soll, ja? So sind wir. Mit einem großen ›NEIN!‹ drunter und einem roten X überm Gesicht.«

»Was willst du, dass ich dir sage?«, sagte die Mutter zum Vater. »Alles, was ich jetzt sage, werde ich nachher ja doch bloß bereuen.«

»Sag's, sag's nur«, spuckte der Vater, »warum denn bis nachher warten, wenn du gleich jetzt schon bereuen kannst?«

Der höfliche Junge hatte ein Modellflugzeug in der Hand. Er hatte es ganz allein gebaut. Die Anleitungsseite, die der Verpackung beilag, war in einer Sprache, die er nicht verstand, jedoch mit klaren Skizzen und Pfeilen, und der höfliche Junge, von dem sein Vater immer sagte, er habe gute Hände, hatte es geschafft, das Modell danach zu bauen, ohne weitere Hilfe.

»Früher hab ich mal gelacht«, sagte die Mutter, »viel gelacht, jeden Tag. Aber jetzt …« Sie strich über das Haar des höflichen Jungen, ohne sich dessen auch nur im mindesten bewusst zu sein. »Jetzt nicht mehr. Das war's.«

»Das war's?«, röhrte der Vater. »Das war alles? Das war das, was ›ich nachher bereuen werde‹? ›Früher hab ich mal gelacht‹? Big fucking deal!«

»Ich bitte dich, Ido, hör auf«, sagte die Mutter.

»Was aufhören?«, fragte der Vater.

»Solchen Schmutz in den Mund zu nehmen vor dem Jungen«, flüsterte die Mutter.

»Das ist kein Fluchen«, winkte der Vater ab, »und es ist Englisch. Er kann kein Englisch.«

»Was für ein schönes Flugzeug«, bemerkte die Mutter und wandte ihren Blick demonstrativ vom Vater ab, »vielleicht gehst du raus und spielst ein bisschen damit?«

»Erlaubt ihr es?«, fragte der höfliche Junge.

»Aber sicher erlauben wir's«, lächelte die Mutter und strich ihm wieder übers Haar, so wie man den Kopf eines Hundes streichelt.

»Wann soll ich zurück sein?«, fragte der höfliche Junge.

»Wann du willst«, explodierte der Vater, »und wenn's dir da draußen gefällt, kannst du auch gleich gar nicht mehr zurückkommen, ruf bloß alle paar Dingens mal an, damit sich Mama keine Sorgen macht.«

Die Mutter stand auf und gab dem Vater mit voller Kraft eine Ohrfeige. Es war komisch, denn es schien, dass diese Ohrfeige den Vater nur freute, während ausgerechnet die Mutter zu weinen anfing.

»Na, geh schon«, sagte sie unter Tränen zu dem höflichen Jungen, »geh schon spielen, solang es noch hell ist. Aber komm heim, bevor es dunkel wird.« Vielleicht ist sein Gesicht hart wie Stein, dachte sich der höfliche Junge, als er die Treppen hinunterging, und deshalb tut einem die Hand weh, wenn man hinhaut.

Der höfliche Junge warf sein Modellflugzeug mit aller Kraft hoch. Der Flieger drehte eine Schleife in der Luft und taumelte noch parallel zum Boden dahin, bis er gegen einen Wasseranschluss rumpelte. Sein einer Flügel war ein bisschen verbogen, und der höfliche Junge bemühte sich, ihn wieder zu begradigen.

»Wow«, sagte ein rothaariges Mädchen, das er bisher nicht bemerkt hatte, und streckte ihre sommersprossige Hand in seine Richtung aus. »Was für ein irres Flugzeug. Ich will's auch mal fliegen lassen.«

»Das ist kein Flugzeug«, korrigierte sie der höfliche Junge, »das ist ein Modellflieger. Ein Flugzeug ist was mit Motor.«

»Los, gib schon her«, befahl das Mädchen, ohne die Hand sinken zu lassen, »sei kein Knicker.«

»Ich muss ihm erst den Flügel richten«, wich der höfliche Junge aus, »siehst du nicht, dass er verbogen ist?«

»Knickerkragen«, gab das rothaarige Mädchen zurück, »gebe Gott, dass dir ganz viele schlimme Sachen passieren.« Sie runzelte die Stirn in dem Versuch, sich etwas weniger Allgemeines auszudenken, und als sie es schließlich geschafft hatte, grinste sie: »Dass dein Mama stirbt. Das isses, dasse stirbt, amen.« Der höfliche Junge ignorierte sie, haargenau wie man es ihm zu tun beigebracht hatte. Er war einen Kopf größer als die Rothaarige, und wenn er gewollt hätte, hätte er ihr eine Ohrfeige geben können, was dem rothaarigen Mädchen sehr wehgetan hätte, viel mehr als ihm, denn ihr Gesicht war hundertprozentig nicht aus Stein. Aber er gab ihr keine Ohrfeige, trat sie auch nicht und warf keinen Stein. Er verfluchte sie nicht einmal im Gegenzug. Er war höflich.

»Und dass auch dein Papa stirbt und du selber auch«, fügte die Rothaarige hinzu, als habe sie sich gerade noch daran erinnert, »aus, Äpfel, amen.« Und damit ging sie weg.

Der höfliche Junge warf den Flieger noch ein paarmal hoch. Beim gelungensten Wurf drehte das Modell drei komplette Schleifen in der Luft, bevor es herunterfiel. Auch die Sonne über ihm begann nun zu fallen, und der Himmel ringsherum rötete sich zunehmend. Sein Vater hatte ihm einmal gesagt, wenn man lange Zeit kontinuierlich in die Sonne schaue, könne man blind werden, und deswegen achtete der höfliche Junge darauf, alle paar Sekunden die Augen zu schließen. Aber auch wenn er die Augen geschlossen hatte, sah er weiterhin das Rot des Himmels. Das war seltsam, und der höfliche Junge hätte das nur zu gerne noch ein bisschen erforscht, um es zu verstehen, aber er wusste auch, wenn er nicht rechtzeitig nach Hause käme, würde sich seine Mutter Sorgen machen. Die Sonne scheint jeden Tag, dachte sich der höfliche Junge und bückte sich, um das Modellflugzeug aus dem Gras aufzuheben, und ich komme nie zu spät.

Als der höfliche Junge nach Hause kam, hielt sich seine Mutter immer noch die Hand und weinte im Wohnzimmer. Sein Vater war nicht dort. Seine Mutter sagte, er sei in ihrem Zimmer und schlafe, denn er müsse eine Nachtschicht machen, und ging, um dem höflichen Jungen ein Abendomelette zuzubereiten. Der höfliche Junge drückte leicht gegen die Tür des Zimmers seiner Eltern, die nicht ganz geschlossen war. Auf dem Bett lag sein Vater mit

Straßenkleidern und Schuhen. Er lag auf dem Bauch, mit offenen Augen, und als der höfliche Junge hineinspähte, fragte er, ohne den Kopf vom Bett zu heben: »Wie ist der Flieger?«

»In Ordnung«, antwortete der höfliche Junge, und da er das Gefühl hatte, dass das Gesagte nicht ausreichte, fügte er hinzu: »Völlig in Ordnung.«

»Ich und Mama streiten manchmal und sagen Dinge, die beleidigen«, sagte sein Vater, »aber du weißt, dass egal, was gesagt wird, ich dich immer immer liebe, stimmt's?«

»Ja«, nickte der höfliche Junge und begann, die Tür hinter sich zuzuziehen, »ich weiß. Danke.«

Mystique

Der Mann, der wusste, was ich sagen würde, saß neben mir im Flugzeug und lächelte dumm. Das war es, was einen an ihm so rasend machte, die Tatsache, dass er nicht einmal klug war oder sensibel und es trotzdem fertigbrachte, sie zu sagen, die ganzen Worte, die ich sagen wollte, immer drei Sekunden vor mir.

»Haben Sie Mystique von Guerlain?«, fragte er die Stewardess einen Moment, bevor ich dazu kam, und sie lächelte mit ebenmäßigen Zähnen und sagte, es sei exakt noch ein letztes übrig. »Meine Frau ist ganz versessen auf dieses Parfüm. Schlicht süchtig danach. Wenn ich aus dem Ausland ohne eine Flasche Mystique vom Duty Free zurückkomme, sagt sie, ich liebe sie nicht mehr. Wenn ich es wage, ohne wenigstens eine davon zur Tür reinzukommen, dann hab ich echt ein Problem.« Das war die Zeile, die ich hätte sagen sollen, doch der Mann, der wusste, was ich sagen würde, stahl sie mir, ohne auch nur mit der Wimper zu zucken. Als die Räder des Flugzeugs die Landebahn berührten, schaltete er das Mobiltelefon ein, eine Sekunde vor mir, und rief seine Frau an. »Ich bin gelandet«, sagte er zu ihr. »Es tut mir leid. Ich weiß, es hätte gestern sein sollen, der Flug ist gestrichen worden. Du glaubst mir nicht? Du kannst es selber nachprüfen. Ruf Arik an. Ich weiß, dass du sie nicht hast. Ich kann dir seine

Nummer jetzt sofort geben.« Auch ich habe einen Reiseagenten, der Arik heißt. Auch er ist bereit, für mich zu lügen.

Als das Flugzeug das Gate erreichte, redete er immer noch am Telefon. Er spulte die ganzen Antworten ab, die ich immer sagte. Ohne Gefühl, wie ein Papagei. Wie ein Papagei in einer Welt, in der die Zeit verkehrt rum fließt – wiederholte das, was gesagt werden würde, anstelle dessen, was gesagt worden war. Seine Antworten waren die absolut richtigsten, die es gab, gemessen an der Situation. Seine Situation war nicht besonders. Ganz und gar nicht. Auch meine nicht. Auf meinen Anruf hatte ich noch keine Reaktion erhalten, doch allein davon, diesem Mann zuzuhören, der wusste, was ich sagen würde, verging mir jede Lust. Beim bloßen Zuhören konnte ich nachvollziehen, dass ich aus diesem Loch – auch wenn es mir gelingen würde, mir einen Weg nach draußen zu graben – in einer anderen Wirklichkeit ankommen würde. Sie würde nicht verzeihen, sie würde kein Vertrauen haben. Niemals. All die kommenden Reisen würden die Hölle sein und die Zeit dazwischen sogar noch grauenhafter. Er fuhr fort zu reden, redete und redete, sagte diese ganzen Sätze, die ich verfasst und nur noch nicht gesagt hatte. Er hörte nicht auf, dieser Schwall. Er beschleunigte das Tempo, änderte die Intonation, wie ein Ertrinkender, der mit aller Kraft strampelt im Bemühen, weiterhin über Wasser zu bleiben. Die Leute fingen schon an auszusteigen. Er stand von seinem Platz auf, immer noch in dem Gespräch, sammelte mit der freien Hand die Tasche des Laptops auf und begann in Richtung Ausgang zu gehen. Ich konnte zusehen, wie er sie vergaß, die Tüte, die er ins Gepäckfach über uns gelegt hatte. Ich konnte sehen, wie er sie vergaß, aber ich sagte kein Wort. Ich blieb sitzen. Langsam und allmählich leerte sich das Flugzeug. Am Schluss blieben nur noch ich und irgendeine dicke orthodoxe Frau mit einer Million Kinder übrig. Ich stand auf und öffnete das Gepäckfach, als wäre gar nichts. Ich holte die Duty-Free-Tüte von dort heraus, als hätte sie immer schon mir gehört. Unter dem transparenten Plastik schimmerten ein Rechnungsbeleg und eine Flasche Mystique von Guerlain. Meine Frau ist ganz versessen auf dieses Parfüm. Schlicht süchtig danach. Wenn ich aus dem Ausland ohne eine Flasche Mystique vom Duty Free zurückkomme, sagt sie, ich liebe sie nicht mehr. Wenn ich es wage, ohne wenigstens eine davon zur Tür reinzukommen, hab ich echt ein Problem.

Kreatives Schreiben

Die erste Geschichte, die Maja schrieb, war über eine Welt, in der sich die Menschen spalteten, anstatt sich zu vermehren. In dieser Welt konnte jeder Mensch im entsprechenden Moment zwei Wesen werden, von denen jedes halb so alt war wie er. Es gab welche, die das in frühen Jahren machten – Frauen, die sich schon mit achtzehn in zwei neunjährige Mädchen teilten , und solche, die warteten, bis sie etabliert waren und sich beruflich und finanziell verwirklicht hatten, und es erst im mittleren Alter taten. Die Heldin in Majas Geschichte war eine Ungespaltene, die bereits die achtzig überschritten hatte und trotz allem gesellschaftlichen Druck darauf beharrte, sich nicht zu teilen. Am Schluss der Geschichte starb sie. Die Geschichte war schön, außer dem Ende. Sie hatte etwas Deprimierendes. Deprimierend und vorhersehbar. In dem Workshop lobte man sie jedoch sehr, gerade für diesen Schluss. Der Leiter des Workshops, der ein bekannter Schriftsteller oder so was sein sollte, von dem Avi'ad aber nie etwas gehört hatte, sagte zu ihr, dass »in der Banalität des Endes etwas Gespaltenes« liege, oder irgendeine andere Schwachköpfigkeit. Avi'ad sah, wie sie dieses Lob freute – sie war richtig aufgeregt, als sie ihm davon erzählte, zitierte den Satz, den dieser Schriftsteller zu ihr gesagt hatte, wie man irgendeinen Vers aus der Bibel zitiert. Und

Avi'ad, der anfangs noch versuchte, etwas in Bezug auf den Schluss vorzubringen, schwenkte sofort um und sagte, das sei alles eine Geschmacksfrage, und er verstehe ja nicht wirklich was davon.

Es war die Idee ihrer Mutter gewesen, dass sie in einen Workshop für kreatives Schreiben gehen könnte. Sie hatte erzählt, dass irgendeine Tochter von Freunden vor einem Jahr daran teilgenommen und es ihr sehr gefallen hatte. Auch Avi'ad hatte das Gefühl, dass es gut wäre, wenn Maja mehr aus dem Haus ginge, etwas mit sich selber anfangen würde. Er hatte die Arbeit, in die er sich hineinstürzen konnte, so viel er nur wollte, es gab immer irgendwas im Geschäft, das erledigt werden musste. Aber sie, seit der Fehlgeburt, blieb zu Hause sitzen, und immer wenn er heimkam, fand er sie im Wohnzimmer, wie sie so dasaß, aufrecht. Las nicht, sah nicht fern, weinte nicht einmal. Als Maja zögerte, konnte Avi'ad sie überreden. »Geh einmal hin, zum Ausprobieren«, sagte er, »so wie ein Kind ins Sommerlager geht.« Anschließend dachte er bei sich, dass es, nach allem, was sie erst vor zwei Monaten durchgemacht hatten, ein bisschen unsensibel gewesen war, ein Beispiel mit einem Kind zu bringen. Aber Maja brachte dieses Beispiel sogar zum Lächeln, und sie sagte, das würde ihr jetzt passen, ein Sommerlager.

Die zweite Geschichte, die sie schrieb, war über eine Welt, in der die Menschen nur diejenigen zu sehen imstande waren, die sie liebten. Der Held der Geschichte war ein verheirateter Mann, der in seine Frau verliebt war. Eines Tages stieß seine Frau mit ihm im Gang zusammen, und das Glas, das er in der Hand hielt, fiel auf den Boden und ging zu Bruch. Einige Tage danach setzte sie sich auf ihn drauf, während er im Sessel ein Nickerchen machte. In beiden Fällen redete sie sich mit einem Vorwand heraus: Sie habe gerade an etwas anderes gedacht, sie habe nicht geschaut, als sie sich hinsetzte. Doch der Mann fing an, den Verdacht zu hegen, dass ihre Liebe zu ihm geendet hatte. Um diese Theorie zu testen, beschloss er, etwas Extremes zu tun: seine linke Schnurrbarthälfte abzurasieren. Er kam also mit einem halben Schnurrbart und einem Strauß Anemonen in der Hand nach Hause. Seine Frau dankte ihm für die Blumen und lächelte. Er bekam mit, wie sie in der Luft herumtastete, um ihm einen Kuss zu geben. Maja betitelte diese Geschichte »Der halbe Schnurrbart« und erzählte Avi'ad, dass es in der Klasse, als sie sie laut vorgelesen hatte, Leute gab, die weinten. Avi'ad sagte lächelnd zu ihr: »mein Talent« und gab ihr einen Kuss auf die Stirn. Noch in der gleichen Nacht stritten sie sich über irgendeinen Blödsinn. Sie hatte vergessen, ihm etwas auszurichten oder irgend so was, und er ließ seine Wut an ihr aus. Es war seine Schuld, und er entschuldigte sich auch am Ende.

»Ich hatte heute einen höllischen Tag in der Arbeit«, sagte er und streichelte ihr Bein in einem Versöhnungsversuch, »verzeihst du mir?« Und sie verzieh.

Der Leiter des Workshops hatte einen Roman und einen Kurzgeschichtenband veröffentlicht. Beides war kein wirklicher Erfolg, hatte jedoch ein paar gute Kritiken erhalten. Das war, was die Verkäuferin im Steimatzky-Buchladen zu Avi'ad sagte. Der Roman war schrecklich dick, sechshundertvierundzwanzig Seiten, und Avi'ad kaufte den Geschichtenband. Das Buch bewahrte er im Büro auf, und in den Mittagspausen las er darin. Sämtliche Geschichten in dem Band spielten im Ausland, das war irgendwie so das Ding dabei. Hinten auf dem Einband stand, dass dieser Schriftsteller Fremdenführer gewesen und viel in der Welt herumgereist war. Es gab da auch ein kleines Bild von ihm in Schwarzweiß. Auf dem Bild lächelte er so eingebildet pfauenhaft wie einer, der sich als Glückspilz fühlt, dass er als er selber geboren wurde. Maja erzählte Avi'ad, dieser Schriftsteller habe zu ihr gesagt, er würde ihre Geschichten nach dem Workshop an seinen Verleger geben, und dass man sich zwar nicht allzu große Hoffnung machen dürfe, die Verlage aber in den letzten Jahren mit der Kerze nach neuen Talenten suchten.

Ihre dritte Geschichte begann sogar recht lustig. Sie handelte von einer schwangeren Frau, die eine Katze auf die Welt bringt. Der Held der Geschichte war der Ehemann, der den Verdacht hatte, die Katze sei nicht von ihm. Auf dem Dach des Müllhäuschens, direkt gegenüber dem Schlafzimmer des Ehepaars, döste ständig so ein rotfelliger, dicker Kater, der den Ehemann immer mit verächtlichen Blicken verfolgte, jedes Mal wenn er hinunterging, um den Abfall wegzuwerfen. Am Schluss kommt es zu einer gewalttätigen Konfrontation zwischen dem Ehemann und dem Kater. Der Ehemann wirft einen Stein nach dem Kater, und der Kater zahlt es ihm mit Bissen und Kratzern heim. In der Schlange zur Tetanusimpfung in der Poliklinik warten mit dem verletzten Ehemann auch seine Frau und das Katzenkind, das sie immer noch stillt. Der Ehemann ist geschmerzt und gedemütigt, doch er gibt sich alle Mühe, nicht zu weinen. Und das Katzenkind, das sein Leid spürt, entwindet sich den Armen der Mutter, nähert sich ihm, leckt sanft sein Gesicht und stößt ein tröstenden »miau« aus. »Hast du gehört?«, fragt die Mutter aufgeregt. »Es hat ›Papa‹ gesagt.« An diesem Punkt kann der Ehemann seine Tränen nicht mehr zurückhalten, und Avi'ad, der das las, musste sich zusammennehmen, um nicht mitzuweinen. Diese Geschichte, sagte Maja, habe sie zu schreiben angefangen, noch bevor sie wusste, dass sie wieder schwanger war.

»Das ist irgendwie schon lustig«, wunderte sie sich, »dass mein Gehirn noch nicht gewusst hat, dass ich schwanger bin, aber mein Unterbewusstsein schon.« Am Dienstag darauf, als Avi'ad sie nach dem Workshop vom Museum abholen sollte, traf er eine halbe Stunde früher ein, stellte den Wagen am Parkplatz ab und ging sie in der Halle suchen. Maja war überrascht, ihn dort zu sehen, und er bestand darauf, dass sie ihn dem Schriftsteller vorstellte. Der Schriftsteller roch einparfümiert. Er drückte Avi'ad schlaff die Hand und sagte zu ihm, wenn sich Maja ihn als Ehemann ausgesucht habe, dann sei er bestimmt ein ganz besonderer Mensch.

Drei Wochen später schrieb sich Avi'ad in einen Schreibkurs für Anfänger im »Schriftstellerhaus« ein. Er sagte Maja nichts davon, und zur Sicherheit bat er die Sekretärin, wenn von Zuhause angerufen würde, zu sagen, dass er in einer wichtigen Besprechung sei, wo man ihn keinesfalls stören könne. Außer ihm saßen in dem Raum nur ältere Frauen, die ihn mit grimmigen Blicken traktierten. Die Leiterin war eine junge, magere Frau mit Kopftuch, und die Frauen im Kurs tratschten über sie, dass sie in einer der Siedlungen lebe und Krebs habe. Sie forderte alle auf, eine Übung in automatischem Schreiben zu machen. »Schreiben Sie alles, was Ihnen in den Sinn kommt«, sagte sie, »denken Sie nicht, schreiben Sie einfach.« Avi'ad versuchte, das Denken einzustellen. Das war äußerst schwierig. Die alten Frauen um ihn herum schrieben mit irritierendem Eifer wie Schülerinnen, die versuchen, die Prüfung fertigzukriegen, bevor der Lehrer sie auffordert, die Stifte hinzulegen, doch nach ein paar Minuten fing auch er an. Die Geschichte, die er schrieb, handelte von einem Fisch, der einmal, als er vergnügt im Meer schwamm, von einer bösen Hexe in einen Mann verwandelt wurde. Der Fisch war nicht bereit, sich mit dem schlimmen Schicksal abzufinden, und beschloss, die Hexe zu verfolgen und sie dazu zu zwingen, ihn wieder in einen Fisch zu verwandeln. Da er ein besonders reger und aktiver Fisch war, heiratete er auch in der Zeit, während der er der Hexe nachstellte, gründete sogar eine kleine Firma für den Import von Plastikprodukten aus dem Osten; eine Firma, die mit Hilfe des großen Wissens, das er als Fisch erworben hatte, als er die sieben Meere durchquerte, zu boomen begann und in einem bestimmten Stadium sogar an der lokalen Börse gehandelt wurde. Währenddessen beschloss die böse Hexe, die von ihren ganzen Jahren der Bösartigkeit ein bisschen ermüdet war, zu all denen zurückzukehren, die sie verhext hatte, sich bei ihnen zu entschuldigen und sie in ihren natürlichen Zustand zurückzuversetzen. Irgendwann kam sie dabei sogar zu dem Fisch, den sie in einen Mann verwandelt hatte. Die Sekretärin des Fischs bat sie zu warten, bis er die Satellitenkonferenz mit seinen Partnern in Taiwan beendet habe.

An diesem Punkt seines Lebens erinnerte sich der Fisch schon nicht mehr wirklich daran, dass er ein Fisch gewesen war, und seine Firma beherrschte ein bisschen mehr als die halbe Welt. Die Hexe wartete gut einige Stunden lang, und als sie sah, dass die Besprechung kein Ende nahm, kletterte sie auf ihren Besen und flog davon. Der Fisch fuhr fort, ein Vermögen zu machen, und vor allem ungemein beschäftigt zu sein, bis er eines Tages, als er wirklich schon richtig alt war, aus dem Fenster eines der Dutzenden Riesengebäude spähte, die er als kluge Immobilieninvestition am Strandgürtel erworben hatte, und das Meer sah. Und als er es sah, erinnerte er sich plötzlich daran, dass er eigentlich ein Fisch war. Ein sehr reicher, großer Fisch, der Dutzende Tochtergesellschaften und weltumspannende Börsenkonstruktionen besaß, aber immer noch ein Fisch. Ein Fisch, der schon seit Jahren das Salz des Meeres nicht mehr geschmeckt hatte.

Als Avi'ad zu schreiben aufhörte, warf ihm die Leiterin einen fragenden Blick zu.

»Ich habe keinen Schluss«, entschuldigte er sich im Flüsterton, um die alten Frauen, die noch weiterschrieben, nicht zu stören.

Schnupfen

Zwei warten am Tisch im Behandlungszimmer des Akupunkturarztes. Vater und Sohn.

Der Akupunkteur betritt den Raum.

Er ist Chinese.

Er setzt sich an den Tisch.

Er bittet den Sohn in Englisch mit einem merkwürdigen Akzent, seine beiden Hände auf den Tisch zu legen.

Der Chinese legt seine Finger auf die Arme des Sohnes und schließt die Augen. Danach bittet er den Sohn, die Zunge herauszustrecken. Der Sohn streckt sie herausfordernd heraus.

Der Chinese nickt und bittet den Sohn, sich auf die Behandlungsliege zu legen.

Der Sohn legt sich auf die Liege und schließt die Augen.

Der Vater fragt, ob der Sohn die Kleider ausziehen soll.

Der Chinese schüttelt den Kopf. Er entnimmt einer Schublade im Tisch lange, dünne Nadeln und beginnt, sie zu setzen.

Hinter jedes Ohr eine.

Eine in jede Wange, in Nasennähe.

Eine auf jeder Seite der Stirn, nahe dem Auge.

Der Sohn wimmert leise, seine Augen bleiben geschlossen.

Jetzt, sagt der Akupunkteur zum Vater und zum Sohn, muss man warten.

Und nach der Behandlung, erkundigt sich der Vater, geht es ihm dann besser?

Der Akupunkteur zuckt die Achseln und verlässt den Raum.

Der Vater tritt an die Liege, auf der der Sohn liegt, und legt eine Hand auf seine Schulter.

Der Körper des Sohnes krampft sich zusammen.

Als er akupunktiert wurde, hat er sich nicht verkrampft. Jetzt schon.

Nach einer halben Stunde kehrt der Chinese in das Zimmer zurück und zieht die Nadeln mit flinken Bewegungen heraus.

Er sagt zu Vater und Sohn, dass der Körper auf die Behandlung reagiere, was ein gutes Zeichen sei. Jetzt würde es keinen Schnupfen mehr geben. Als Beweis deutet er auf die Stellen, in denen die Nadeln gesteckt haben. Rund um jede einzelne ist ein roter Ring aufgetaucht.

Danach setzt er sich hinter den Tisch.

Der Vater fragt den Chinesen, wie viel er zahlen muss. Er hatte geplant, vor der Behandlung danach zu fragen, hat es aber vergessen. Wenn er daran gedacht hätte, vorher zu fragen, wäre seine Verhandlungsposition viel besser. Nicht dass er vorgehabt hätte zu feilschen. Es handelt sich hier schließlich um die Gesundheit seines einzigen Kindes. Heißt, des einzigen, das lebt.

Der Chinese sagt, für die Behandlung mache das dreihundertfünfzig Schekel, und es gebe auch etwas, was man nach dem Essen schlucken müsse, das noch mal hundert koste.

Der Chinese erklärt, dass sie eine Serie von Behandlungen machen müssten. Mindestens zehnmal. Täglich außer Schabbat.

Der Chinese bemerkt, dass es zwar von Vorteil wäre, auch am Schabbat zu behandeln, doch am Schabbat arbeite er nicht, da seine Frau es nicht erlaube.

»Frau« ist vielleicht das einzige Wort, außer »Schnupfen«, das er in Hebräisch sagt.

Als er dieses Wort ausspricht, fühlt der Vater eine grauenhafte Einsamkeit.

Dem Vater kommt ein seltsamer Wunsch in den Sinn. Er möchte zu dem Chinesen sagen, er müsse austreten und dann, wenn er die Tür hinter sich abgesperrt hat, in die Kloschüssel onanieren.

Er denkt, das würde das Einsamkeitsgefühl irgendwie etwas lindern. Sicher ist er sich nicht.

In der chinesischen Medizin wird der männliche Samen als Energie begriffen. Wenn man ihn vergießt, schwächt das, und daher ist es nicht empfehlenswert, das zu tun, ganz besonders nicht, wenn man ohnehin schon schwach ist.

Der Vater weiß von all dem nichts, trotzdem lässt er die Idee fallen. Die Einsamkeit kommt ihn schwer an, doch ihm ist nicht wohl dabei, seinen Sohn mit diesem Chinesen allein im Zimmer zu lassen.

Täglich, außer Schabbat, wiederholt der Chinese. Er denkt, dass der Vater beim ersten Mal nicht zugehört hat.

Der Vater zahlt mit neuen Scheinen. Vierhundertfünfzig, ganz genau. Es ist kein Wechselgeld nötig.

Sie vereinbaren einen Termin für morgen.

Auf dem Weg zur Tür sagt der Chinese in Hebräisch zu ihnen: »Gute Besserung für euch.«

Der Sohn denkt sich, komisch, dass der Chinese »für euch«, im Plural, gesagt hat. Es ist doch bloß er krank.

Der Vater hat nicht darauf geachtet. Er denkt an etwas ganz anderes.

»Frau«, »Schnupfen«, »gute Besserung für euch«.

»Gute Besserung für euch«, »Schnupfen«, »Frau«.

Es gibt nichts Merkwürdigeres, als einen Chinesen Hebräisch reden zu hören.

Den Kukuriku beim Schwanz packen

Am allerschwersten ist es in der Nacht. Ich sage nicht, »am allermeisten sehne ich mich«, denn sehnen tue ich mich nicht. Aber nachts, wenn ich allein im Bett liege, denke ich an sie. Keine solchen warmen Gedanken an die ganzen schönen Augenblicke, die wir hatten. Mehr so eine Art Bild von ihr in Unterhose und Hemdchen, wie sie mit offenem Mund schläft, schwer atmet, einen Spuckering auf dem Kissen hinterlässt, und von mir selber, wie ich sie anschaue. Was genau habe ich damals gefühlt, als ich sie betrachtete? Vor allem Erstaunen darüber, dass ich mich nicht ekle, und danach so eine Zuneigung. Nicht Liebe, Zuneigung. Mehr von der Sorte, die du gegenüber einem Tier oder einem Baby empfindest als gegenüber deiner Partnerin. Und dann weine ich. Fast jede Nacht. Kein Weinen der Reue, denn ich bereue nichts. Ich habe nichts zu bereuen. Sie ist diejenige, die gegangen ist. Und im Nachhinein ist es gut, dass wir uns getrennt haben, nicht nur für sie, für uns beide. Und noch besser ist es, dass wir es rechtzeitig getan haben, bevor Kinder dazwischen sind und alles nur noch komplizierter wird. Weshalb also weine ich dann? Weil das eben so ist. Wenn man dir etwas nimmt, auch wenn es Scheiße war, tut das weh. Sogar wenn man dir ein Geschwür entfernt, bleibt eine Narbe. Und die Nacht ist anscheinend die allerbeste Zeit, um daran zu kratzen.

Uzi hat ein neues Mobilteil. So eins, das in Echtzeit aktuelle Infos von der Börse erhält. Wenn der Aktienkurs seiner Computerfirma steigt, spielt ihm das Teil »Du bist eine Kanone« vor, und wenn er fällt, jault es »Allein« vom Oberschnulzer Zohar Argov. Schon seit einem Monat rennt er mit diesem Patent herum, und er findet es jedes Mal von neuem lustig. »Du bist eine Kanone« erheitert ihn mehr als »Allein«, denn trotz allem, es lacht sich leichter, wenn es Geldscheine vom Himmel auf dich runterregnet, als wenn sie dir jemand aus der Brieftasche zieht. Und heute, erklärt mir Uzi, ist ein feierlicher Tag, denn heute bereitet er sich darauf vor, stark in die Optionen beim NASDAQ einzusteigen. Diese Optionen heißen QQQQ, aber Uzi hält es für lustiger, sie Kukuriku zu nennen. Wenn der NASDAQ steigt – dann steigen sie auch. Und weil der NASDAQ nach Meinung von Uzi jeden Moment durch die Decke sausen kann, ist alles, was wir tun müssen, den Kukuriku beim Schwanz packen und mit ihm in den Himmel fliegen.

Es kostet Uzi zwanzig Minuten, mir das alles zu erklären, und am Ende der Erklärung kontrolliert er wieder das Display seines Mobilteils. Als er mit der Erklärung angefangen hat, stand der Kukuriku bei 1.4, jetzt ist er schon bei 1.55. »Was sind wir für Nieten«, klagt Uzi, während er ein Mandelcroissant vertilgt und Brösel in alle Richtungen verschießt, »kapierst du? Allein in dieser halben Stunde hätten wir über zehn Prozent mehr aus dem Geld machen können.«

»Warum sagst du ›hätten wir‹?«, frage ich. »Und von welchem Geld redest du? Meinst du, ich hab Geld, um es in so was reinzustecken?«

»Man muss nicht viel reinstecken«, sagt Uzi, »wir hätten mit fünftausend einsteigen können und hätten schon einen Schnitt von fünfhundert plus eingesackt. Haben wir aber nicht. Weißt du was? Vergiss es, was zieh ich dich da mit rein. Ich bin nicht eingestiegen. Und das, obwohl ich im tiefsten Herzen klipp und klar gewusst hab, so wie ein Baby weiß, dass seine Mama es immer lieben wird, dass der NASDAQ die 1.5 sprengen wird.«

»Es gibt Mütter, die ihre Babys im Stich lassen«, differenziere ich.

»Vielleicht«, murmelt Uzi, »aber nicht die Mama vom Kukuriku. Ich sag's dir, ich hätte mein ganzes Geld darauf setzen sollen, aber ich hab lieber gewartet. Und weißt du, warum? Weil ich ein Loser bin.«

»Du bist kein …«, setze ich an, doch Uzi ist in Fahrt.

»Schau mich an, ich bin fünfunddreißig und hab noch nicht mal eine einzige Million.«

»Aber gerade vor einer Woche hast du doch zu mir gesagt, dass du an der Börse mit über einer Million veranlagt bist«, wende ich ein.

»Schekel«, schnaubt Uzi verächtlich, »was ist eine Million Schekel? Ich rede mit dir in Dollars.« Er schluckt kummervoll das letzte Stück des Croissants hinunter und spült mit einem Schluck Diätcola nach. »Schau dich um«, sagt er, »picklige Kiddies, die mir Kaffee im Styroporbecher in Start-ups serviert haben, die ich überhaupt erst erfunden habe, fahren Mercedes, während ich mit einem Peugeot 250 durch die Gegend kurve wie irgend so ein Leutnant.«

»Hör auf rumzuheulen«, sage ich zu ihm, »glaub mir, viele Leute würden tödlich gern mit dir tauschen.«

»Viele?«, lacht Uzi halb sardonisch in sich hinein. »Viele wer? Viele Arbeitslose in Sderot? Viele Aussätzige in Indien? Was ist los mit dir, Dadi? Bist du jetzt vielleicht schon so einer geworden, der sich froh mit seinem Los bescheidet? Mir kommt vor, diese Scheidung hat dich total aus den Latschen gekippt.«

Ich und Uzi kennen uns, seit wir ungefähr drei Jahre alt sind. Viel Zeit ist seitdem vergangen, aber viel geändert hat sich nicht. Uzi sagt, dass ich auch damals immer einen Haufen Mitleid mit mir selber hatte. Als wir in die Oberschule kamen, habe ich die ganze Zeit von einer Freundin phantasiert, während Uzi damals schon immer einen Coup landen wollte. Im Sommer initiierte er ein Sommerlager für Kinder. Die Geschäftsidee hinter dem Camp war simpel: Uzi teilte das Geld, das er von den Eltern bekommen hatte, halbe-halbe mit den Kindern, und dafür verpetzten ihn die Kinder nicht, weil er überhaupt keine Aktivitäten veranstaltete, außer dass er ihnen einen halbdemolierten Fußball aufs Gras warf und ihnen alle zwei Stunden mal erlaubte, vom Wasserhahn draußen zu trinken. Heute hat Uzi bereits eine Eigentumswohnung, eine Frau, die früher Angestellte in irgendeiner aus dem Boden geschossenen Hightechfirma war, in der er arbeitete, und eine mollige Tochter, die haargenauso aussieht wie er. »Wenn wir uns jetzt scheiden lassen«, sagt Uzi, »kriegt sie die Hälfte. Von allem. Und das alles deswegen, weil ich vor der Hochzeit ein feiges Würstchen war und sie nicht dazu gezwungen habe, eine Vermögenstrennung zu unterschreiben.« Ich habe das Frühstück bereits bezahlt, und jetzt warten wir auf das Wechselgeld. »Dagegen bist du«, fährt Uzi fort, »aus deiner Ehe als der King rausgekommen. Keinen einzigen Schekel hat sie genommen.«

»Das ist deswegen, weil nichts zu holen war«, versuche ich das Kompliment in seine Proportion zu rücken.

»Vorläufig«, klopft mir Uzi auf die Schulter, »vorläufig. Und jetzt, wo sämtliche Angelegenheiten zwischen euch abgehakt sind, ist das exakt der Zeitpunkt, den Coup zu landen und als einziger Gewinner dazustehen, wie bei der Lotterie, ohne Partner.«

»Ohne Partner«, wiederhole ich mechanisch und trinke den letzten und süßesten Schluck des Kaffees.

»Ohne Partner«, wiederholt auch Uzi, »nur ich und du. Ich habe das Gefühl, dass der Kukuriku noch mal kurz abstürzen wird, nicht wirklich ganz runter, aber auf 1.35, und dann steigen wir ein. Wir steigen ein, aber volle Pulle.« Die Bedienung kehrt nicht mit dem Wechselgeld zurück, stattdessen kommt der Lokalinhaber an.

»Entschuldigen Sie«, sagt er, »ich bedauere sehr, Sie stören zu müssen, aber der Hundert-Schekel-Schein, den Sie hergegeben haben, ist gefälscht. Sehen Sie?« Er hält die Banknote jetzt gegen das Licht. »Das ist nicht echt.« Ich nehme den Geldschein aus seiner Hand entgegen und betrachte das Wasserzeichen. Statt der skizzierten Gesichtszüge des ehemaligen Präsidenten Ben-Zvi lächelt mich ein hingekritzelter Smiley an.

»Gefälscht?«, echauffiert sich Uzi und schnappt sich den Schein von mir. »Lass sehen.« Er wirft einen anderen Schein dafür hin, den der Inhaber ebenfalls gegen das Sonnenlicht prüft. Ich entschuldige mich inzwischen. Ich habe im Taxi auf dem Weg hierher mit einem Zweihunderter bezahlt, sage ich zum Inhaber, und anscheinend hat mir der Fahrer den gefälschten beim Herausgeben untergeschoben.

»Der ist geil, der Schein«, sagt Uzi, »verkaufst du ihn mir? Für hundert?«

»Was begeistert dich denn so«, entgegne ich Uzi, »er ist falsch.«

»Genau deswegen, Blödmann«, erwidert Uzi und zieht aus seiner Brieftasche ein Bündel Geldscheine, »ungefälschte hab ich schon. Aber ein falscher, das ist klasse. Wenn mich jemand beschissen bedient, werde ich's ihm sofort mit dem falschen heimzahlen.«

»Gut«, sage ich zu ihm, »dann nimm ihn. Hundert falsche Schekel als Geschenk von mir.«

Jetzt sind wir in Uzis Auto. Gerade eingestiegen. Ich weiß nicht, warum ich ihm erzählt habe, dass ich in der Nacht weine. Uzi ist nun nicht gerade der Mensch, mit dem man solche Dinge teilt. »Und das ist nicht wegen ihr«, betone ich, »ich will nicht, dass sie zurückkommt.«

»Ich weiß«, murmelt Uzi, »ich weiß. Ich kenne sie.« Sein Mobilteil singt ihm vor, dass er eine Kanone ist, aber er späht nicht einmal auf das Display, um zu sehen, um wie viel die Aktie gestiegen ist, kommt mir nur mit seinem Gesicht ganz nah und mustert mich aus der Nulldistanz, wie ein Arzt einen Kranken studiert. »Weißt du, was du jetzt sofort und dringendst brauchst?«, sagt er. »Ein äthiopisches Sandwich auf der Matalon sechsundfünfzig.«

»Wir haben doch gerade gegessen«, protestiere ich.

»Sandwich ist kein Essen«, sagt Uzi und hantiert am Lenkradschloss rum, »Sandwich ist eine Äthiopierin unter dir, die dir die Brüste in den Rücken quetscht, und noch eine über dir. Du musst wissen, ich war auch nicht restlos begeistert, als sie mir das zum ersten Mal vorgeschlagen haben, aber das ist echt was.«

»Was ist diese Matalon sechsundfünfzig?«, frage ich. »Ist das ein Puff?«

»Komm, nicht das Thema wechseln«, Uzi dreht den Schlüssel im Anlasser, »wir reden jetzt von dir. Seit du und Ofra euch getrennt habt, hast du kein einziges Mal gevögelt, ha?« Ich nicke und füge hinzu:

»Um ehrlich zu sein, mir ist auch nicht wirklich danach.«

»Du meine Fresse«, Uzi löst die Handbremse, »man macht nicht immer, wonach einem ist.«

»Wenn du damit zu sagen versuchst, dass ich weine, weil ich nicht vögle, dann täuschst du dich«, widerspreche ich.

»Das sag ich nicht, sag ich gar nicht«, Uzi trommelt mit den Fingern aufs Lenkrad. »Ich sage, dass du weinst, weil dein Leben leer ist. Weil überhaupt keine Bedeutung oder Inhalt drin ist. Und wenn es drinnen leer ist …«, er fasst sich an die Brust, eine Spur rechts vom Herzen, »also wenn es irgendeine Bedeutung in der Umgebung gibt, installiert man eine Bedeutung, und falls nicht, dann schiebt man einen Ersatz rein. Eben so, einstweilen, bis die Bedeutung aus den Büros des Importeurs daherkommt. Und in solchen Fällen ist ein äthiopisches Sandwich ein super Ersatz.«

»Bring mich heim«, sage ich, »mein Leben ist erbärmlich genug, auch ohne zu Nutten zu gehen.« Aber Uzi kümmert sich schon nicht mehr um mich, denn jetzt klingelt sein Mobilteil wieder, mit einem langweiligen, unvertrauten Rington drei, den Uzi für eingehende Gespräche programmiert hat. Am anderen Ende ist jemand von der Bank dran. Uzi heult ihm was vom Kukuriku vor und bittet ihn, ihm mit zwanzigtausend Dollar QQQQ zu kaufen, wenn er wieder gefallen ist.

»Zwanzigtausend für mich und noch zehntausend für einen Freund.« Ich bedeute ihm »nein« mit dem Kopf, doch Uzi ignoriert es, und als er das Gespräch trennt, sagt er zu mir: »Da hilft gar nichts, Dadi, ich und du werden den Kukuriku beim Schwanz packen.«

Durch die dünne Wand kann ich Uzis Mobilteil hören, das ihm vorsingt »Du bist eine Kanone«, und eine weibliche Stimme, die vor Lachen platzt. Es waren heute keine Äthiopierinnen da in der Matalon sechsundfünfzig, also ist Uzi mit einer Donnerbusigen aufs Zimmer gegangen, die auf Englisch sagte, sie sei Tschechin, und ich mit einer gefärbten Blondine, anscheinend eine Russin. Nebenan hinter der Wand lacht jetzt auch Uzi schallend – offenbar ist eine tschechische Stulle kein übler Ersatz. Die Blondine heißt Maria, und sie fragt, ob ich möchte, dass sie mir beim Ausziehen hilft. Ich erkläre ihr, das brauche sie nicht, ich sei bloß wegen meinem verrückten Freund hergekommen und von mir aus könnten wir hier zusammen dasitzen, bis Uzi fertig ist, und erst dann rausgehen, ohne Vögeln.

»Kein Vögeln«, Maria versucht zu verstehen. »Blasen?« Jenseits der Wand spielt Uzis Teil wieder die Kanone. Irgendwas Gutes passiert da. Maria macht mir die Hosenknöpfe auf, und ich sage mir, wenn ich jetzt zu ihr sage, dass ich nicht will, wäre das beleidigend für sie. Ich weiß, dass das nicht stimmt, aber ich gebe mir alle Mühe, es zu glauben. Vielleicht hat Uzi ja recht und alles, was ich jetzt brauche, ist ein Ersatz. Während sie es mir macht, versuche ich, ein Leben für sie zu erfinden, so ein fröhliches, das sie aus freier Wahl zur Prostitution gebracht hat. Ich habe einmal einen solchen Film über eine gutherzige und glückliche französische Prostituierte gesehen. Vielleicht ist auch Maria so eine, nur eben Russin. Als ich nach unten schaue, kann ich fast nichts von ihr sehen außer den Haaren. Hin und wieder hebt sie ihren Kopf und fragt: »Gut so?« Und ich nicke verlegen. Gleich wird es vorbei sein.

In der halben Stunde, die wir in der Matalon sechsundfünfzig verbringen, ist der Kukuriku durch die Decke gesaust. Bis wir wieder in die dörrende Sonne auf der Straße hinaustreten, steht der Kukuriku schon bei 1.75, was uns, laut Uzi, hundertzwanzig Prozent auf das Geld bringen sollte. Und so fährt der Kukuriku fort, wie ein Drache den blauen Himmel zu spalten und wir hinterdrein, halten ihn ganz fest am Schwanz gepackt, damit wir nicht fallen.

Wähl eine Farbe

Ein schwarzer Mann zog in die Straße von Weißen. Er hatte eine schwarze Wohnung mit einem schwarzen Balkon, auf dem er jeden Morgen saß und seinen schwarzen Kaffee trank. Bis eines schwarzen Nachts seine weißen Nachbarn bei ihm zu Hause eindrangen und ihm mörderische Prügel verpassten. Was heißt hier mörderisch? Sie zerdroschen ihn in Stücke. Er lag zusammengekrümmt wie ein Regenschirmhenkel in einer Pfütze schwarzen Bluts, und sie schlugen weiter zu. Bis einer von ihnen zu schreien anfing, man solle besser aufhören, denn wenn er ihnen plötzlich unter den Händen wegsterben würde, könnten sie sich eventuell noch im Gefängnis wiederfinden.

Der schwarze Mann starb ihnen nicht plötzlich unter den Händen weg. Ein Krankenwagen kam und brachte ihn weit weit weg in ein verzaubertes Krankenhaus auf dem Gipfel eines erloschenen Vulkans. Das Krankenhaus war weiß. Das Tor war weiß, die Zimmerwände drinnen waren weiß und auch die Laken. Der schwarze Mann begann zu genesen. Zu genesen und sich zu verlieben. Sich in eine weiße Schwester in weißen Kleidern zu verlieben, die ihn auf die hingebungsvollste und großmütigste Art pflegte, die möglich ist. Auch sie liebte ihn. Und ihre Liebe erstarkte, genau wie er, mit jedem verstreichenden

Tag, wurde stärker und lernte, vom Bett aufzustehen und zu kriechen. Wie ein Säugling. Wie ein kleines Kind. Wie ein schwarzer Mann, der eine Menge Schläge abgekriegt hatte.

Sie heirateten in einer gelben Kirche. Ein gelber Priester verehelichte sie. Seine gelben Eltern waren mit einem gelben Schiff in dieses Land gekommen. Auch sie hatten Schläge von ihren weißen Nachbarn eingesteckt. Aber das alles eröffnete er dem schwarzen Mann nicht. Er kannte ihn kaum, und es schien auch nicht gerade die passendste Zeit, um damit anzufangen, mit der Hochzeit und dem Ganzen. Der gelbe Priester plante, ihnen zu sagen, dass Gott sie liebte und ihnen nur Gutes wünschte. Er wusste diese Dinge nicht mit Gewissheit, obwohl er sich viele Male selbst davon zu überzeugen versucht hatte. Dass er wüsste, dass Gott alle liebt und uns allen nur Gutes wünscht. Aber an jenem Tag, als er diesen zerschmetterten schwarzen Mann verheiratete, noch keine dreißig und schon vernarbt und im Rollstuhl, fiel es ihm schwerer zu glauben. »Gott liebt euch«, sagte er am Schluss, nichtsdestotrotz. »Gott liebt euch und wünscht euch nur Gutes«, sagte er und schämte sich.

Der schwarze Mann und die weiße Frau lebten glücklich zusammen. Bis eines Tages, als die Frau aus dem Lebensmittelladen zurückkehrte, ein brauner Mann mit einem braunen Messer im Treppenhaus auf sie wartete, der alles wollte, was sie hatte. Als der schwarze Mann nach Hause kam, fand er sie tot vor. Er begriff nicht, warum der braune Mann sie erstochen hatte, er hätte einfach ihr Geld nehmen und fliehen können. Das Begräbnis fand in der gelben Kirche des gelben Priesters statt, und als der schwarze Mann ihn sah, packte er ihn an seinem gelben Gewand und sagte: »Aber du hast es gesagt. Du hast gesagt, dass Gott uns liebt. Wenn er uns liebt, warum tut er uns das alles an?« Der gelbe Priester hatte eine Antwort parat. Eine Antwort, die man ihn schon in der Priesterschule gelehrt hatte. So etwas wie dass die Wege des Herrn unergründlich seien und dass jetzt, da die Frau tot sei, sie ihm sicher näher sei. Aber statt diese Antwort zu benutzen, begann er schlicht und ergreifend zu fluchen. Der Priester verfluchte Gott mit grässlichen Flüchen. Derart beleidigende und verletzende Flüche waren auf der Welt noch nie vernommen worden. So beleidigende und verletzende Flüche, dass sogar Gott beleidigt war.

Gott kam über die Behindertenrampe in die gelbe Kirche. Auch er saß im Rollstuhl, auch er hatte einmal eine Jemandin verloren. Er war silbern, nicht das Billigglanzsilber wie von einem BMW der Neureichprolls, sondern zart mattsilbern. Einmal, als er mit seiner silbernen Geliebten so zwischen den Silbersternen dahingeschwebt war, war eine Bande von gelben Göttern über sie hergefallen. Als sie noch Kinder waren, hatte Gott einmal einen von ihnen verprügelt, einen kleingewachsenen, mageren gelben Gott, und jetzt war dieser Gott herangewachsen und kehrte mit seinen Gefährten zurück. Die gelben Götter schlugen ihn mit gelben Sonnenkeulen und hörten nicht auf, bis sie jeden einzelnen Knochen in seinem göttlichen Leib gebrochen hatten. Es kostete ihn Jahre zu genesen. Seine Geliebte schaffte es nie mehr. Sie blieb eine Halbleiche. Sie konnte alles sehen und hören, aber sie konnte nichts sagen. Der silberne Gott beschloss, für sie eine Rasse nach seinem Ebenbild zu erschaffen, damit sie

sie anschauen und sich so die Zeit vertreiben könnte. Diese Rasse glich ihm wirklich: Schläger und Opfer genau wie er. Und seine silberne Liebe betrachtete stundenlang mit weit aufgerissenen Augen die Angehörigen dieser Rasse, starrte und vergoss nicht einmal eine Träne.

»Was denkst du denn?«, sagte der silberne Gott frustriert zu dem gelben Priester. »Was meinst du, dass ich euch so erschaffen habe, weil ich mir das ausgesucht habe? Weil ich irgend so ein Perverser oder Sadist oder Scheißkerl bin, der dieses ganze Leid genießt? Ich habe euch so erschaffen, weil ich nichts anderes weiß. Das ist das Beste, was ich kann.« Der gelbe Priester fiel auf die Knie und bat um Verzeihung. Wenn ein stärkerer Gott gekommen wäre, hätte er sicher weitergeflucht, auch wenn der Preis dafür die Hölle gewesen wäre. Aber der silberne und invalide Gott erweckte in ihm Reue und Kummer, und er wollte ernsthaft, dass er ihm verzieh. Der schwarze Mann ging nicht auf die Knie. Mit der gelähmten unteren Körperpartie war er nicht mehr imstande, solche Dinge anzustellen. Er saß nur in seinem Rollstuhl und stellte sich eine silberne Göttin irgendwo im Himmel vor, die ihn mit weit aufgerissenen Augen betrachtete. Das erfüllte ihn mit einem Gefühl von Bestimmung, sogar Hoffnung. Er konnte sich nicht erklären, weshalb, doch dieser Gedanke, dass er haargenau wie ein Gott litt, brachte ihn dazu, sich gesegnet zu fühlen.

Der blaue Fleck

In der Notaufnahme sagten sie, dass der Knochen komplett gebrochen und der Muskel an zwei Stellen fast gerissen sei. Es gibt Leute, erzählte ihr der Arzt, die können aus einem Autozusammenstoß bei achtzig Stundenkilometern ohne einen Kratzer hervorgehen. Er erinnerte sich an ein Mal, wo eine dicke Frau in der Notaufnahme eintraf, die von ihrem Balkon im dritten Stock auf den Asphalt hinuntergefallen und mit einem blauen Fleck am Hintern davongekommen war. Alles eine Sache des Glücks. Von dem sie, wie es schien, nicht viel hatte. Ein leichter Fehltritt auf der Treppe, ein Knöchel, der sich in die falsche Richtung verdrehte – und schon landete sie mit einem Gips im Krankenhaus.

Einer, der wie ein Araber aussah, wickelte ihr die feuchten Bandagen um den Fuß. Er sagte zu ihr, er sei erst Assistent und wenn sie wolle, könne sie darauf warten, dass der Arzt ihr das mache, was allerdings mindestens noch eine Stunde dauern würde, denn es sei viel los. Als er damit fertig war, sie einzugipsen, sagte er noch, dass das jetzt, weil Sommer sei, die ganze Zeit jucken und schwitzen würde. Er gab ihr keinerlei Ratschlag, was sie damit anfangen sollte, er teilte es nur mit. Nach ein paar Minuten fing es tatsächlich zu jucken an.

Hätte sie keinen Gips gehabt, wäre sie nicht zu Hause gewesen, als er anrief. Hätte sie den Gips nicht gehabt, wäre sie in der Arbeit gewesen. David erzählte ihr, dass er in Tel Aviv war, dass er nur für eine Woche nach Israel gekommen sei, wo ihn sein Büro hingeschickt hatte, um an irgendeinem Kongress teilzunehmen. Etwas, das mit der Jewish Agency zusammenhing. Er sagte, er verkümmere dort bei den Vorträgen und wolle sie sehen, und sie sagte, in Ordnung. Hätte sie keinen Gips gehabt, hätte sie sich sicher unter irgendeinem Vorwand herausgeredet, doch ihr war langweilig. Wenn er kommen würde, dachte sie, würde es die Vorfreude geben. Sie würde sich vor dem Spiegel eine Bluse aussuchen, ihre Augenbrauen herrichten. Danach, wenn er gekommen wäre, würde wohl nichts passieren, aber sie hätte auf alle Fälle ihre Aufregung schon einkassiert. Sie hatte dabei auch nichts zu verlieren. Bei jemand anderem hätte sie Angst gehabt, er würde ihr vielleicht was verderben, aber von David war nichts mehr zu befürchten. Der Mann hatte ihr schon beim letzten Mal, als sie sich getroffen hatten, alles verdorben, hatte ihr das Hirn zugelötet, wie sehr er sie liebe, und nachdem sie sich ein bisschen aufgegeilt hatten und sie es ihm mit der Hand besorgt hatte, war er mit den Kleidern auf seinem Bett im Hotel eingeschlafen. Am nächsten Tag hatte er nicht angerufen und am übernächsten auch nicht. Und nach zwei Tagen wartete sie schon gar nicht mehr darauf. Sie wusste, dass er nach Cleveland oder Portland, oder wie immer seine Stadt in Amerika auch heißen mochte, zurückgekehrt war. Und das war verletzend. Verletzend wie wenn dich jemand auf der Straße sieht und so tut, als ob er dich nicht kennt. Wenn sie ihn auf der Straße in

Cleveland oder Portland oder wo auch immer getroffen hätte, und er wäre da mit seiner Freundin unterwegs gewesen, wäre das garantiert auch wirklich passiert.

Er hatte ihr damals von seiner Freundin erzählt. Ihr gesagt, dass sie heiraten würden. Sie konnte nicht behaupten, dass er ihr das verheimlicht hätte. Aber etwas daran, wie er es sagte, verleitete sie zu dem Gefühl, dass alles, was er ihr erzählte, bis zu dem Augenblick gestimmt hatte, als er sie traf, und dass sein Leben jetzt eine vollkommen neue Richtung einschlagen würde, eine Richtung, in der auch sie miteinbegriffen war. Aber offenbar hatte sie sich getäuscht, oder er hatte sie getäuscht. Hängt davon ab, wie man es betrachtet. Hing davon ab, in welcher Stimmung sie sich befand, wenn das Bild von ihnen beiden zusammen im Hotel in ihrem Kopf aufstieg. Manchmal sagte sie sich, hör schon auf damit, du hirnkrankes Stück. Er ist Amerikaner, was hast du erwartet? Dass er sein Leben dort hinschmeißt, den Job in diesem Gemeindezentrum, den er dir zu erklären versucht hat, und hierherkommt, um wegen dir als Barmann oder Mopedkurier zu arbeiten? Doch es gab andere Male, da war sie wütend. Er hätte dieses Wort, »lieben«, nicht verwenden müssen. Er hätte einfach zu ihr sagen können, dass er auf sie stand oder dass er geil, betrunken und weit weg von Zuhause war. Aller Voraussicht nach hätte sie ihm auch dann einen runtergeholt, allerdings ohne nachher zwei Tage daheim zu sitzen und auf einen Anruf zu warten. Sie hatte damals kein Mobiltelefon, also saß sie einfach da und wartete. Auch damals war Sommer gewesen, und in ihrer Wohnung gab es keine Klimaanlage. Die Luft im Zimmer stand unbewegt, und den ganzen Tag hatte sie versucht, ein

Buch zu lesen, »Unterwelt« von Don DeLillo, doch am Ende des Tages war sie immer noch beim ersten Kapitel. Sie erinnerte sich jetzt an nichts mehr von diesem Kapitel. Irgendwas mit einem Baseballspiel. Sie hatte das Buch danach nicht weitergelesen, und David hatte nicht angerufen. Aber jetzt, fast ein Jahr danach, auf einmal, und als er vorgeschlagen hatte vorbeizukommen, hatte sie ›in Ordnung‹ zu ihm gesagt. Hauptsächlich deswegen, damit er nicht merkte, dass es in ihr eine Stelle gab, die gekränkt war. Damit er nicht das Gefühl hätte, so wichtig zu sein, dass sie ihn nicht sehen wollte.

Er brachte eine Flasche Wein und eine Pizza mit. Halb Olive, halb Sardelle. Fragte nicht mal vorher am Telefon, was sie mochte oder ob sie überhaupt hungrig war. Die Pizza schmeckte aber sogar ganz gut. Der Wein war weiß und zu warm, doch sie hatten nicht die Geduld zu warten, bis er gekühlt war, also tranken sie ihn mit Eiswürfeln. Eine Hundertdollarflasche, lachte er, und wir trinken ihn, als ob es irgendeine Diätcola ist. Anscheinend war es ihm wichtig, sie wissen zu lassen, dass er einiges für den Wein ausgegeben hatte. Seit jener Nacht, sagte er, laufe ich mit einem unguten Gefühl herum. Fühle mich scheiße. Ich hätte dich am Morgen danach anrufen und es dir erklären müssen. Noch mehr, ich hätte dafür sorgen müssen, dass es überhaupt nicht erst passiert. Es tut mir leid. Und sie streichelte ihm die Wange, nicht auf verführerische Art, sondern mehr wie eine Mutter, die ihren Sohn tröstet, der gerade gestanden hat, dass er in der Prüfung abgeschrieben hat, und sagte zu ihm, es sei nicht so schlimm. Dass sie an ihn gedacht habe seit damals, ja, schon. Sich gefragt habe, weshalb er nicht angerufen habe. Aber er müsse sich auf alle Fälle nicht schlecht fühlen. Er habe ihr ja von Anfang an gesagt, dass er eine Freundin habe.

David sagte, dass sie inzwischen schon geheiratet hätten. Als er aus Israel zurückkehrte, hatte ihm Karen, so hieß sie, gesagt, dass sie schwanger sei und sie sich entscheiden müssten, abtreiben oder zusammenbleiben. Als Karen mit ihm darüber redete – das war sofort, als er aus dem Flugzeug ausgestiegen war –, hatte er noch ihren Geruch im Haar. Seit der Nacht, in der sie zusammen im Bett gewesen waren, hatte er sich nicht geduscht, damit der Geruch blieb. Wir müssen uns entscheiden, Abtreibung oder zusammenbleiben, sagte Karen zu ihm. Er wollte nicht bleiben. Wegen ihr, wegen jenem Abend. Aber er wollte auch nicht, dass Karen abtrieb. Es falle ihm schwer, das zu erklären. Er war schließlich nicht religiös oder so was. Aber der Gedanke an eine Abtreibung hörte sich für ihn wie etwas Unwiderrufliches an, und das setzte ihn unter Druck. Also schlug er ihr vor, zu heiraten.

Auch ein Kind, das geboren wird, ist unwiderruflich, sagte sie jetzt in einem Ton zu ihm, als sei es ein Scherz, und er krümmte sich, erwiderte, das wisse er. Und fügte im gleichen Atemzug hinzu, es sei ein Mädchen, und es sei das Wunderbarste in seinem ganzen Leben. Auch wenn er und Karen sich scheiden lassen würden, sagte er, wobei er nicht glaube, dass das passieren würde, denn im Großen und Ganzen wäre bei ihnen alles in Ordnung, aber auch falls es doch passieren sollte, sei er froh, dass Karen nicht abgetrieben habe. Dieses Mädchen sei einfach so was von süß. Am Freitag wäre sie genau fünf Monate alt, und seit sie geboren worden war, sei das das erste Mal, dass er verreise. Auch zu diesem Kongress wäre er fast nicht gefahren. Hatte ungefähr fünfmal seine Meinung geändert, aber am Ende sei er geflogen. Hauptsächlich, um sie zu treffen. Um sie um Verzeihung zu bitten.

Ich bin hergekommen, um dich um Verzeihung zu bitten, sagte er wieder. Sie wollte ihm sagen, dass er übertrieb. Dass er einfach eine Riesengeschichte daraus machte. Doch nach einem weiteren langen Schweigen sagte sie, sie verzeihe ihm. Sie sei nie in einer Situation wie seiner gewesen, aber sie verstehe ihn völlig. Und dass sie es nur ein bisschen bedauere, dass er damals nicht angerufen hatte. Bloß so, um sich vor dem Flug zu verabschieden.

Wenn ich angerufen hätte, sagte er, wäre ich noch mal gekommen. Und wenn ich noch mal gekommen wäre, hätte ich mich in dich verliebt. Ich hatte Angst. Hätte sie ihn jetzt in Verlegenheit bringen wollen, hätte sie ihn daran erinnern können, dass er schon damals, in der ersten Nacht, behauptet hatte, dass er sich in sie verliebt habe, doch stattdessen streichelte sie nur seine große Hand, die auf dem Tisch lag. Danach saßen sie zusammen im Wohnzimmer, sahen sich eine Folge von »Lost« an und tranken den restlichen Wein aus. Vor drei Jahren, als sie von Giora schwanger geworden war, hatte sie ihn nicht einmal gefragt, ob er eine Abtreibung oder es behalten wollte. Sie ging einfach hin und machte den Abbruch allein, ohne es ihm zu erzählen. Zwei Monate danach trennten sie sich. Offenbar liebte dieser David Karen ein bisschen mehr, als sie Giora geliebt hatte. Oder er hasste sie zumindest weniger. Sie wusste, dass diese Nacht enden konnte, wo immer sie es wollte. Das gab ihr ein Gefühl von Macht. Wenn sie es etwas hinauszog, bis es spät war, und sagen würde, sie sei müde, würde er gehen, ohne irgendwas zu versuchen. Wenn sie ihn anschauen und lächeln würde – würde er sie küssen. Sie spürte es. Aber was wollte sie ganz wirklich? Dass er geil in sein Hotel zurückkehren, onanieren und an sie denken würde, daran, dass eigentlich alles in Ordnung war, oder dass er die Nacht mit ihr im Bett verbrachte und sich morgen beschissen fühlen würde? Ihr Wille wechselte ungefähr minütlich. Lass ihn, sagte sie sich, vergiss ihn und wie er sich fühlt. Denk an dich selber. Was willst du?

Jetzt, wegen dem Gips, war es ein ziemlicher Akt, aufs Klo zu gehen. Sie hätte auf einem Bein hüpfen und dabei das Gleichgewicht bewahren müssen. David ließ sie nicht. Er nahm sie auf seine Arme, als sei er irgend so ein Feuerwehrmann, der sie aus einem brennenden Haus rettete, oder ein Bräutigam, der sie in ihrer Hochzeitsnacht über die Schwelle trug. Während sie Pipi machte, wartete er vor der Tür auf sie, und anschließend trug er sie wieder ins Wohnzimmer. Bis sie zurückkamen, war die Folge zu Ende. David erzählte ihr, was am Schluss passierte, er hatte sie schon gesehen, in Amerika war sie eine Woche früher gelaufen. Er hatte es ihr vorher nicht gesagt, dass er sie schon gesehen hatte, weil es ihm nichts ausmachte, sie noch mal mit ihr anzuschauen. Er war ohnehin nicht sonderlich wild auf Fernsehen. Auch beim ersten Mal hatte er es nur gesehen, weil Karen süchtig nach der Serie war. Es ist heiß bei dir in der Wohnung, sagte er, mörderisch heiß. Sie sagte zu ihm, dass sie das wisse. Dass der Wohnungsbesitzer ihr und ihrer Mitbewohnerin sechzig Dollar im Monat dafür nachließ, weil es keine Klimaanlage gab. Seit sie sich den Fuß gebrochen habe, sitze sie hier fest, sagte sie. Im Krankenhaus hatten sie ihr Krücken gegeben, aber wer hat schon die Kraft, vier Stockwerke mit Krücken runterzuhumpeln? Und noch bevor sie richtig begriff, was geschah, nahm er sie auch schon wie einen Sack Mehl auf den Rücken, und so stiegen sie vier Stockwerke hinunter.

Er brachte sie auf seinem Rücken bis zum Me'ir-Park, wo sie auf einer Bank saßen und eine Zigarette rauchten. Auch dort war es heiß und feucht, aber wenigstens gab es einen Wind, der den Schweiß trocknete. Es war mir wichtig, dass du mir verzeihst, sagte er, es war mir schrecklich wichtig, ich kann dir nicht mal erklären, warum. Es ist nicht so, dass ich mich zu Frauen in meinem Leben nicht schon früher mal beschissen verhalten hätte, aber mit dir … Er begann zu weinen. Am Anfang kapierte sie nicht, dass es das war, was er machte, sie dachte, er hustete oder würgte oder irgend so was, doch er weinte schlicht und ergreifend. Hör auf damit, du bekloppter Knallkopf, sagte sie zu ihm halb im Scherz, die Leute schauen schon, die denken sonst noch, ich hab dich abserviert, dass ich dir das Herz gebrochen habe. Ich bin bekloppt, sagte David zu ihr, ich bin wirklich voll bescheuert. Ich hätte … Du warst nie in Cleveland. Wo ist Cleveland, und wo ist Tel Aviv. Sie sah, dass er sagen wollte, wo ist Karen und wo bist du, und war froh, dass er es nicht sagte.

Die vier Stockwerke aufwärts erklommen sie langsam. Er hatte keine Kraft mehr, sie huckepack zu tragen, also stützte sie sich einfach auf ihn und kletterte Stufe um Stufe hinauf. Bis sie bei ihrer Tür angelangten, schwitzten sie beide schon wieder, und unter dem Gips fing erneut dieses zum Wahnsinn treibende Jucken an. Willst du, dass ich gehe?, fragte er, und sie schüttelte den Kopf, doch ihr Mund sagte, sie glaube, es sei besser. Nachher, vor dem Ventilator im Bett, versuchte sie für sich selbst zu rekapitulieren, was eigentlich überhaupt an dieser ganzen Geschichte war: Ein Amerikaner und eine Israelin, die sich auf zufälligste Weise begegnen. Ein netter Abend. Ein bisschen Spucke auf ihrer linken Handfläche, die an Davids Glied auf und ab reibt. Und diese ganzen nicht wirklich wichtigen Einzelheiten schleppen zwei Menschen von zwei Seiten des Ozeans schon fast ein Jahr mit sich herum. Es gibt Menschen, die fallen aus dem dritten Stock eines Hauses und kommen mit höchstens einem blauen Flecken auf dem Hintern davon, und es gibt solche, die einmal nicht richtig auf einer Stufe auftreten und mit einem Gips im Krankenhaus landen. Offenbar gehörten sie und David zu der zweiten Sorte.

Was haben wir in den Taschen?

Ein Feuerzeug, Hustenbonbons, eine Briefmarke, eine einzelne Zigarette, leicht verbogen, ein Zahnstocher, ein Stofftaschentuch, ein Stift, zwei Fünf-Schekel-Münzen. Das ist nur ein kleiner Teil von dem, was ich in den Taschen habe. Was wundert es also, dass sie dermaßen ausgebeult sind? Viele Leute haben deswegen schon eine Bemerkung zu mir gemacht. Sie haben zu mir gesagt: »Jetzt komm, was hast du denn bloß in den Taschen?« Den meisten gebe ich keine Antwort, lächele nur, manchmal stoße ich sogar so ein kurzes, bezeichnendes Auflachen aus. Als hätten sie mir einen Witz erzählt. Wenn sie darauf beharren und mich noch mal fragen würden, würde ich ihnen bestimmt alles zeigen, was ich dort habe, ihnen vielleicht sogar erklären, warum ich diese ganzen Dinge brauche, bei mir haben muss, ständig. Aber sie tun's nicht. Jetzt komm, Lächeln, kurzes Lachen, ein Moment peinlichen Schweigens, und schon sind wir beim nächsten Thema.

Die Wahrheit ist, dass sich alles, was ich in den Taschen habe, aus überlegter Vorausplanung dort befindet. Das ist alles dafür, damit ich im Augenblick der Wahrheit in einer vorteilhaften Position sein könnte. Wobei das eigentlich nicht exakt ist. Das ist alles da drin, damit ich im Augenblick der Wahrheit nicht in einer nachteiligen Position bin. Denn welchen Vorteil können ein Holzzahnstocher und eine Briefmarke schon bieten? Aber wenn euch zum Beispiel ein hübsches Mädchen – wisst ihr was, sogar ein nicht hübsches, einfach nur ein bezauberndes, ein ganz gewöhnliches Mädchen dem Aussehen nach, aber mit einem hinreißenden Lächeln, das euch die Luft anhalten lässt – um eine Briefmarke bitten würde, sogar nicht mal bitten, bloß so auf der Straße stehen, an einem regnerischen Abend, mit einem Umschlag ohne Briefmarke in der Hand, neben einem roten Briefkasten, und fragen würde, ob ihr zufällig wisst, wo es eine Post gibt, die zu dieser Zeit offen hat, und danach ein bisschen husten würde, ein Husten, der von der Kälte kommt, aber auch von der Verzweiflung, denn auch sie dürfte wissen, im tiefsten Herzen, dass es keine Post in der Gegend gibt, die offen ist, garantiert nicht zu einer solchen Zeit, und die in diesem Moment, dem Augenblick der Wahrheit, nicht sagen würde, »jetzt komm«, und euch nicht fragen würde, was ihr in den Taschen habt, nur unendlich dankbar für die Briefmarke sein würde, vielleicht nicht mal unendlich dankbar, bloß hinreißend lächeln würde, ein hinreißendes Lächeln gegen eine Briefmarke – also ich wäre bereit, zu jeder Sekunde meines Lebens gegebenenfalls so ein Geschäft zu unterschreiben, auch wenn die Briefmarkenpreise in die Höhe schnellen und die Preise für Lächeln abstürzen würden.

Nach dem Lächeln würde sie danke sagen und wieder husten, wegen der Kälte, aber auch ein bisschen aus Verlegenheit. Und ich würde ihr ein Hustenbonbon anbieten. »Was hast du denn noch in den Taschen?«, würde sie fragen, aber so ganz lieb, ohne das »jetzt komm« und diese Negativität, und ich würde ohne zu zögern antworten:

Alles, was du irgendwann einmal brauchen wirst, meine Liebe. Alles, was du irgendwann brauchst.

Das war's, jetzt wisst ihr es. Das ist alles, was ich in den Taschen habe. Eine gewisse Chance, es nicht zu vermasseln. Eine gewisse. Keine riesige, nicht mal eine plausible. Ich weiß das, ich bin ja kein Trottel. Kommt, wir sagen mal so, eine klitzekleine Chance, dass ich, falls das Glück daherkommen sollte, »ja« zu ihm sagen kann und nicht, »'tschuldigung, tut mir leid, ich habe keine Zigarette / keinen Zahnstocher / keine Münze für den Getränkeautomaten«. Das ist es, was ich da drinnen, vollgestopft und ausgebeult, habe, eine winzige Chance, ja zu sagen und nicht bedauern zu müssen.

Schlechtes Karma

»Fünfzehn Schekel im Monat können deiner Tochter hunderttausend bescheren für den Fall, dass du, was wir nicht hoffen wollen, stirbst. Weißt du, was hunderttausend Schekel für eine Waise sind? Das ist exakt der Unterschied zwischen einem akademischen Beruf und einer Sprechstundenhilfe bei einem Zahnarzt.«

Seit dem Unfall hatte Oschri begonnen, wie verrückt Policen zu verkaufen. Es war nicht klar, ob es wegen seines leichten Hinkens war oder wegen der gelähmten rechten Hand, aber die Leute, die sich mit ihm zu einem Termin zusammensetzten, wurden überzeugt und kauften alles: Lebensversicherungen, Arbeitsunfähigkeitsversicherungen, medizinische Zusatzversicherungen, einfach alles. Und wenn Oschri anfangs auch noch auf seinen alten Geschichten beharrte – wie von dem Jemeniten, den genau an dem Tag, als er bei ihm eine Versicherung abgeschlossen hatte, ein Eislaster überfuhr, oder von dem einen aus Kefar Schemarjahu, der lachte, als ihm Oschri eine Krankenversicherung vorschlug, und einen Monat später weinend anrief und sagte, dass sie bei ihm Krebs in der Bauchspeicheldrüse entdeckt hatten –, so begriff er doch ganz schnell, dass seine persönliche Geschichte mehr als alle anderen zog. Da hatte er, Oschri Siwan, Versicherungsagent, mit einem potentiellen Kunden in einem Café am Stadtpark gesessen, als plötzlich, mitten in der Besprechung, ein junger Mensch, der beschlossen hatte, seinem Leben ein Ende zu setzen, aus dem elften Stock des Gebäudes nebenan sprang und bumms! – Oschri auf den Kopf fiel. Der Sturz tötete den jungen Mann, und Oschri, der gerade dem noch zaudernden Kunden die Geschichte von dem Jemeniten und dem Eislaster zu Ende erzählt hatte, verlor auf der Stelle das Bewusstsein. Er wachte nicht auf, als man ihm Wasser ins Gesicht spritzte, und auch nicht im Krankenwagen. Er wachte auch in der Notaufnahme nicht auf und nicht einmal auf der Intensivstation. Er lag im Koma. Die Ärzte wussten nicht, was am Ende aus ihm werden würde. Seine Frau saß an seinem Bett und weinte die ganze Zeit, und die Tochter auch. Und so brachten sie sechs Wochen zu, bis unverhofft ein großes Wunder geschah – Oschri erwachte aus dem Koma, als sei nichts gewesen, schlug einfach die Augen auf und stand auf. Und mit diesem Wunder stellte sich auch die bittere Wahrheit ein – unser Oschri, der immer so schön gepredigt hatte, hatte sich wie ein Narr nicht die Mühe gemacht, sich hübsch daran zu halten. Nachdem er für sich selbst nicht dafür gesorgt hatte, irgendeine Versicherung abzuschließen, war er gezwungen, seine Wohnung zu verkaufen und in eine Mietwohnung zu ziehen, da er die Kreditabzahlungsraten nicht aufbringen konnte. »Schauen Sie mich an«, beendete Oschri seine traurige Geschichte stets mit einem scheiternden Versuch, seinen rechten Arm zu bewegen, »schauen Sie mich an, wie ich hier mit Ihnen in diesem Café sitze und Blut und Wasser schwitze, um Ihnen eine Police zu verkaufen. Hätte ich nur dreißig Schekel im Monat auf die Seite gelegt. Dreißig Schekel, was ist das schon? Eine Nachmittagsvorstellung, ohne Popcorn. Dreißig Schekel im Monat – und ich könnte jetzt im Bett liegen wie der King mit zweihunderttausend Schekel auf dem Konto. Ich hab mein Fett schon weg, aber Sie? Lernen Sie aus meinem Fehler, Motti. Unterschreiben Sie hier, und das war's. Wer weiß, was in den nächsten fünf Minuten aus heiterem Himmel auf Sie herunterfällt.« Und dieser Motti oder Jigal, Micky oder Zadok, der ihm gegenübersaß, starrte ihn einen Moment an, nahm dann den Stift, den er ihm mit seiner gesunden Hand hinhielt, und unterschrieb. Jeder, ohne Ausnahme. Oschri verabschiedete sich immer mit einem Zwinkern von ihnen, denn mit einem gelähmten rechten Arm kann man keinem die Hand zum Abschied drücken, und ließ auf dem Weg nach draußen noch fallen, dass sie das Richtige getan hätten. So begann sich das lädierte Bankkonto von Oschri Siwan ohne allzu große Mühe rasch zu regenerieren, und innerhalb dreier Monate kauften er und seine Frau bereits eine neue Wohnung mit einer viel geringeren Kreditbelastung als der, die sie vor dem Unfall gehabt hatten. Und mit der ganzen Physiotherapie in der Poliklinik fing auch der Arm an besser zu werden. Obwohl Oschri bei Geschäftsterminen, wenn ihm die Kunden die Hand zum Händedruck hinhielten, weiterhin so tat, als könne er ihn überhaupt nicht bewegen.

»Da ist Blau und Gelb und Weiß und ein süßer, weicher Geschmack im Mund. Da ist etwas Hohes über mir. Etwas Gutes, und ich bin auf dem Weg dorthin. Auf dem Weg dorthin.«

In der Nacht fuhr er fort, davon zu träumen. Nicht von dem Unfall, vom Koma. Es war seltsam, aber obwohl seitdem schon eine geraume Zeit vergangen war, konnte er sich immer noch bis in die kleinsten Einzelheiten an alles erinnern, was er in jenen sechs Wochen gefühlt hatte. Er erinnerte sich an Farben, einen Geschmack und kalte Luft, die ihm das Gesicht kühlte. Er erinnerte sich an die fehlende Erinnerung, an dieses Empfinden, dass er ohne Namen und ohne Geschichte existierte, nur im Augenblick. Sechs volle Wochen reine Gegenwart, wobei das Einzige, das er außer der Gegenwart empfand, so ein kleines Aufkeimen von Zukunft war, eine Art unbegründeter Optimismus, der dieses neue und eigenartige Existenzgefühl einhüllte. In diesen sechs Wochen wusste er nicht, wie er hieß oder dass er verheiratet und Vater einer Tochter war. Er wusste nicht, dass er einen Unfall gehabt hatte und dass er jetzt im Krankenhaus um sein Leben kämpfte. Er wusste rein gar nichts, außer dass er lebte. Und diese schlichte Tatsache erfüllte ihn mit ungeheurer Freude. Überhaupt, diese Erfahrung, in diesem Nichts zu denken und zu fühlen, war stärker als alles andere, das ihm jemals widerfahren war. Als wären alle Hintergrundgeräusche verschwunden und der einzige Klang, der überblieb, war echt und sauber und zum Weinen schön.

Er redete darüber nicht mit seiner Frau und auch nicht mit irgendeinem anderen Menschen. Man sollte es eigentlich nicht derart genießen, dem Tod nahe zu sein. Das Koma sollte dir eigentlich keinen Spaß machen, wenn deine Frau und deine Tochter an deinem Bett schluchzen. Als man ihn also befragte, ob er sich an irgendetwas davon erinnere, sagte er, nein, er erinnere sich an nichts. Als seine Frau ihn fragte, ob er, als er im Koma war, sie und Meital zu ihm sprechen gehört habe, sagte er zu ihr, auch wenn er sich nicht erinnere, sie gehört zu haben, wisse er, dass ihn das gestärkt und ihm im Unterbewusstsein Kraft und Antrieb zu leben gegeben habe. Das sagte er zu ihr, aber es stimmte nicht, denn als er im Koma lag, hatte er schon manchmal Stimmen von außen gehört. So merkwürdige Stimmen, scharf und unklar zugleich, wie Geräusche, die man unter Wasser hört. Und er hatte das damals ganz und gar nicht gemocht. Diese Stimmen hatten für ihn bedrohlich geklungen, zeugten sie doch davon, dass es etwas jenseits der farbigen und wohligen Gegenwart gab, in der er existierte. Erst als er aufgewacht war, hatte er begriffen, dass diese Stimmen die ihren gewesen waren.

»Möget ihr kein Leid erfahren«

Einen Besuch während der Trauerwoche des Jungen, der ihm auf den Kopf gesprungen war, konnte Oschri nicht machen, und auch zum Monatstrauertag konnte er nicht kommen. Er lag damals noch im Koma. Zum Jahrestag jedoch kam er dann. Auf dem Friedhof waren nur die Eltern, die Schwester und noch irgendein übergewichtiger Freund aus der Schulzeit. Sie wussten nicht, wer Oschri war, und die Mutter von dem, der gesprungen war, dachte, er sei der Boss ihres Sohnes, denn auch der hieß Oschri. Die Schwester und der Dicke dachten, er sei irgendein Bekannter der Eltern. Aber nachdem alle kleine Steinchen auf das Grab gelegt hatten und die Mutter ein wenig nachfragte, erklärte Oschri, er sei derjenige, auf dem Nathi, wie dieser Junge geheißen hatte, gelandet war, als er aus dem Fenster sprang. In dem Moment, in dem die Mutter das hörte, fing sie an sich zu entschuldigen, bat um Verzeihung und weinte pausenlos. Der Vater versuchte sie zu beruhigen und stierte Oschri gleichzeitig mit misstrauischen Blicken an. Nach fünf Minuten hysterischen Weinens der Mutter sagte der Vater förmlich zu Oschri, er bedaure alles, was ihm passiert sei, sehr und sei sicher, dass auch Nathi, wenn er noch lebte, es bedauern würde, dass es jetzt jedoch besser für alle sei, wenn Oschri ginge. Oschri stimmte ihm umgehend zu und fügte gleich noch hinzu, dass er jetzt schon fast wieder ganz in Ordnung sei, und dass es alles in allem gar nicht so schlimm gewesen war, sicher nichts im Vergleich zu dem, was die Eltern durchgemacht hatten. Der Vater schnitt ihn mitten im Satz ab und sagte: »Wollen Sie uns verklagen? Denn falls ja, vergeuden Sie Ihre Zeit. Siwa und ich haben keinen müden Groschen unterm Arsch, hören Sie? Nicht mal einen Groschen.« Dieser Satz veranlasste die Mutter, noch mehr zu weinen, und Oschri murmelte etwas davon, dass er an niemanden irgendwelche Forderungen habe, und entfernte sich. Am Friedhofsausgang, als er seine Kipa aus Pappe in den Holzkasten zurücklegte, holte ihn Nathis Schwester ein und entschuldigte sich für ihren Vater. Eigentlich entschuldigte sie sich nicht direkt, sondern sie sagte bloß, dass er ein Idiot sei und dass Nathi ihn immer gehasst habe. Dieser Vater, stellte sich heraus, war sich immer sicher, dass ihn alle bloß bescheißen wollten, und am Schluss passierte es dann wirklich, und sein Geschäftspartner war vor einigen Monaten mit dem Geld durchgebrannt.

»Wenn Nathi das gesehen hätte, er wäre geplatzt vor Lachen«, sagte die Schwester und stellte sich vor. Sie hieß Ma'ajan, und Oschri nahm aus Gewohnheit ihre ausgestreckte Hand nicht entgegen. So oft schon hatte er so getan, als ob seine rechte Hand völlig gelähmt sei, dass er manchmal, sogar wenn er allein zu Hause war, sie zu benutzen vergaß. Worauf Ma'ajan den Händedruck mit vollkommener Ungezwungenheit gegen eine leichte Berührung an seiner Schulter austauschte – eine Berührung, die im Nachhinein beide ein bisschen verlegen machte. »Komisch, dass Sie hergekommen sind«, sagte sie, nachdem sie einen Moment geschwiegen hatten, »was haben Sie mit Nathi zu tun? Sie haben ihn doch gar nicht gekannt.«

»Schade«, Oschri geriet durcheinander. Er wollte ihr sagen, dass es überhaupt nicht komisch war, dass er gekommen war. Dass es zwischen ihm und ihrem Bruder etwas Ungelöstes gab. Es waren so viele Menschen an jenem Tag dort in dem Café gewesen, und von all denen war Nathi ausgerechnet auf ihn gefallen. Und deswegen war er heute gekommen, um zu verstehen zu versuchen, warum. Aber noch bevor er dazu kam, das auszusprechen, ging ihm auf, dass sich das idiotisch anhören würde, also fragte er stattdessen, weshalb sich Nathi umgebracht hatte, so ein junger Mensch und das Ganze. Ma'ajan zuckte mit den Achseln. Anscheinend war er nicht der erste Mensch, der sie das fragte. Bevor sie sich verabschiedeten, gab er ihr seine Visitenkarte und sagte, wenn sie bei irgendwas Hilfe bräuchte, egal was, solle sie anrufen, worauf sie lächelte und sagte, danke, aber sie sei ein Mensch, der sehr gut allein zurechtkomme. Nachdem sie die Karte eine Sekunde betrachtet hatte, fügte sie hinzu:

»Sie sind Versicherungsagent? Das ist aber echt komisch. Nathi hat Versicherungen immer gehasst, er hat gesagt, Versicherungen seien ein schlechtes Karma. Sie abzuschließen sei praktisch das Gegenteil davon, zu glauben, dass alles gut würde.« Oschri versuchte sich zu verteidigen und sagte, dass viele junge Leute so dachten, aber wenn man Kinder habe, sei das anders. Und auch wenn jemand an das Gute glauben wollte, könnte ein Mensch niemals vorsichtig genug sein.

»Falls Sie trotzdem was brauchen sollten«, sagte er zu ihr, bevor sie ging, »rufen Sie an. Ich verspreche, ich werde nicht versuchen, Ihnen eine Versicherung zu verkaufen.« Sie lächelte und nickte. Beide wussten, dass sie nicht anrufen würde.

Auf der Rückfahrt vom Friedhof meldete sich Oschris Frau. Sie wollte, dass er das Mädchen für sie abholte. Oschri erklärte sich sofort damit einverstanden, und als sie ihn fragte, wo er sei, schwindelte er, er sei in Ramat Hascharon bei einem Termin mit einem Kunden. Er hätte es sich selbst nicht erklären können, weshalb genau er log. Es war nicht wegen dieser Berührung, die er immer noch spürte, an der Schulter. Auch nicht, weil er ohne Grund zu einer Gedenkfeier gegangen war. Wenn überhaupt, war es deswegen, weil er Angst hatte, sie würde mitkriegen, wie dankbar er diesem Jungen, Nathi, war, der anscheinend klug, erfolgreich und beliebt gewesen war, nicht weniger als Oschri, und trotzdem beschlossen hatte, »Basta« zu sagen und aus dem Fenster zu springen. Als er Meital von dem Kurs abholte, zeigte sie ihm stolz das Modell eines bunten Flugzeugs, das sie gebaut hatte, und er bewunderte es laut und fragte sie, wann sie beabsichtige, es in den Himmel fliegen zu lassen. »Überhaupt nie«, Meital bedachte ihn mit einem herablassenden Blick, »das ist doch bloß ein Modell.« Und Oschri nickte verlegen und sagte, sie sei ein kluges Mädchen.

»Reingoldträume«

Seit dem Unfall schliefen er und seine Frau viel seltener zusammen. Sie redeten nie darüber, aber er spürte, dass es auch von ihrer Seite aus in Ordnung war. Als ob sie nach dem Unfall und dem Ganzen so froh darüber war, dass er zurückgekehrt war, dass sie nicht die Absicht hatte, darauf herumzureiten. Wenn sie dann mal miteinander schliefen, war es nett. Nicht weniger nett, als es früher gewesen war, nur dass sein Leben jetzt eine andere Perspektive erhalten hatte. So eine, die mit jener Welt zusammenhing, in die zu gelangen dir etwas aus einem hohen Stockwerk drauffallen musste, eine Perspektive, die alles irgendwie verzwergte. Nicht nur den Sex, auch seine Liebe zu ihr, die Liebe zu seiner Tochter, rein alles.

Wenn er wach war, erinnerte er sich nicht, wie sich diese Welt des Komas genau anfühlte, und wenn er versucht hätte, es jemandem zu beschreiben, wäre es ihm nicht gelungen. Er probierte es nur ein einziges Mal, als er mit einer Blinden über einer Lebensversicherungspolice zusammensaß. Es war unklar, weshalb er dachte, ausgerechnet sie würde es verstehen, auf alle Fälle begriff er ohnehin nach drei Sätzen, dass er ihr nur Angst machte, worauf er aufhörte. Doch im Traum konnte er wirklich dorthin zurückkehren. Und diese Träume von dem Koma wurden immer häufiger. Er spürte, dass er regelrecht anfing, süchtig nach ihnen zu werden. Am Abend, lange bevor er ins Bett ging, begann er immer schon vor Erwartung zu fiebern wie ein Flüchtling, der nach Jahren im Exil in ein Flugzeug nach Hause steigt. Es war lustig, aber manchmal war er so aufgeregt, dass es ihm nicht gelang einzuschlafen, und dann fand er sich starr neben seiner schlafenden Frau im Bett liegen, wie er versuchte, sich mit allen möglichen Methoden zu beruhigen. Eine davon war Onanieren. Und seit jener Begegnung am Friedhof dachte er immer, wenn er onanierte, an Ma'ajan und an ihre Berührung an seiner Schulter. Nicht weil sie hübsch war. Wobei es nicht so war, dass sie nicht hübsch gewesen wäre. Sie hatte so eine Art fragile Schönheit, die der Jugend entsprang und mit einem nahenden Verfallsdatum einherging, einem sehr nahen. Auch seine Frau hatte früher, vor vielen Jahren, als sie sich kennengelernt hatten, eine solche Schönheit besessen. Aber deswegen dachte er nicht an Ma'ajan, sondern weil sie mit dem Mann in Zusammenhang stand, der ihm geholfen hatte, in diese Welt der Farben und der Stille zu gelangen, und wenn er mit ihr onanierte, war es, als onanierte er mit dieser Welt, die plötzlich, dank ihrer, die Form einer Frau erhalten hatte.

Und während dieser ganzen Zeit flogen ihm die Policen weiterhin in schwindelerregendem Tempo zu. Er wurde bloß immer besser. Wenn er sie jetzt zu verkaufen versuchte, ertappte er sich häufig dabei, dass er zu weinen anfing. Es war ein Weinen, das aus dem Nirgendwo kam. Und es verkürzte die Termine. Oschri weinte, entschuldigte sich, die Kunden sagten sofort, das sei schon in Ordnung, und unterschrieben. Es brachte ihn dazu, sich ein bisschen wie ein Schuft zu fühlen, dieses Weinen, obwohl es das echteste Weinen der Welt war.

»Starker Verkehr auf der Autobahn«

An irgendeinem Wochenende, als sie mit ihrer Tochter von einem Besuch bei den Eltern seiner Frau im Kibbuz zurückkehrten, fuhren sie an zwei völlig zerquetschten Autos vorbei. Die Wagen vor ihnen wurden langsamer, während sie die Unfallstelle passierten, und seine Frau sagte, das sei widerlich, nur in Israel würden sich die Leute so benehmen. Das Mädchen, das hinten schlief, wachte von den Ambulanzsirenen auf, drückte sein Gesicht ans Fenster und schaute einen blutüberströmten, bewusstlosen Mann an, der auf einer Bahre fortgetragen wurde. Sie fragte, wohin sie diesen Mann brachten, und Oschri antwortete ihr, sie würden ihn an einen guten Ort bringen. Einen Ort mit Farben, Geschmack und Gerüchen, die man sich überhaupt nicht ausmalen könne. Er erzählte ihr von diesem Ort, davon, dass dein Körper dort kein Gewicht hat und wie sich, eben weil du so absolut gar nichts willst, alles einfach verwirklicht. Dass es dort keine Ängste gibt und sogar der Schmerz, wenn er einsetzt, zu etwas wird, das statt zu quälen einfach noch ein Gefühl mehr ist, über das du zutiefst dankbar bist, dass du es empfinden kannst. Er redete und redete, bis er den zornigen Blick seiner Frau bemerkte. Im Radio meldeten sie starken Verkehr auf der Autobahn, und als er wieder in den Spiegel spähte, sah er, wie Meital lächelte und dem Mann auf der Bahre zum Abschied zuwinkte.

ILAN

Meine Freundin, wenn sie kommt, schreit »Ilan«. Nicht einmal, ganz oft. »Ilan-Ilan-Ilan-Ilan!« Was total in Ordnung ist, denn mein Name ist tatsächlich Ilan. Aber manchmal hätte ich ganz gern, dass sie etwas anderes sagt. Egal was. »Mein Geliebter.« »Mach mich alle.« »Hör auf, ich kann nicht mehr.« Sogar einfach bloß »Mama«. Etwas anderes, Situationstypischeres. Irgendwas, das ein etwas fokussierteres Gefühl kommuniziert.

Meine Freundin studiert Jura an der Fachhochschule. Sie wollte an die Universität, aber sie haben sie nicht genommen. Sie plant, sich in Vertragsrecht zu spezialisieren. So was gibt's, ein Anwalt, der sich nur mit Verträgen abgibt. Keine Leute trifft, nicht zum Gericht geht, nur den ganzen Tag dasitzt und auf Papier geschriebene Zeilen anschaut, als sei das die Welt. Als ich die Wohnung gemietet habe, ist sie mitgekommen und hat innerhalb einer Minute gespannt, dass uns der Wohnungsbesitzer irgendeinen Paragraphen reindrücken wollte. Mir wäre das nie im Leben aufgefallen, aber sie hat es in einer Sekunde geschnallt. Scharf wie ein japanisches Messer, meine Freundin. Und wie sie kommt. In meinem ganzen Leben hab ich so was noch nicht gesehen. Fliegt in alle Richtungen, tobt total herum. Wie jemand, der einen Stromschlag kriegt. Sie hat auch solche unkontrollierbaren Zuckungen, im Gesicht, am Hals, an den Fußsohlen. Als ob ihr ganzer Körper versucht, danke zu sagen, und nicht weiß, wie.

Einmal habe ich sie gefragt, was sie denn immer gesagt hat, wenn sie mit anderen Männern kam, vor mir. Und sie schaute mich mit einem überraschten Blick an und sagte, dass sie bei allen, wenn sie kam, »Ilan« gesagt hat. Nur »Ilan«. Ich blieb beharrlich und fragte, was sie denn bei denen gesagt hat, die nicht Ilan hießen, wenn sie kam, und sie dachte einen Moment nach und meinte, dass sie nie mit jemandem gevögelt habe, der nicht Ilan hieß. Mit achtundzwanzig Männern sei sie schon zusammen gewesen, einschließlich mir, und alle, wenn sie jetzt so darüber nachdenke, hätten Ilan geheißen. Nachdem sie das gesagt hatte, schwieg sie. »Das ist ja ein geiler Zufallstreffer«, ließ ich fallen, »oder vielleicht suchst du uns danach aus, als Ilans.«

Sie erwiderte nachdenklich: »Vielleicht.«

Ab diesem Tag begann ich, mir der ganzen Ilans um mich herum bewusster zu werden: der eine von der Bank, der Rechnungsprüfer, der eine, der immer in der Früh in unserem Café sitzt und mich bittet, ihm den Sportteil rüberzureichen. Ich fing nichts damit an, ich notierte mir nur im Kopf Ilan+Ilan+Ilan. Denn tief drinnen wusste ich, wenn sich das Böse zusammenbrauen würde, falls es das würde, käme es von einem von ihnen. Komisch, aber so viel habe ich euch schon von meiner Freundin erzählt und nicht einmal ihren Namen gesagt. Als ob er überhaupt nicht wichtig sei. Er ist auch wirklich nicht wichtig. Wenn ihr mich mitten in der Nacht aufwecken würdet, wären die ersten Sachen, die in meinem Kopf von ihr hochschwappen würden, garantiert dieser halb überraschte Blick von ihr, eine Sekunde bevor sie zu weinen anfängt; ihr Hintern; die bezaubernde Art, auf die sie immer sagt, wirklich wie ein kleines Mädchen, »ich wollte dir was sagen«, bevor sie über etwas redet, das sie wirklich berührt. Sie ist bezaubernd, meine Freundin, echt bezaubernd. Aber manchmal bin ich mir nicht so ultimativ sicher, dass diese ganze Geschichte ein gutes Ende nimmt.

Auch dieser Besitzer von der Wohnung, der, der versucht hat, uns mit dem Vertrag anzuschmieren, heißt Ilan. So ein ätzender Fünfzigjähriger, der ein komplettes Gebäude in Toplage in der Vormaizastraße von seiner verstorbenen Großmutter geerbt hat und der, außer Schecks von den Mietern einzusammeln, in seinem Leben noch nie irgendeine Arbeit gemacht hat. Er hat diese blauen Augen von einem Piloten und silberglänzendes Haar wie dieser Exluftwaffenchef, Avihu Ben Nun. Aber er ist kein Pilot. Als wir unterschrieben haben, hat er mir erzählt, dass er seinen gesamten Militärdienst in Baracken in irgendeiner Transportbasis rumgebracht hat. Erst vor drei Jahren hörten sie auf, ihn zu Wehrübungen einzuberufen. Per Zufall habe ich entdeckt, dass er sie vögelt. Wenn sie mich nicht in diese ganze Geschichte mit den Ilans eingeweiht hätte, wäre ich nicht mal misstrauisch geworden. Als ich die beiden zu Hause erwischte, war er im Wohnzimmer, angezogen, sagte, er sei gekommen, um zu kontrollieren, ob wir ihm nicht die Bude ruinierten. Doch als er dann gegangen war, setzte ich sie unter Druck, und sie gab es zu. Aber ohne irgendein Schuldgefühl. So im Ton einer Tatsache, ganz trocken. Wie eine, die zu dir sagt, dass der Fünfer nicht bis zum Nordbahnhof fährt. Und sofort nachdem sie mit dem Geständnis fertig war, sagte sie, sie wolle mich um etwas bitten. Sie wolle mich darum bitten, dass wir es einmal mit ihr zusammen machen. Wir beide. Von ihr aus wäre sie sogar bereit, mit mir auszumachen, dass sie ihn nach diesem einen Mal nicht mehr sieht. Sie wolle nur einmal ihre beiden Ilans in sich spüren. Er würde garantiert einverstanden sein, dieser faule Geilsack, das wisse sie, und ich am Ende auch, weil ich sie liebte, und zwar wirklich.

Und so finde ich mich im Bett wieder, mit meinem Wohnungsbesitzer. Einen Moment bevor er sich auszieht, macht er noch eine Bemerkung zu mir über den Rollladen in der Küche, der nicht ordentlich schließt und dessen Scharniere man ölen müsste. Ihr Körper fängt über mir zu zittern an, und ich begreife, dass es gleich so weit ist. Und wenn sie dann schreit, ist das total in Ordnung, denn unser Name ist tatsächlich Ilan. Aber wir werden nie wirklich wissen, ob sie meinen oder seinen schreit.

Die Hündin

»Witwer«. Wie sehr er den Klang dieses Wortes liebte. Liebte und sich dafür schämte, dass er es liebte. Aber was sollte man machen, wenn Liebe nun mal ein unkontrollierbares Gefühl war? »Junggeselle« hörte sich für ihn immer egozentrisch, fast genüsslich an, und »geschieden« klang besiegt. Noch schlimmer als besiegt, geschlagen. Aber »Witwer« klang wie einer, der Verantwortung übernommen, sich verpflichtet hat, und dass es nicht von Dauer gewesen war – dafür kann man nur Gott oder der Natur die Schuld geben, je nachdem aus welcher Schule ihr stammt. »Witwer« hörte sich fast wie ein Rangabzeichen plus kleiner Tapferkeitsmedaille an. So etwas wie ein Oberst ade oder eins dieser Spruchkürzel – WerInTreueWardErkoRen. Er zog eine Zigarette heraus und wollte sie sich gerade anzünden, als die junge anorektische Frau, die ihm im Abteil gegenübersaß, in Französisch aufjaulte und auf das Schild »Non fumeur« deutete. Das Letzte, das er in einem Bahnwaggon von Marseille nach Paris erwartet hatte, war, dass sie einem nicht erlauben würden, sich eine Gauloise anzuzünden. Womit klar war, dass die Amerikaner sie trotz des ganzen Brustgetrommels, das ihr Präsident im Fernsehen aufführte, und trotz aller Beschimpfungen, die er weiterhin auf Amerikas Haupt niederprasseln ließ, schon längst geschlagen hatten. Ganz ohne Militär, allein mit ihrem Neurotikvirus, der die Franzosen über die McDonalds und CNN infizierte. Bevor er Witwer wurde, war es Chalina gewesen, die jedes Mal, wenn er sich gerade eine Zigarette anzünden wollte, einen Anfall bekam und in einen Monolog ausbrach, der stets mit seiner Gesundheit begann und mit ihrer Migräne endete, und jetzt, als ihn diese magersüchtige Französin ankeifte, verspürte er plötzlich Sehnsucht.

»My wife«, sagte er zu der Französin, während er ihr vorführte, wie er die Zigarette in die Packung zurücksteckte, »also don't like me to smoke.«

»No English«, wehrte die Französin ab.

»You«, beharrte er, »same age as my daughter. You should eat more. It's not healthy.«

«No English«, wiederholte die junge Frau ihre Worte, doch ihre hochgezogenen Schultern gaben preis, dass sie jedes Wort verstanden hatte.

»My daughter lives in Marseille«, fuhr er fort. »She is married to a doctor. An eye doctor, you know«, sagte er und deutete auf eines ihrer grünen Augen, die panisch zwinkerten.

Sogar der Kaffee in ihrem Zug war um drei Klassen besser als alles, was man in Giv'atajim jemals finden konnte. Keine Rede, wenn es zum Geschmack kam, steckten diese Franzosen – getilgt-sei-ihr-Name – alle in die kleine Tasche. Nach einer Woche in Marseille wollten seine Hosen schon nicht mehr zugehen. Zahava hatte ihn gedrängt, noch zu bleiben. »Wozu hast du es denn so eilig?«, hatte sie gefragt. »Jetzt wo Mama tot ist und du in Rente bist, bist du doch ganz allein dort.« »Rente« und »allein« –

diese beiden Worte hatten etwas derart Offenes, dass er, als sie sie aussprach, regelrecht den Wind spürte, der ihm das Gesicht streichelte.

Die Arbeit im Geschäft hatte er nie wirklich geliebt, und Chalina – sagen wir mal, er hatte einen warmen Fleck für sie, doch wie der Holzschrank in ihrem winzigen Schlafzimmer nahm sie dermaßen viel Raum ein, dass neben ihr für nichts mehr sonst Platz blieb. Das Erste, was er machte, nachdem sie tot war, war, *Alte Sachen* zu bestellen, um den Schrank loszuwerden. Den Nachbarn, die interessiert verfolgten, wie der Riesenschrank mit Gurten aus dem dritten Stock hinuntergelassen wurde, erklärte er, dass er ihn allzu sehr an die Tragödie erinnere. Ohne ihn wurde das Zimmer plötzlich geräumig und auch viel heller. So viele Jahre lang hatte dieser Schrank dort gestanden, dass er es fertiggebracht hatte zu vergessen, dass sich dahinter ein Fenster verbarg.

Im Zugbistro saß ihm eine etwa siebzigjährige Frau gegenüber. Sie war einmal schön gewesen, und jetzt tat sie alles in ihrer Macht Stehende, um ihre Umgebung daran zu erinnern, allerdings mit delikatem Geschmack, angedeutet mit einer Linie von Schmink- und Lippenstift, *ach … wenn ihr mich nur vor vierzig Jahren getroffen hättet.*

Neben ihr, auf der Ablage, die für die Esstabletts vorgesehen war, saß ein Hund, ein kleiner Pudel, auch er geschmackvoll mit einem hellblauen Pullover ausstaffiert. Der Pudel starrte ihn mit riesigen, irgendwie vertrauten Augen an. »Chalina?«, dachte er halb entsetzt bei sich. Der Pudel bellte einmal kurz und bestätigend. Die alte Dame schenkte ihm ein freundliches Lächeln, das zu sagen versuchte, er brauche keine Angst zu haben. Der Pudel ließ ihn nicht aus den Augen.

»Ich weiß, dass dieser Schrank nicht aus Versehen auf mich gefallen ist«, sagten die Augen, »ich weiß, dass du ihn umgeworfen hast.« Er zog rasch an der Zigarette und gab der alten Dame ein nervöses Lächeln zurück. »Ich weiß auch, dass du mich nicht töten wolltest, dass es bloß ein Reflex war. Ich hätte dich nicht bitten sollen, die Winterkleidung wieder herunterzuholen.« Sein Kopf nickte wie von selbst – anscheinend auch ein Reflex. Wäre er ein anderer gewesen, weniger hart, hätten ihm schon Tränen in den Augen gestanden. »Geht's dir jetzt gut?«, fragten die Augen des Pudels.

»Geht so«, er erwiderte den Blick, »es ist hart allein. Und du?«

»Nicht übel«, der Pudel riss sein Maul zu fast einem Lächeln auf, »meine Herrschaft sorgt für mich, sie ist eine gute Frau. Wie geht es dem Mädchen?«

»Ich komme gerade von ihr zurück. Sie schaut fabelhaft aus. Und Gilbert ist endlich einverstanden, dass sie probieren, ein Kind zu kriegen.«

»Das freut mich«, wedelte der Pudel mit seinem Stummelschwänzchen, »aber du, du musst dich mehr um dich selber kümmern. Du bist dick geworden, und du rauchst zu viel.«

Darf ich?, fragte er die alte Dame ohne Worte, während er in der Luft eine streichelnde Bewegung illustrierte. Die alte Dame nickte lächelnd. Er streichelte Chalina am ganzen Körper, und danach beugte er sich hinunter und gab ihr einen Kuss. »Es tut mir leid«, sagte er mit brüchiger, tränenerfüllter Stimme, »es tut mir leid. Verzeih mir.«

»Sie liebt Sie«, sagte die alte Dame in gebrochenem Englisch zu ihm, »sehen Sie, sehen Sie nur, wie sie Ihnen das Gesicht leckt. So habe ich sie noch nie bei einem fremden Menschen erlebt.«

Eine schlagende Geschichte

Diese Geschichte ist die beste im Buch. Mehr noch. Sie ist die beste Geschichte der Welt. Und das haben nicht wir bestimmt, das haben hier elf unabhängige Experten festgelegt, die sie unter Laborbedingungen mit einem repräsentativen Musterbeispiel aus der Weltliteratur verglichen haben. Diese Geschichte ist eine exklusiv israelische Entwicklung. Ihr fragt, wie es kommt, dass ausgerechnet wir sie verfasst haben und nicht die Amerikaner? Dann sollt ihr wissen, dass sich auch die Amerikaner das fragen. Und nicht wenige Größen in der amerikanischen Verlegerwelt sind im Begriff, ihren Posten zu verlieren, weil sie sich nicht rechtzeitig mit der Antwort gewappnet hatten.

Genau wie unsere Armee die beste der Welt ist, so ist es auch mit dieser Geschichte. Es handelt sich um eine bahnbrechende Entwicklung, die als eingetragenes Patent geschützt ist. Und wo ist dieses Patent registriert? Tja, das ist es eben, dass es in der Geschichte selbst registriert ist. In dieser Geschichte gibt es keine Kniffe, keine Kunstgriffe, keine beweglichen Teile. Sie ist ganz und gar aus einem Hardcover gemacht, eine Legierung aus vertieften Einsichten und Aluminium. Sie rostet nicht, sie drängt sich nicht auf, aber sie beutelt sehr wohl. Sie ist höchst aktuell, steht aber auch über der Zeit. Die Geschichte wird das Urteil fällen. Übrigens, nach Meinung vieler und Guter ist das Urteil schon gesprochen, und sie kam überragend dabei weg.

»Was ist denn so besonders an dieser Geschichte?«, fragen die Leute naiv oder mit vorgeblicher Unschuld – hängt davon ab, welche Leute. »Was hat sie an sich, das ein Tschechow oder Kafka oder wasweißichnix nicht hat?« Die Antwort auf diese Frage ist lang und komplex. Länger als die Geschichte selbst, allerdings weniger komplex. Denn es gibt nichts Komplexeres als diese Geschichte. Und trotzdem, versuchen wir mal, mit einem Beispiel darauf zu antworten. Am Schluss dieser Geschichte wird beispielsweise, im Gegensatz zu Geschichten von Tschechow oder Kafka, unter denen, die richtig lesen, ein Mazda Lantis in metallicgrauer Farbe verlost. Und unter den nicht richtigen Lesern wird ein weiteres, billigeres Auto verlost, allerdings nicht weniger grau und metallic, damit sie sich nicht schlecht fühlen. Denn diese Geschichte ist nicht dazu da, um sich über euch zu erheben. Sie ist da, damit ihr euch gut fühlt. Wie steht es so schön auf der Papierserviette in der nächstgelegenen Steakeria bei euch ums Eck? Hat's euch gefallen – erzählt es allen. Hat's euch nicht gefallen – erzählt es uns. Oder in diesem Fall – der Geschichte. Denn diese Geschichte erzählt nicht nur, sie hört auch zu. Ihr Ohr, wie man so sagt, lauscht den Herzensregungen der Öffentlichkeit. Und wenn die Öffentlichkeit genug von ihr haben sollte und darum bittet, ihr ein Ende zu setzen, wird sie nicht säumen oder sich asylheischend an den Altarecken festklammern. Sie wird einfach aufhören.

Aber falls ihr sie eines Tages, so der Nostalgie wegen, plötzlich wieder wollen solltet, wird sie immer gern zurückkehren.

Eine satte Portion

Dermaßen echt

In der Nacht vor seinem Flug nach New York hatte Gerschons Frau einen Traum. »Es war dermaßen echt«, erzählte sie ihm, während er den Koffer packte. »Die Bordsteinkanten im Traum waren rot-weiß gestrichen, und an den Strommasten klebten Verkaufsanzeigen für Wohnungen, du weißt schon, mit diesen Streifchen zum Abreißen, genau wie im richtigen Leben. Und es gab sogar einen Mann, der die Kacke seines Hundes mit einem Stück Zeitungspapier vom Bürgersteig aufhob und in einen Abfalleimer warf. Und alles war so ganz normal, völlig alltäglich.« Gerschon versuchte, immer noch mehr Kleider und Broschüren in seinen kleinen Koffer zu stopfen. Meist half ihm seine Frau beim Packen, doch heute früh war sie so in ihrem dermaßen echten und derart detaillierten Traum gefangen, dass sie nicht einmal auf die Idee kam, ihm Hilfe anzubieten. In der echten Welt hatte der Traum an sich wohl nicht länger als zehn Sekunden gedauert, aber sie brachte es fertig, ihn in einer solchen Länge und Breite zu erzählen, dass es Gerschon bis an den Rand der Tränen trieb. In drei Stunden sollte er nach New York fliegen, um den größten Spielzeughersteller auf Erden zu treffen, und wenn wir sagen, »der größte auf Erden«, handelt es sich hier nicht um ein weiteres abgedroschenes Klischee, sondern um eine wirtschaftliche Tatsache, die sich auf eine Fülle von Bilanzen und Verkaufsdaten stützt, und dieser Hersteller würde, falls Gerschon seine Karten klug ausspielte, möglicherweise »Halt, Polizei« von ihm kaufen, das Brettspiel, das Gerschon entwickelt hatte, und es zum Monopoli des einundzwanzigsten Jahrhunderts machen, mindestens, und es stimmt ja, dass das alles nicht direkt ein rot-weiß gestrichener Randstein oder ein Stück Hundescheiße war, die man mit einer zerknitterten Wirtschaftsteilseite aufhebt, aber trotzdem, eine Erfolgschance dieser Größenordnung ist von der Sorte Dinge, bei denen es nett wäre, deine Frau mit ein bisschen mehr Begeisterung darauf reagieren zu sehen.

»… Und dann taucht mein Vater plötzlich mit einem Kinderwagen vor mir auf und sagt zu mir, pass auf sie auf. Einfach so. Lässt den Wagen neben mir stehen und geht weg, als sei das das Natürlichste auf der Welt«, fuhr seine Frau fort, während sich Gerschon erfolglos abmühte, den Reißverschluss des Koffers zuzukriegen, »und das Baby in dem Wagen sah dermaßen traurig und einsam aus, wie so eine alte Frau, dass ich es einfach hochheben und in die Arme nehmen wollte. Und das Ganze war dermaßen echt, dass ich, als ich aufgewacht bin, eine Weile gebraucht habe, um zu verstehen, wie ich von dort mitten auf der Straße in unser Schlafzimmer gelangt bin. Kennst du das?«

Der Albino, der auf dem Platz neben ihm saß, versuchte ein Gespräch mit ihm anzufangen. Gerschon antwortete höflich, aber nicht einladend. Er war schon oft genug geflogen, um die Dynamik zu kennen. Es gibt Leute, die sind einfach offen und angenehm, und es gibt andere, die sind bemüht, ein bisschen Intimität mit dir herzustellen, nur damit du dich, wenn sie sich nach dem Start der gemeinsamen Armstütze bemächtigen, gehemmt genug fühlst, dass du es ihnen durchgehen lässt. »Das ist das erste Mal für mich in Amerika«, sagte der Albino. »Ich hab gehört, dass die Polizisten dort total irre sind, es reicht, dass du bei Rot über die Straße gehst, und schon werfen sie dich ins Gefängnis.«

»Wird schon gutgehen«, erwiderte Gerschon lakonisch und schloss die Augen. Er malte sich im Geiste aus, wie er das Büro des Direktors von Global Toys betrat, mit warmem Nachdruck die Hand des silberhaarigen Mannes vor sich ergriff und zu ihm sagte: »Haben Sie Enkel, Herr Lipsker? Ich werde Ihnen jetzt mal sagen, womit sie diesen Sommer spielen werden.« Sein linkes Bein schlug andauernd an die Seitenwand des Flugzeugs. Er musste sich unbedingt daran erinnern, bei dem Termin die Beine nicht vibrieren zu lassen, vermerkte er bei sich, das strahlte Unsicherheit aus.

Das Essen, das im Flugzeug serviert wurde, rührte er nicht an. Der Albino verschlang das Huhn und den Salat, als sei es ein Gourmetmenü. Gerschon beäugte noch einmal sein Tablett. Nichts dort wirkte, als ob es schmecken würde. Der eingeschweißte Schokoladenkuchen erinnerte ihn an die Hundescheiße aus dem Traum seiner Frau. Der Apfel allerdings sah einigermaßen ordentlich aus. Er wickelte ihn in die Serviette und legte ihn in seine völlig leere James-Bond-Aktentasche. Ich hätte ein paar Broschüren einstecken sollen, dachte er bei sich, denn was ist, wenn der Koffer nicht ankommt?

Wir sind alle nur Menschen

Der Koffer kam nicht an. Alle Fluggäste waren schon weg, auch der Albino. Das leere Förderband drehte noch ein paar Minuten weiter seine Runden, ermattete dann und stoppte. Die Bodenstewardess der Continental-Gesellschaft sagte, sie bedauere zutiefst, und notierte die Angaben seines Hotels. »Das kommt extrem selten vor«, meinte sie, »aber Fehler passieren. Wissen Sie, wir sind alle nur Menschen.« Möglicherweise. Obwohl es Augenblicke gab, in denen Gerschon das Gefühl hatte, er sei keiner. Zum Beispiel, als ihm Eran im Laniado-Krankenhaus in Natania unter den Händen wegstarb. Wäre Gerschon ein Mensch gewesen, hätte er sicher geweint oder wäre zusammengebrochen. Nahestehende Menschen erklärten ihm, dass er es einfach noch nicht verdaut habe, dass das Zeit brauche; dass erst in dem Moment, in dem er es wirklich verdaut hätte, und zwar im Herzen, nicht mit dem Verstand, der Schlag käme. Doch zehn Jahre waren seitdem schon vergangen, und es war kein Schlag eingetroffen. Überhaupt keiner. In der Armee, als er nicht zur Offizierslaufbahn zugelassen worden war, hatte er geweint wie ein kleines Mädchen. Er erinnerte sich, wie ihn der Kompanieoberfeldwebel fassungslos angeschaut hatte, einfach nicht wusste, was er tun sollte, doch als sein bester Freund starb – nichts.

»Wir werden Sie selbstverständlich mit hundertzwanzig Dollar entschädigen, gegen Vorlage von Kassenbons für Kleidung und persönliche Bedürfnisse«, sagte die Bodenstewardess.

»Persönliche Bedürfnisse«, wiederholte Gerschon ihre Worte.

Sie verstand die Wiederholung als Frage.

»Wissen Sie, Zahnbürste, Rasierschaum. Das ist alles auf der Rückseite des Formulars im Einzelnen aufgeführt.« Sie zeigte auf die zutreffende Stelle auf dem Blatt und fügte hinzu: »Es tut mir wirklich, aber auch wirklich sehr, sehr leid.«

Eine satte Portion

In der Lobby der Spielzeugfirma Global Toys stand ein junger Mann in einem billigen Anzug. Über seinem offenen Mund prangte auf etwas unnatürliche Weise ein dünner Schnurrbart, als schämte sich die Oberlippe wegen irgendwas und habe beschlossen, sich ein Toupet zuzulegen. Gerschon wollte ihn fragen, wo der Aufzug war, doch nach einer Sekunde entdeckte er ihn von allein. Er wusste, dass die Tatsache, dass er ohne die Broschüren zu dem Termin kam, von Herrn Lipsker als unprofessionell ausgelegt werden würde. Er hätte von vornherein daran denken sollen, wenigstens die Präsentation im Handgepäck mitzunehmen. Was er sicher auch getan hätte, wenn dieser lästige Traum seiner Frau nicht gewesen wäre, der im Raum seines Schädels widerhallte, während er gepackt hatte. »Ausweis«, sagte der Schnurrbärtige und Gerschon erwiderte überrascht:

»Bitte?«

»Ausweis«, wiederholte der Schnurrbärtige und warf dem glatzköpfigen Schwarzen in dem grauen Jackett, der neben ihm stand, zu: »Checkst du das, was für Typen hier daherkommen?«

Gerschon durchstöberte langsam seine Taschen. In Israel war er daran gewöhnt, die ganze Zeit Papiere vorzuzeigen, aber im Ausland war es das erste Mal, dass jemand dergleichen von ihm verlangte, und irgendwie klang es in der derben New Yorker Aussprache, die der Schnurrbärtige gebrauchte, als ob er ihm in der nächsten Sekunde Handschellen anlegen und ihm seine Rechte vorlesen würde. »Man lässt sich Zeit, hä?«, sagte der Schnurrbärtige zu dem Schwarzen im Jackett.

»Warum nicht?«, lächelte der Jacketträger sanft mit gelblichen Zähnen. »Wir sind doch sowieso da.«

»Was soll ich dir sagen, Patrick«, sagte der Schnurrbärtige und spähte in den Pass, den ihm Gerschon reichte, »deine Mama hat dich nicht umsonst Patrick getauft. Du bist einfach ein Heiliger.« Er gab Gerschon den Pass zurück und murmelte etwas. Gerschon nickte kurz und strebte in Richtung Aufzug.

»He, Moment«, pfiff ihn der Schnurrbärtige an, »wo rennen Sie hin? Hierher, Blödmann. Verstehen Sie kein Englisch?«

»Ich verstehe durchaus Englisch«, antwortete Gerschon ungeduldig, »und falls es Ihnen nichts ausmacht, ich komme zu spät zu dem Termin.«

»Ich hab Ihnen gesagt, Sie sollen die Tasche aufmachen, Herr Ich-verstehe-durchaus-Englisch«, äffte der Schnurrbärtige Gerschons israelischen Akzent nach, »wären Sie gefälligst bereit, das für mich zu tun?« Und dem Jacketträger, der amüsiert neben ihm stand und sich bemühte, nicht zu grinsen, zischte er zu: »Ich sag's dir, das ist einfach ein Affenstall hier.« Gerschon dachte an den halbgegessenen Apfel in seiner leeren Aktentasche. Er versuchte sich die klugscheißerische Reaktion des Schnurrbärtigen auszumalen, wenn er den Apfel sah, und wie der Schwarze im Jackett neben ihm versuchen würde sich zu beherrschen, aber schließlich vor Lachen platzen würde. »Na los, machen Sie schon auf«, fuhr der Schnurrbärtige fort, »wissen Sie, was ›aufmachen‹ ist, mein Herr?« Und gleich im Anschluss buchstabierte er schnell das Wort.

»Ich weiß, was ›aufmachen‹ ist«, antwortete Gerschon und umarmte gewaltsam seine James-Bond-Tasche, »ich weiß auch, was ›schließen‹ und ›Nominalgewinn‹ und ein ›Oxymoron‹ ist. Ich weiß sogar, was das zweite Gesetz der Thermodynamik und was das Wittgensteinsche Traktat ist. Ich weiß eine Menge Dinge, die Sie nie wissen werden, Sie aufgeblasene Null. Und eines dieser wunderbaren Geheimnisse, das in Ihrer mageren Hirnrinde zu beherbergen Ihnen niemals vergönnt sein wird, ist, was ich in dieser Tasche habe. Wissen Sie überhaupt, wer ich bin, Sie Haufen Nichts? Warum ich heute hierhergekommen bin? Wissen Sie überhaupt irgendwas über die Existenz? Über die Welt? Etwas über die Nummer des Autobusses hinaus, der Sie jeden Tag herbringt und wieder zurück, und die Namen der Nachbarn in der verwahrlosten, finsteren Bruchbude, in der Sie wohnen?«

»Mein Herr …«, versuchte der Jacketträger den Schwall mit pragmatischer Höflichkeit zu stoppen, doch es war schon zu spät.

»Ich schaue Sie an«, redete Gerschon weiter, »und innerhalb einer Sekunde habe ich Ihre komplette Lebensgeschichte intus. Ihnen steht alles hier, auf ihrer fliehenden Stirn geschrieben. Alles. Der schönste Tag in Ihrem Leben wird sein, wenn die Basketballmannschaft, deren Fan Sie sind, Champion wird. Der schrecklichste Tag in Ihrem Leben wird sein, wenn Ihre fette Frau an einer bösartigen Krankheit stirbt, deren Behandlung eure Kasse nicht abdeckt. Und alles zwischen diesen beiden Augenblicken wird wie so ein schlaffer Furz entweichen, so dass es Ihnen am Ende Ihres Lebens, wenn Sie versuchen zurückzuschauen, nicht mal gelingen wird, sich auch nur an so viel wie den Geruch zu erinnern …«

Die Faust kam so blitzschnell, dass es Gerschon nicht einmal schaffte zu spüren, wie sie sein Gesicht traf. Als er erwachte, fand er sich auf dem geschmackvoll gestalteten Marmorboden der Lobby wieder. Was ihn weckte, war eine Serie von Rippentritten und eine tiefe, angenehme Stimme, die durch den Raum der Lobby hallte und ihn irgendwie an einen spätnächtlichen Radiomoderator erinnerte. »Lass gut sein«, wiederholte die Stimme, »lass ihn, Chassus, das ist er nicht wert.«

Auf dem Boden, wie er jetzt wahrnahm, war der Buchstabe »G« mit kleinen vergoldeten Steinen eingelegt – der

Anfangsbuchstabe seines Vornamens. Man hätte das alles als Zufallskoinzidenz behandeln können, doch Gerschon zog es vor sich vorzustellen, wie die Bauarbeiter, die diesen Wolkenkratzer errichtet hatten, gewusst hatten, dass er eines Tages hierherkommen würde, und zu seinen Ehren irgendeine Geste machen wollten, damit er sich nicht so unsäglich einsam und unerwünscht in dieser bösartigen Stadt fühlen würde. Die Tritte hörten nicht auf, und sie fühlten sich dermaßen echt an, wirklich wie im Traum seiner Frau. Vielleicht war dieses Baby, das ihr Vater in dem Kinderwagen zurückgelassen hatte, sie selbst gewesen. Möglicherweise. Schließlich war ihr Vater kein kleiner Scheißkerl. Vielleicht war ihr der Traum deshalb so wichtig gewesen. Und wenn ihr eine Umarmung im Traum gefehlt hatte, hätte er sie doch eigentlich umarmen können. Einfach eine Sekunde Pause einlegen in seinem bescheuerten Kampf mit dem widerborstigen Koffer, der jetzt bestimmt die Knöchel von Fremden auf dem Förderband eines Zwergflughafens an der Westküste beschnüffelte, hätte sie ganz fest in seinen Armen halten können und zu ihr sagen: »Ich bin da, Süße. Ich mag vielleicht heute fliegen, aber ich bin bald wieder zurück.«

Der Schwarze im grauen Jackett half ihm aufzustehen. »Alles in Ordnung mit Ihnen?«, fragte er und hielt ihm die James-Bond-Tasche und ein Papiertaschentuch hin. »Ihnen läuft ein bisschen Blut runter.« Er sprach das Wort »bisschen« mit so leiser, zart gehauchter Stimme aus, als versuchte er, es auf Tröpfchengröße zu verkleinern. Der Schnurrbärtige saß auf einem Stuhl neben dem Aufzug und weinte. »Ich entschuldige mich in seinem Namen«, sagte der Schwarze, »er macht gerade eine schwere Zeit durch.« Das Wort »schwer« verstärkte er allerdings. Schrie es beinahe.

»Entschuldige dich nicht«, stieß der Schnurrbärtige unter Tränen hervor, »bitte diesen Dreckskerl bloß nicht um Entschuldigung.« Der Schwarze wechselte dazu über, mit den Schultern zu zucken und hilflos zu schnauben.

»Seine Mutter …«, versuchte er Gerschon zuzuflüstern.

»Sag's ihm ja nicht«, heulte der Schnurrbärtige auf, »dass du ihm ja kein Wort von meine Mutter sagst, hörst du? Sonst kriegst du gleich auch noch eine satte Portion ab.«

Rorschach

»›Halt, Polizei‹«, fuhr Gerschon fort, »ist vielleicht das erste Schachtelspiel in der Geschichte, das dem Kind, das damit spielt, keine vorgeschriebenen Lösungen aufoktroyiert, sondern den Impetus gibt, eine eigene Lösung vorzuschlagen. Man kann das Spiel als eine Art Rorschachpfad sehen, das einen, während man auf dem Weg zum ersehnten Ziel, dem Sieg, vorrückt, dazu herausfordert, die Phantasie in Aktion zu setzen.«

»Ein Rorschachpfad«, lächelte Herr Lipsker schief. »Bestechend. Ich liebe so was, Herr Arazi. Aber sind Sie wirklich sicher, dass alles in Ordnung ist mit Ihnen?«

»Absolut in Ordnung«, nickte Gerschon. »Wenn Sie gestatten, vielleicht könnten wir jetzt eine kleine Simulation des Spiels machen.«

»Simulation«, wiederholte Herr Lipsker. Er war viel

jünger, als sich Gerschon vorgestellt hatte, und sein Haar war glänzend schwarz, ohne auch nur einen Hauch von grau. »Es tut mir leid, aber es scheint mir nicht die passende Zeit zu sein. Ihr Auge. Und die Nase, o Gott, so viel Blut. Wer hat Ihnen das angetan?«

Das Überraschungsei

Für Dani

Hört euch eine wahre Geschichte an. Vor drei Monaten ungefähr fand eine zweiunddreißigjährige Frau den Tod bei einem Selbstmordanschlag, der sich an einer Bushaltestelle ereignete. Nicht nur sie fand den Tod, noch viele andere und gute Menschen fanden ihn. Aber diese Geschichte ist über sie.

Die Menschen, die bei Terroranschlägen getötet werden, werden ins pathologische Institut nach Abu-Kabir zur Autopsie gebracht. Viele Leute in Schlüsselpositionen der israelischen Gesellschaft wundern sich über diesen Brauch, und auch die, die in Abu-Kabir arbeiten, begreifen nicht immer so recht, wozu. Die Todesursache bei solchen Anschlägen ist schließlich bekannt, und eine Leiche ist kein Überraschungsei, bei dem du, wenn du es öffnest, nicht weißt, ob du ein Segelboot, ein Rennauto oder ein Koalapüppchen darin findest. Man findet bei diesen Obduktionen doch immer die gleichen Dinge – Eisenstückchen, Nägel oder andere Arten von Splittern. Kurz gesagt, extrem wenig Überraschungen. Doch in diesem Fall, dem der zweiunddreißigjährigen Frau, fand man noch etwas Zusätzliches. Diese Frau hatte in ihrem Körper, neben all jenen Metallteilchen, die sich den Weg in ihr Fleisch gebohrt hatten, auch noch Dutzende Wucherungen, wirklich riesige. Tumore, die auch in Leber, Magen und Gedärmen saßen, hauptsächlich aber im Kopf. Als der Chirurg im pathologischen Institut in ihren Schädel hineinspähte, sagte er als Erstes »ach du liebe Scheiße«, denn es war schlicht beängstigend. Er sah Dutzende Tumore, die sich ins Gehirn eingefressen hatten wie eine Horde grausamer Maden, die nur unersättlich weiterschlingen wollen.

Und hier tritt man in das Stadium der wissenschaftlichen Erörterung ein: Wenn diese Frau nicht bei dem Anschlag gestorben wäre, wäre sie noch in der gleichen Woche wegen dieser Tumore zusammengebrochen und innerhalb von ein bis zwei Monaten, allerhöchstens, gestorben. Es ist schwer zu erklären, wie eine so junge Frau an einem derart fortgeschrittenen Krebs leiden konnte, ohne dass er überhaupt irgendwie diagnostiziert wurde. Vielleicht gehörte sie zu denen, die ärztliche Untersuchungen nicht mögen, oder sie dachte, die Schmerzen und die Schwindelgefühle, die sie hatte, seien ein vorübergehendes Phänomen, das von selbst verschwinden würde. Jedenfalls, als ihr Mann eintraf, um sie im Leichenschauhaus zu identifizieren, rang der Pathologe mit sich, ob er es ihm erzählen sollte oder nicht. Einerseits bestand die Möglichkeit, in dieser Eröffnung ein bisschen Trost zu finden – du musst dich nicht mit Reuegedanken von der Sorte »Wenn sie an dem Tag bloß nicht zur Arbeit gegangen wäre« martern oder »Hätte ich sie doch nur mit dem Auto hingebracht«, wenn du weißt, dass deine Frau ohnehin gestorben wäre. Andererseits konnte eine solche Nachricht noch mehr Kummer verursachen und diesen willkürlichen, schrecklichen Tod in einen zwar weniger willkürlichen, aber noch um vieles schrecklicheren verwandeln –

denn die Frau starb quasi einen doppelten Tod, unausweichlich, als habe man im Himmel ihren Tod garantiert sicherstellen wollen, und keinerlei Überlegung von »Was wäre gewesen, wenn« hätte ihr Leben retten können, nicht einmal in der Phantasie. Und auf der dritten Seite, dachte sich der Pathologe, was spielt es denn eigentlich für eine Rolle? Die Frau war tot, ihr Mann Witwer, ihre Kinder waren Waisen, das war von Bedeutung, das war das Traurige, und der ganze Rest war bloß müßiges Geschwätz.

Der Ehemann wollte die Frau anhand ihres Fußes identifizieren. Die meisten Menschen identifizieren ihre Liebsten am Gesicht. Er aber wollte sie an ihrer Fußsohle identifizieren, denn er dachte, wenn er ihr totes Gesicht sähe, würde ihn dieser Anblick sein Leben lang verfolgen, oder richtiger gesagt, für den Rest, der davon übrig war. Er liebte sie und kannte sie so gut, dass er sie an jedem einzelnen Körperteil hätte identifizieren können, und der Fuß schien ihm von allen Körperteilen irgendwie am fernsten, neutralsten und fremdesten.

Er betrachtete den Fuß noch ein paar Sekunden, auch nachdem er bereits die fast unmerklich gewellte Struktur ihrer Zehennägel erkannt hatte, den pummeligen und leicht krummen großen Zeh, den perfekten Bogen ihrer Sohle. Vielleicht war es ein Fehler, dachte er bei sich, während er noch auf die kleine Fußsohle blickte (Größe 35), vielleicht war es ein Fehler gewesen, den Fuß auszusuchen. Das Gesicht eines Toten ähnelt dem eines schlafenden Menschen, doch der Fuß eines Toten – er erlaubt keinerlei Hinwegtäuschen über den Tod, der sich unter jedem einzelnen Zehennagel verbirgt.

»Das ist sie«, sagte er schließlich zu dem Pathologen und verließ den Raum.

Zum Begräbnis der Frau kam auch der Pathologe. Nicht nur er, auch der Bürgermeister von Jerusalem war vertreten, ebenso wie der Minister für innere Sicherheit. Beide versprachen dem Ehemann höchstpersönlich, unter zahlreichen Wiederholungen seines Vornamens und des der Verstorbenen, ihren grausamen Tod zu rächen. Sie schilderten auf dramatische und plastische Weise, wie sie die Hintermänner des Mörders finden und bestrafen würden (an dem Selbstmordattentäter selbst konnte man sich schlecht noch rächen). Der Ehemann schaute ziemlich betreten drein bei diesen Versprechungen. Es schien, als interessierten sie ihn nicht wirklich und als bemühte er sich, das nur aus Rücksicht auf die Gefühle all dieser erregten öffentlichen Persönlichkeiten zu kaschieren, die in ihrer Einfalt wirklich glaubten, ihre zornigen Reden würden ihm irgendeinen Trost spenden.

Beim Begräbnis war es das zweite Mal, dass der Pathologe daran dachte, dem Mann zu erzählen, dass seine Frau ohnehin an der Schwelle des Todes gestanden hatte, um so vielleicht die Atmosphäre der Rachsucht und Peinlichkeit, die das Ereignis überlagerte, ein wenig zu entspannen, doch auch diesmal schwieg er. Auf dem Rückweg versuchte er sich an ein paar philosophischen Gedanken über alles, was passiert war. Was ist Krebs anderes, dachte er, als ein göttlicher Anschlag mit terroristischem Hintergrund? Was macht Gott denn anderes, als uns zu terrorisieren aus Protest gegen … etwas, etwas so Erhabenes und Transzendentales, dass zu erfassen wir gar nicht in der

Lage sind? Und ähnlich wie seine Arbeit im pathologischen Institut war auch dieser Gedanke stringent und präzise, half jedoch nicht wirklich irgendwas.

In der Nacht nach dem Begräbnis hatte der Ehemann einen traurigen Traum, in dem der tote Fuß sein Gesicht streichelte – ein Traum, der ihn aufgewühlt erwachen ließ. Er ging ganz leise in die Küche, um die Kinder nicht zu wecken, und machte sich ein Glas Tee, ohne das Licht einzuschalten. Auch nachdem er den kochend heißen Tee ausgetrunken hatte, blieb er in der dunklen Küche sitzen. Er strengte sich an, an etwas zu denken, das er machen wollte. Etwas, das ihn froh machen würde. Irgendwas. Sogar Dinge, die er sich nicht wirklich erlauben konnte wegen der Kinder oder des Geldes wegen. Aber es wollte ihm nichts dergleichen einfallen. Er hatte das Gefühl, voll von einer dichten, sauren Masse zu sein, die seine Brust verstopfte, und das war keine Trauer. Es war etwas viel Schwerwiegenderes als Trauer. Nach all den Jahren, die er hinter sich hatte, erschien ihm das Leben jetzt nur noch wie eine Falle. Ein Labyrinth. Oder nicht mal ein Labyrinth, einfach bloß ein Raum, der ganz und gar aus Wänden bestand, ohne Tür. Es muss was geben, beharrte er stur, etwas, von dem ich gern hätte, dass es passiert, auch wenn es mir im Leben nicht gelingen sollte. Irgendetwas.

Es gibt Menschen, die bringen sich um, nachdem jemand, der ihnen nahesteht, gegangen ist, es gibt solche, die wenden sich der Religion zu, und es gibt andere, die sitzen die ganze Nacht in der Küche und warten nicht einmal darauf, dass die Sonne aufgeht. Das Licht von draußen begann in die Wohnung einzusickern, bald würden die Kleinen wach werden. Er versuchte sich die Berührung des Fußes aus dem Traum wieder ins Gedächtnis zu rufen, doch wie das mit Träumen immer so ist, gelang es ihm nur, sie zu rekonstruieren, aber nicht wirklich zu erleben.

Wenn sie an dem Tag bloß nicht zur Arbeit gegangen wäre, dachte er, während er sich dazu zwang aufzustehen, wenn ich ihr doch bloß vorgeschlagen hätte, sie mit dem Auto hinzubringen. Dann wäre sie jetzt noch am Leben, würde hier mit mir in der Küche sitzen.

Der Goldfisch

Jonathan kam auf eine glänzende Idee für ein Dokumentarfilmprojekt. Er würde bei Leuten an der Tür klopfen, nur er, ohne sein Team, mit einer kleiner Kamera in der Hand, und sie fragen: »Wenn ihr einen sprechenden Goldfisch finden würdet und er euch drei Wünsche gewähren würde, worum würdet ihr bitten?« Die Leute würden antworten, und er würde kurze Ausschnitte aus den interessantesten Antworten zusammenschneiden. Vor jedem Set einer solchen Antwort wäre der Mensch zu sehen, wie er bewegungslos in seiner Wohnungstür steht, und über diesem Eingangsmotiv würden die Schriftzeilen mit seinem Namen, Familienstand und monatlichem Einkommen auftauchen, vielleicht sogar, für welche Partei er bei den Wahlen gestimmt hatte. Und zusammen mit den Wünschen würde das die ganze Sache zu einem gesellschaftlichen Projekt machen, das etwas über die Kluft zwischen den Träumen von uns allen und der tatsächlichen Situation aussagte, in der sich unsere Gesellschaft befindet.

Es war eine geniale und billige Idee. Man brauchte praktisch nichts dafür, nur Jonathan und seine Kamera. Und Jonathan war sich sicher, dass er sie, wenn er angefangen hätte zu filmen und zu redigieren, mit Leichtigkeit an Kanal 8 oder an YES-Doku verkaufen könnte. Falls nicht als Film, dann als solche Clips, in denen man jedes Mal einen Menschen und seine Wünsche sieht. Mit ein wenig Glück könnte er vielleicht sogar irgendeine Bank oder eine Mobiltelefongesellschaft dafür interessieren und das Ganze am Ende eventuell in den Schutzmantel dieses Unternehmens verpacken. Etwas in dem Stil: »Verschiedene Träume, verschiedene Wünsche, eine Bank. Bank blablabla – die Bank, die mit Ihnen träumt«, oder »Die Bank, die Wünsche wahrmacht«. So was Ähnliches irgendwie.

Jonathan beschloss, die Arbeit daran ohne irgendwelche Vorbereitungen aufzunehmen. Einfach loszuziehen und bei den Leuten an die Tür zu klopfen. Im ersten Viertel, in dem er filmte, wünschten sich die meisten von denen, die einverstanden waren mitzumachen, ziemlich vorhersehbare Dinge: Gesundheit, Liebe, eine größere Wohnung. Aber es gab auch bewegende Momente. Da war eine unfruchtbare Frau, die ein Kind wollte, ein Holocaustüberlebender mit einer Nummer auf dem Arm, der sich wünschte, dass alle noch lebenden Nazis für ihre Verbrechen bezahlten, eine alte Tunte, die sich wünschte, eine Frau zu sein. Und das alles allein in einem Viertel im Herzen Tel Avivs. Wer weiß, was sich die Menschen in den Reißbrettstädtchen, in Orten an der Konfrontationslinie, in den Siedlungen, arabischen Dörfern und Eingliederungszentren erst wünschen würden. Jonathan wusste, dass es bei einem solchen Projekt äußerst wichtig war, dass auch Arbeitslose, Religiöse, Araber und Äthiopier dabei waren. Er begann, seine folgenden Aufnahmetage danach zu planen: Jafo, Dimona, Aschdod, Sderot, Taijba. Er betrachtete die Namen der Orte, die er zu Papier gebracht hatte. Wenn es ihm gelänge, einen Araber zu filmen, der als einen seiner Wünsche Frieden nennen würde, wäre das ein echter Schuss ins Schwarze.

Sergej Gorelik liebte es gar nicht, wenn Leute an seine Tür klopften, und noch weniger mochte er, dass die Leute, die bei ihm an die Tür klopften, Fragen stellten. In Russland, als er noch jung war, war das oft passiert. Die Leute vom KGB kamen ständig, um bei ihnen an die Tür zu klopfen, da sein Vater Zionist und ihm die Ausreise nach Israel verweigert worden war. Als Sergej nach Jafo zog, sagten manche in der Familie zu ihm, was willst du denn an einem solchen Ort? Dort sind doch alles bloß Junkies und Araber. Aber das ausnehmend Gute an Junkies und Arabern war, dass sie nicht kamen, um bei Sergej an die Tür zu klopfen. Und so konnte Sergej aufstehen, wenn es ringsherum noch finster war, mit seinem Boot aufs Meer hinausfahren, ein bisschen fischen und nach Hause zurückkehren. Alles ganz allein. In Ruhe. So wie es sein musste. Bis eines Tages irgendein junger Kerl mit einem Ring im Ohr, der ein bisschen schwul aussah, bei ihm an die Tür klopfte, ziemlich fest, genau wie es Sergej so gar nicht liebte, und sagte, er habe ein paar Fragen, etwas fürs Fernsehen. Sergej gab ihm deutlich zu verstehen, dass er das nicht wollte, und schubste auch die Kamera ein bisschen weg, damit er begriff, dass es Sergej ernst war. Aber der Junge mit dem Ohrring blieb beharrlich. Sagte alle möglichen Sachen. Sergej tat sich ein wenig schwer zu folgen, sein Ivrit war nicht gerade berauschend. Der Junge mit dem Ohrring redete schnell, sagte, Sergej habe ein starkes Gesicht, und er brauche ihn einfach unbedingt für diesen Film. Sergej stellte sich weiter stur und versuchte, die Tür zuzumachen, doch der Junge war flink und wendig, schaffte es, sich durchzuschlängeln, und schon war er drin, bei Sergej in der Wohnung. Er filmte einfach so, ohne Erlaubnis, und redete dabei wieder von Sergejs Gesicht, das viel Gefühl rüberbringe. Auf einmal sah er Sergejs Goldfisch, der in der großen Glaskaraffe in der Küche schwamm, und fing an zu schreien: »Ein Goldfisch! Ein Goldfisch!« Das stresste Sergej, und er fordert ihn auf, den Fisch nicht zu fotografieren, erklärte ihm, das sei einfach bloß irgendein Fisch, den er im Netz gefangen habe. Doch der Junge mit dem Ohrring filmte weiter und sagte alle möglichen Sachen über den Fisch, dass er sprechen würde, etwas von drei Wünschen, und fing sogar an, seine Hand in Richtung der Karaffe mit dem Fisch auszustrecken. In dieser Sekunde begriff Sergej, dass der Junge gar nicht fürs Fernsehen gekommen war, sondern um Sergej den Fisch wegzunehmen, und noch bevor Sergej Goreliks Gehirn überhaupt erfasste, was sein Körper da machte, nahm er die Pfanne vom Herd und drosch sie dem Jungen mit dem Ohrring auf den Kopf. Der Junge fiel um, und mit ihm fiel seine Kamera. Die Kamera zerbrach, als sie am Boden aufschlug, und auch der Kopf des Jungen. Massenhaft Blut trat aus seinem Kopf aus, und Sergej wusste nicht, was er jetzt tun sollte. Das heißt, er wusste, was er eigentlich tun musste, aber das konnte ihn ernsthaft in Schwierigkeiten bringen. Denn wenn er mit diesem Jungen im Krankenhaus ankäme, würden die Leute Sergej fragen, was passiert war, und das könnte in eine echt ungute Richtung gehen.

»Du brauchst ihn nicht mehr ins Krankenhaus bringen«, sagte der Fisch auf Russisch zu Sergej, »er ist tot.«

»Das kann nicht sein, dass er tot ist«, protestierte Sergej, »der Schlag war doch nicht stark.«

»Der Schlag war nicht stark«, stimmte der Fisch zu, »aber der Kopf dieses Jungen ist anscheinend noch weniger stark.«

»Er wollte dich mir wegnehmen«, sagte Sergej.

»Wollte er nicht«, stellte der Fisch fest, »er wollte bloß blödes Zeug fürs Fernsehen filmen.«

»Aber er hat gesagt –«

»Hat er gesagt«, schnitt ihn der Fisch ab, »aber du hast nichts verstanden. Dein Ivrit ist nicht das allerbeste.«

»Und deins vielleicht?«, gab Sergej böse zurück.

»Ja, meins schon«, erwiderte der Fisch ungeduldig, »ich bin ein Zauberfisch. Ich beherrsche alle Sprachen.«

Die Blutpfütze um den Kopf des Jungen mit dem Ohrring wurde in einem fort größer und größer, was Sergej jetzt dazu zwang, sich regelrecht an die Küchenwand zu drücken, um nicht in der Lache zu stehen.

»Du hast noch einen Wunsch übrig«, erinnerte ihn der Fisch.

»Nein«, schüttelte Sergej den Kopf von einer Seite auf die andere, »ich kann nicht, ich hebe ihn auf.«

»Aufheben wofür?«, fragte der Fisch, doch Sergej gab keine Antwort.

*

Den ersten Wunsch hatte Sergej verbraucht, als man den Krebs bei seiner Schwester entdeckt hatte. Es war Lungenkrebs von der Sorte, die nicht heilbar ist, doch der Fisch löste das innerhalb einer Sekunde. Den zweiten Wunsch hatte er vor zwei Jahren an das Kind von Sweta verschwendet. Der Junge war damals sehr klein gewesen, noch keine drei, aber die Ärzte sagten, etwas bei ihm im Kopf sei nicht in Ordnung. Dass er, wenn er heranwachse, zurückgeblieben sein würde. Sweta weinte die ganze Nacht, und in der Früh kehrte Sergej nach Hause zurück und bat den Fisch, das zu regeln. Er erzählte Sweta nie davon, und nach ein paar Monaten verließ sie ihn für irgendeinen Polizisten, ein Marokkaner mit einem alten Amischlitten. Im Inneren sagte sich Sergej, dass er es nicht für sie getan hatte, sondern nur für den Jungen, doch im Kopf war er sich weniger sicher, und alle möglichen Gedanken, welche anderen Dinge er sich stattdessen hätte wünschen können, flackerten die ganze Zeit auf. Den dritten Wunsch hatte er nicht erbeten.

»Ich kann ihn ins Leben zurückholen«, sagte der Fisch. »Ich kann die Zeit zu dem Augenblick zurückdrehen, bevor er bei dir an die Tür geklopft hat. Ich kann das machen. Du brauchst es dir nur zu wünschen.« Der Fisch wedelte mit seiner hinteren Flosse hin und her, eine Bewegung, von der Sergej wusste, dass sie der Fisch nur machte, wenn er wirklich aufgeregt war. Er begriff, dass der Fisch bereits seine Freiheit witterte. Nach dem letzten Wunsch würde Sergej keine andere Wahl haben, er müsste ihn freilassen.

»Das kommt alles in Ordnung, wirklich«, sagte Sergej halb zu dem Fisch, halb zu sich selber, »ich muss hier bloß das Blut aufwischen, und in der Nacht, wenn ich zum Fischen rausfahre, bind ich ihn an einen Stein und werf ihn ins Meer. Den findet nie jemand. Das war's. Ich werd doch keinen Wunsch da dran verschwenden.«

»Du hast einen Menschen getötet, Sergej«, sprach der Fisch, »aber du bist nicht wirklich ein Mörder. Wenn du dafür keinen Wunsch verschwenden willst, wofür dann?«

*

Nicht in Taijba, aber in Tira fand Jonathan endlich den Araber, der Frieden als einen Wunsch nannte. Er hieß Munir, war dick, hatte einen riesigen weißen Schnauzbart und eignete sich ganz wunderbar zum Fotografieren. Es war bewegend, die Art, wie er es formulierte. Schon während der Aufnahmen wusste Jonathan, das würde die Promo werden. Das oder der Russe mit den Tätowierungen, den er in Jafo getroffen hatte, der geradewegs in die Kamera schaute und sagte, wenn er einen sprechenden Goldfisch fände, würde er sich gar nichts von ihm wünschen, ihn nur in einer großen Glaskaraffe aufs Regal stellen und den ganzen Tag mit ihm reden. Völlig egal, über was. Über Sport, über Politik, über alles, worüber ein Fisch nur reden wollen könnte. Alles. Bloß nicht allein sein.

Nichr ganz allein

Drei ihrer Verehrer haben versucht sich umzubringen. Sie sagt das traurig, aber auch mit ein bisschen Stolz. Einem von ihnen ist es sogar gelungen, er sprang vom Dach des Gebäudes der Geisteswissenschaften in der Universität und zersplitterte innen drin in Tausende Stückchen. Von außen sah er heil aus, friedlich sogar. Sie ist an jenem Tag nicht in der Uni gewesen, aber Freunde haben es ihr erzählt. Manchmal, wenn sie allein zu Hause ist, kann sie ihn regelrecht dort fühlen, mit ihr im Wohnzimmer, wie er sie ansieht, und wenn das passiert, ist es einen Moment beängstigend, aber es macht sie auch froh. Denn sie weiß, dass sie nicht ganz allein ist. Und mich, mich hat sie gern, hat sie sehr gern, aber sie ist körperlich nicht von mir angezogen. Was traurig für sie ist, für sie genauso wie für mich, vielleicht sogar noch mehr. Denn sie wäre echt gerne von jemandem wie mir angezogen. Jemand, der klug ist und feinfühlig, jemand, der sie wirklich liebt. Sie hat schon seit über einem Jahr ein Verhältnis mit einem älteren Kunsthändler. Er ist verheiratet, und er hat nicht vor, seine Frau zu verlassen, sie reden nicht mal darüber. Er zieht sie körperlich schon an. Was grausam ist. Grausam mir gegenüber und grausam ihr gegenüber. Das Leben könnte um so vieles einfacher sein, wenn ich sie anziehen würde.

Sie lässt zu, dass ich sie berühre. Manchmal, wenn ihr der Rücken wehtut, bittet sie sogar darum. Wenn ich ihr die Muskeln massiere, schließt sie die Augen und lächelt. »Das ist schön«, sagt sie, wenn ich sie berühre, »das ist angenehm.« Einmal haben wir sogar zusammen geschlafen. Im Nachhinein gesehen war es ein Fehler, sagt sie. Irgendwo und irgendwie wollte sie so sehr, dass es funktioniert, dass sie ihre Sinne ignoriert hat. Mein Geruch, mein Körper, irgendwas zwischen mir und ihr geht einfach nicht zusammen. Sie studiert schon seit vier Jahren Psychologie, aber sie ist immer noch außerstande, es zu erklären. Wie es sein kann, dass ihr Gehirn die ganze Zeit total möchte, aber ihr Körper einfach nicht mitzieht. Wenn sie sich an jene Nacht erinnert, in der wir zusammen geschlafen haben, wird sie traurig. Viele Dinge machen sie traurig. Sie ist ein Einzelkind. Die meiste Zeit ihrer Kindheit hat sie allein verbracht. Ihr Vater wurde krank, danach lag er im Sterben, dann war er tot. Sie hat keinen Bruder an ihrer Seite, der sie verstehen, der sie trösten würde. Ich komme dem am nächsten, was ein Bruder für sie wäre. Ich und Kuti, das ist der Name des Jungen, der vom Dach der Geisteswissenschaften gesprungen ist. Sie kann dasitzen und stundenlang mit mir über alles reden. Sie kann mit mir in einem Bett schlafen, mich nackt sehen, vor mir nackt sein. Nichts zwischen uns ist ihr peinlich. Nicht einmal, wenn ich neben ihr onaniere. Obwohl das Flecken auf das Leintuch und sie traurig macht. Es macht sie traurig, dass sie mich nicht lieben kann, aber wenn mich das erleichtert, dann hat sie kein Problem damit, die Flecken rauszuwaschen.

Bevor ihr Vater starb, waren sie sich ganz nah. Auch sie

und Kuti waren sich nah, er war in sie verliebt. Ich bin der einzige Mann, der ihr nahe ist und noch lebt. Am Ende werde ich mit einer anderen ausgehen, und sie wird allein bleiben. Das ist unvermeidlich, das weiß sie, und wenn das passieren wird, wird sie traurig sein. Traurig für sie selbst, aber auch froh für mich, dass ich Liebe gefunden habe. Nachdem ich gekommen bin, streichelt sie mein Gesicht und sagt, dass es abgesehen davon, dass es traurig ist, auch ein Kompliment für sie ist. Ihr schmeichelt, dass ich von allen Frauen auf der Welt nur an sie denke, wenn ich onaniere. Dieser Kunsthändler, mit dem sie schläft, ist behaarter und kleiner als ich, aber so was von sexy. Beim Militär war er ein Untergebener von Netanjahu, und seitdem sind sie in Kontakt. Richtig Freunde. Manchmal, wenn er zu ihr kommt, erzählt er seiner Frau, dass er auf einen Sprung bei Bibi vorbeischaut. Einmal ist sie ihm und seiner Frau im Einkaufszentrum über den Weg gelaufen. Sie standen weniger als einen Meter voneinander entfernt, sie hat ihm zugelächelt, ein kleines, heimliches Lächeln, aber er hat sie ignoriert. Seine Augen ruhten auf ihr, doch sie waren völlig blank, als sei sie ein Nichts. Als sei sie komplett Luft. Sie verstand ja, dass er nicht zurücklächeln oder etwas zu ihr sagen konnte neben seiner Frau, aber trotzdem hatte das etwas stark Beleidigendes. Sie stand dort allein neben den öffentlichen Telefonen im Einkaufszentrum und fing zu weinen an. Das war in jener Nacht, in der sie mit mir geschlafen hat. Im Nachhinein gesehen war es ein Fehler.

Vier ihrer Verehrer haben versucht sich umzubringen. Zwei haben es sogar geschafft. Ausgerechnet die zwei, an denen sie am meisten hing. Sie waren ihr nah, sehr nah, echt wie Brüder. Manchmal, wenn sie allein zu Hause ist, kann sie uns regelrecht fühlen, mich und Kuti, mit ihr im Wohnzimmer, wie wir sie ansehen. Und wenn das passiert, ist es einen Moment beängstigend, aber es macht sie auch froh. Denn sie weiß, dass sie nicht ganz allein ist.

Nach dem Ende

Auftragsmörder sind wie Feldblumen. Es gibt sie von jeder Sorte und jeder Art. Ich kannte einmal einen, der hieß Maximilian Sherman. Bestimmt hieß er anders, aber so stellte er sich immer vor. So ein Killer der Oberliga, klassisch, von der Sorte, die nicht öfter als ein bis zweimal im Jahr einen Vertrag abschließen. Bei dem, was er als Kopfpreis erhielt, brauchte es nicht mehr. Dieser Maximilian war seit seinem vierzehnten Lebensjahr Vegetarier, aus Gewissensgründen, und hatte ein Kind in Darfur adoptiert, das Nuri hieß. Er hatte Nuri nie getroffen, aber er schrieb ihm lange Briefe, und Nuri schrieb ihm zurück und schickte Bilder. Kurz gesagt, ein sensibler Mörder. Maximilian war nicht bereit, Kinder zu töten. Auch mit alten Frauen hatte er ein Problem. Eine Masse Geld entging ihm deswegen im Laufe seines Lebens. Extrem viel Geld.

Es gibt also Maximilian, und es gibt mich. Und das ist das Schöne an unserer Welt, dass jeder verschieden ist. Ich kann nicht hübsch reden wie Maximilian oder mich wie er in Artikel über Giftstoffe vertiefen, die keine Spuren im Blut hinterlassen, die in Webseiten von Universitäten erscheinen, von denen ich die Namen nicht mal buchstabieren kann. Aber dafür bin ich einverstanden, euch Kinder und Alte kiloweise abzuschlachten. Ohne zu stottern, ohne zu blinzeln und ohne dafür einen Aufpreis zu verlangen.

Mein Rechtsanwalt sagt, dass ich haargenau deswegen die Todesstrafe bekommen habe. Heute, so sagt er, ist das nicht mehr wie früher mal, als die Leute öffentliches Aufhängen einem guten Essen vorzogen. Heute sind die Leute nicht mehr so echt begeistert davon, Mörder zu töten, das dreht ihnen den Magen um, führt dazu, dass sie sich in ihrer Haut nicht wohl fühlen. Aber Kindermörder, die kriegen es noch ab. Ganz ehrlich? Ich versteh nicht so recht, warum. Ein Leben ist ein Leben. Und Maximilian Sherman oder meine scheinheiligen Geschworenen können da die Nase rümpfen bis morgen, aber einer sechsundzwanzigjährigen bulimischen Genderstudentin oder einem achtundsechzigjährigen Limousinenchauffeur und Poesiefan das Leben zu nehmen, ist nicht mehr und nicht weniger in Ordnung als das eines verrotzten Dreijährigen. Staatsanwälte lieben es, eine Riesenstory daraus zu machen, ich weiß schon. Sie lieben es, nervtötend was von Unschuld und Hilflosigkeit daherzulabern. Aber ein Leben ist ein Leben. Und als einer, dem nicht wenige korrupte Rechtsanwälte und Politiker unter die Finger gekommen sind, muss ich darauf hinweisen, dass im entscheidenden Moment, der, wo der Körper zappelt und die Augen aus den Löchern treten – dass in diesem Moment alle unschuldig und alle hilflos sind, ohne Unterscheidung von Religion, Alter, Rasse oder Geschlecht. Aber erklär das mal einer pensionierten, halbtauben Geschworenen aus Miami, bei der das Einzige, was sie je im Leben geschafft hat, tot zu sehen, abgesehen von ihrem Mann, den sie nie wirklich leiden konnte, ein Hamster namens Charlie war, der an Dickdarmkrebs krepiert ist.

Beim Prozess haben sie auch behauptet, dass ich Kinder hasse. Haben den einen Fall von den sechsjährigen Zwillingen dahergebracht, die ich im Vorbeigehen ermordet habe, obwohl sie gar nicht im Originalvertrag mit drin waren. Vielleicht ist da was dran. Es ist nicht, dass ich ein Problem mit ihrer äußeren Form habe, denn in der Form sind Kinder sogar echt niedlich. Wie Menschen, aber so klitzekleine, wie diese Minicolabüchsen und Chipstütchen, die sie früher mal im Flugzeug verteilt haben. Aber mit dem Verhalten? Ich geb's zu. Ich bin nicht wild auf ihre läppischen Zankereien, dieses Bodenschmeißgestrampel mitten im Einkaufszentrum. Dieses ganze Geplärre, dieses »Papa soll weggehen« und »ich hab Mama nicht mehr lieb«, und das alles wegen einem mistigen Zwei-Dollar-Spielzeug, mit dem sie, auch wenn du's ihnen kaufst, nicht länger als eine Minute spielen. Auch die Gute-Nacht-Geschichten finde ich zum Kotzen. Und das ist nicht nur diese peinliche Situation, die dich dazu zwingt, dich neben sie in ihr kleines, unbequemes Bett zu legen, oder diese emotionale Erpressung, die sie schamlos betreiben, für noch eine Geschichte mehr, es sind die Geschichten selber. Immer alle so lieb und nett, mit süßen Tierchen ohne Reißzähne und ohne Krallen. Illustrierte Lügen von Welten ohne Böses, langweiliger als der Tod. Und wenn wir gerade vom Tod reden: Mein Rechtsanwalt denkt, dass wir Berufung gegen das Urteil einlegen können. Nicht dass es was nützen würde, aber bis diese Geschichte in die nächsten Instanzen geht, könnte uns das ein bisschen Zeit erkaufen. Ich habe ihm gesagt, dass ich nicht daran interessiert bin. Unter uns, was bringt mir dieses bisschen Zeit schon? Noch mehr Liegestützen in einer Zelle von drei auf zwei Meter? Noch ein paar Anstaltsbasketballspiele und schauderhafte Realitysendungen im Fernsehen? Wenn das, was am Ende steht, eine Giftspritze ist, dann nehmen wir sie doch gleich jetzt mit, statt lang rumzutrödeln, und dann machen wir weiter.

Als ich klein war, hat mein Vater immer von der nächsten Welt geredet. So viel hat er davon gequasselt, dass er die meiste Zeit schon gar nicht mehr merkte, mit wem meine Mutter in dieser Welt hinter seinem Rücken gevögelt hat. Wenn alles, was er über die nächste Welt gesagt hat, stimmt, dann wird es dort mindestens nicht langweilig. Er war Jude, mein Vater, aber als sie mich im Gefängnis gefragt haben, habe ich darum gebeten, dass sie mir einen Priester schicken. Irgendwie scheint mir, dass diese Christen ein bisschen weniger abstrakt sind. Und in meiner Lage ist der philosophische Aspekt nicht wirklich relevant. Was im Moment wichtig ist, ist die praktische Seite. Dass ich in die Hölle komme, ist gebongt, und je mehr Information ich aus dem Priester rausholen kann, desto besser vorbereitet trete ich dort an. Aus Erfahrung, es gibt keinen Ort, wo das Zertrümmern einer Kniescheibe oder eines Schädels deine Position nicht aufwerten kann, wobei es egal ist, ob das eine Anstalt für kriminelle Jugendliche in Georgia, Rekrutendienst bei den Mariners oder ein geschlossener Trakt in einem Gefängnis in Bangkok ist. Die Kunst ist, immer zu wissen, wem genau man was zertrümmern muss. Und exakt dabei sollte mir der Priester helfen. Im Nachhinein allerdings hätte ich genauso gut einen Rabbi oder einen Kadi oder sogar einen stummen indischen Baba bestellen können, denn dieser Quatschkopf von Priester hat mir bei gar nichts geholfen. Er schaute aus wie ein japanischer Tourist, hat sich aber beeilt, mir zu erklären, dass er schon die vierte Generation in Amerika ist, was mehr ist, als man von mir sagen kann. »Die Hölle«, sagt er zu mir, »ist völlig individuell. Genau wie das Paradies. Und zu guter Letzt erhält jeder die Hölle oder das Paradies, die er verdient.« Ich lasse nicht locker. Wer ist dort verantwortlich?, frage ich. Wie funktioniert es? Gibt es eine Chronik von solchen, die es geschafft haben auszubrechen? Aber er antwortet nicht, wackelt nur mit seinem Kopf rauf und runter wie diese Hunde, die man aufs Armaturenbrett klebt. Als er mich zum dritten Mal auffordert zu beichten, kann ich nicht mehr und verpasse ihm einen ordentlichen Hieb. Meine Hände und Füße sind gefesselt, also muss es mit dem Kopf sein, aber das ist mehr als genug. Ich weiß nicht, aus welchem Material diese japanischen Priester gebaut sind, aber meiner fällt auf der Stelle auseinander.

Die Wächter, die mich von ihm wegzerren, schlagen mich: Tritte, Schlagstöcke, Fäuste gegen den Kopf. Das ist scheinbar, um mich zu bändigen, aber sie schlagen mich bloß so, aus Spass. Ich verstehe sie. Es macht Spass zuzuschlagen. Ganz ehrlich? Dem Priester den Schädel zu rammen habe ich mehr genossen als das Steak mit den Pommes bei meiner letzten Mahlzeit, und das war echt kein übles Steak. Es macht Spass zuzuschlagen, und was immer dort auf mich wartet, auf der anderen Seite der Giftspritze, ich kann euch versprechen, dass es, so unangenehm es für mich auch werden mag, für den Hundesohn, der in der Hölle nahe genug neben mir steht, noch viel weniger angenehm sein wird, wobei mir egal ist, ob er bloß ein Sünder, ein Teufel oder der Satan persönlich ist. Dieser blutende japanische Priester hat mir tierisch Appetit gemacht.

Die Spritze tut weh. Garantiert könnten sie eine finden, die nicht wehtut, diese scheinheiligen Ärsche, aber sie haben eine ausgesucht, die wehtut. Zur Strafe. Während ich langsam verende, fallen mir alle ein, die ich getötet habe, der Ausdruck, der sich auf ihrem Gesicht ausgebreitet hat, bevor ihnen die Seele zu den Ohren rauskam. Es kann sein, dass sie alle dort auf der anderen Seite wütend auf mich warten. Ich spüre ein letztes heftiges Zucken im Körper, wie eine Faust, die sich gewaltsam um das Herz schließt. Sollen sie nur auf mich warten, schön wär's, bei Gott. Es wird nett sein, sie noch mal um die Ecke zu bringen.

Ich schlage die Augen auf. Um mich herum grünes, hohes Gras wie im Dschungel. Irgendwie habe ich mir die Hölle gruftiger vorgestellt, finster irgendwie, aber hier ist alles grün, und die Sonne brennt grell von oben. Ich bahne mir einen Weg vorwärts, suche auf der Erde nach etwas, das ich zu einer Waffe machen könnte: einen Stock, Stein, spitzen Zweig. Da ist nichts. Um mich herum ist überhaupt nichts außer hohem Gras und feuchter Erde. In meiner Nähe entdecke ich ein Paar riesige menschliche Füße. Wer immer das ist, er ist achtmal so groß wie ich, und ich habe keine Waffe. Ich werde den schwachen Punkt bei ihm finden müssen: Knie, Eier, Gurgel. Kräftig und schnell zuschlagen und hoffen, dass es funktioniert. Der Riese bückt sich. Er ist flinker, als ich erwartet habe. Er schwingt mich gewaltsam in die Luft und reißt seinen Mund auf.

»Da bist du«, sagt er und drückt mich an seine Brust, »da bist du ja, mein dummer alter Bär. Du weißt, dass ich dich himmelhoch liebe.« Ich versuche auszunutzen, dass wir so nah beieinander sind, um ihn in den Hals zu beißen, ihm einen Finger ins Auge zu stechen. Ich will, aber mein Körper gehorcht mir nicht, und ganz und gar gegen meinen Willen umarme ich ihn ebenfalls. Ich spüre, wie sich meine Lippen bewegen, ohne dass ich sie kontrollieren kann, wie sie sich öffnen und flüstern:

»Ich liebe dich auch, Christopher Robin. Ich lieb dich am allermeisten auf der Welt.«

Ein großer blauer Autobus

Es gibt Kinder, die werfen sich auf den Boden und fangen zu brüllen an. Sie heulen und winden sich und strampeln, bis ihr Gesicht ganz rot und verschwitzt wird und der Speichel und der Rotz, die ihnen aus Mund und Nase laufen, anfangen, den grauen Beton des Bürgersteigs zu beflecken. Du kannst dich bedanken, dass er das nicht macht.

Das ist der Gedanke, an den sich Gilad versuchsweise klammert, um sich selbst zu beruhigen. Dieser Gedanke und eine Reihe langsamer Atemzüge. Und es hilft. Auf dem Bürgersteig neben ihm steht der kleine Hillel mit geballten Fäusten, gerunzelter Stirn, die Augen fest geschlossen, und sein Mund flüstert in einem fort immer wieder die gleichen Worte wie ein Mantra: »Ich will ich will ich will.«

Gilad beschließt zu lächeln, bevor er redet. Er weiß, dass Hillel das Lächeln nicht sehen kann, doch er hofft, dass sich etwas von dem Lächeln irgendwie in seiner Stimme niederschlagen wird. »Hilleli«, sagt er durch das Lächeln hindurch, »Hilleli, mein Schatz, komm, wir fangen an zu gehen, bevor es spät wird. Heute gibt es im Kindergarten Pfannkuchen zum Frühstück, und wenn wir nicht rechtzeitig hinkommen, werden die anderen Kinder dir deinen wegessen.«

Ich will ich will ich will ich will ich will ich will ich will ich will ich will ich will ich will ich will ich will

Bis Na'ama und er sich getrennt hatten, hatten sie streng darauf geachtet, dass Hillel kein Fernsehen schaute. Na'ama fing damit an, hatte irgendwas in der »Ha'arez« darüber gelesen, und Gilad setzte es fort. Es hatte vernünftig geklungen. Doch nach ihrer Trennung waren sie nicht mehr da, um aufeinander aufzupassen. Überhaupt, wenn du allein bist, hast du weniger Energie, konsequent zu sein. Jedes Mal wenn du nachgibst, hast du das Gefühl, es sei ja der andere Elternteil, der nachher dafür bezahlen müsste oder der wenigstens zur Hälfte daran beteiligt sei, was den Preis mit einem Mal erträglicher macht. Ein bisschen so wie einen Zigarettenstummel im Treppenhaus statt zu Hause wegzuwerfen. Und jetzt, wo sie kein Zuhause mehr hatten, das heißt, nicht mehr das eine für sie beide, machten sie ungehemmt Dreck.

Ich will ich will ich will ich will ich will ich will ich will ich will ich will ich will ich will ich will ich will

Die Sendung, die Hillel gerne sah, wenn er bei Gilad blieb, war eine japanische Animationsserie von einem Jungen mit Zauberkräften, der Toni hieß. Die Mutter dieses Jungen, die eine Fee war, hatte ihm einmal beigebracht, wenn er nur die Augen schließen und oft genug »ich will« sagen würde – würde alles, was er sich wünschte, wahr werden. Manchmal brauchte Toni weniger als eine Sekunde, um seine Wünsche zu verwirklichen, doch wenn das nicht passierte, erklärte ihm seine Feenmutter, dass es nicht deswegen war, weil er gescheitert sei, sondern dass er einfach nicht oft genug »ich will« gesagt habe. Und so konnte Toni fast eine komplette Sendung lang ungebrochen mit geschlossenen Augen und »ich will ich will ich will« verbringen, bis der Zauber funktionierte. Hinsichtlich der Produktionskosten war diese Idee extrem sparsam, denn in jeder Folge konnte man den Shot von Toni mit der glänzenden Schweißperle auf der Stirn, wie er pausenlos murmelte »ich will ich will ich will«, wiederverwenden. Die gleiche Einstellung, immer wieder und wieder, in jeder Folge. Es trieb einen zum Wahnsinn, dazusitzen und das mit anzusehen, aber Hillel war völlig fasziniert davon.

Ich will ich will ich will ich will ich will ich will ich will ich will ich will ich will ich will ich will ich will

Gilad lächelte wieder. »Das nützt nichts, Hilleli«, sagte er. »Es wird auch nichts helfen, wenn du es eine Million Mal sagst. Wir können nicht mit dem Autobus zum Kindergarten fahren, weil es zu nah ist. Er ist hier, am Ende der Straße. Und da fährt kein Autobus hin.«

»Das nützt schon was«, sagte Hillel. Und obwohl er zu murmeln aufhörte, blieben seine Augen geschlossen, und auch die Stirnfalte blieb. »Wirklich, Papa. Das hilft, ich hab's bloß noch nicht genug gesagt.« Gilad dachte daran, diese Lücke im Gemurmel auszunutzen, um irgendeinen verlockenden Vorschlag einzuschleusen. Eine Bestechung. Vielleicht einen Schokokuss. Es gab einen kleinen Lebensmittelladen gleich neben dem Kindergarten. Na'ama erlaubte keine Schokoküsse am Morgen, aber das war jetzt unwichtig. Na'ama erlaubte es nicht, aber Gilad erlaubte es eben. Das war eine Sondersituation. Dieser Gedankengang lief schnell ab, doch bevor es Gilad gelang, den Schokokuss anzupreisen, begann Hillel wieder zu murmeln.

Ich will ich will ich will ich will ich will ich will ich will ich will ich will ich will ich will ich will ich will

Gilad verkündete den Schokokuss. Er sagte es ein paarmal hintereinander. Schokokuss. Schokokuss. Schokokuss. Mit lauter Stimme. Dicht an Hillels Ohr. Wäre Na'ama dabeigewesen, hätte sie Gilad aufgefordert, er solle aufhören, ihn anzuschreien, und erschüttert ausgesehen. Sie war gut in so was. Erschüttert dreinzuschauen. Ihn dazu zu bringen, dass er sich im gegebenen Moment als prügelnder Vater oder gestörter Ehemann oder bloß einfach als Scheißkerl fühlte. Auch das war eine Art Talent. Zauberkraft. Ein schwacher Zauber zwar, schwach und irritierend, aber nichtsdestotrotz Zauber. Und welche übernatürlichen Kräfte konnte Gilad dem entgegensetzen? Keine. Eine Zauberinnenmutter. Ein Zauberkind. Ein machtloser Vater. Eine japanische Serie. Das konnte ewig so weitergehen.

Ich will ich will ich will ich will ich will ich will ich will ich will ich will ich will ich will ich will ich will

Gilad umschlang Hillel fest mit beiden Armen, schwang ihn in die Luft und begann zu rennen. Hillel war warm wie immer. Auch jetzt fuhr er fort zu murmeln, doch ab dem Moment, in dem ihn Gilad ganz dicht an sich gedrückt hielt, wurde das Murmeln ruhiger, und die Falte auf der Stirn verschwand. Gilad hatte das Gefühl, dass auch er etwas mit ihm murmeln sollte. Er fing an mit »Wir gehen in den Kindergarten Kindergarten Kindergarten«, und auf halbem Weg wechselte er zu »Gleich sind wir da gleich sind wir da gleich sind wir da«, und als sie schon ganz nah an dem Hof mit dem elektrischen Tor waren, wurde daraus plötzlich »Papa liebt Papa liebt Papa liebt«. Es stand in überhaupt keinem Zusammenhang mit irgendetwas, und auch ein Objekt hatte dieser Satz nicht, obwohl, zumindest Gilad, die Absicht klar war – dass er Hillel liebte.

Als sie den Kindergarten betraten, hörte er zu murmeln auf und setzte Hillel am Boden ab. Hillel fuhr mit geschlossenen Augen fort: »Ich will ich will ich will.« Gilad lächelte eine der Hilfskräfte an, eine Dicke, die er sogar mochte, und hängte die bestickte Tasche mit den Anziehsachen zum Wechseln und der Plastikflasche an den Haken, über dem in Druckbuchstaben »Hillel« geschrieben stand. Er war schon dabei hinauszugehen, als ihn die Kindergärtnerin aufhielt.

Ich will ich will ich will ich will ich will ich will ich will ich will ich will ich will ich will ich will ich will

Gilad lächelte sie an. Er schwitzte vom Laufen und schnaufte auch noch ein bisschen, doch sein Lächeln vermittelte, dass alles in Ordnung war. »Das ist was, das der Junge gestern im Fernsehen gesehen hat«, erklärte er, »so eine Serie, Toni und der Zauberschmetterling. Was Japanisches, die Kinder sind ganz versessen darauf …« Die Kindergärtnerin brachte ihn mit dem gleichen Zischlaut zum Schweigen, wie sie es, was Gilad schon mehrmals gesehen hatte, mit aufsässigen Kindern machte. Es war beleidigend, doch er zog es vor, nicht zu reagieren. Er wollte nur weg hier. Und je ruhiger und netter er wäre, das wusste er, desto schneller würde er von hier verschwinden können. Und er konnte der Kindergärtnerin immer etwas von irgendeiner Besprechung erzählen, die er im Büro hatte, oder irgend so was, sie wusste schließlich, dass er Rechtsanwalt war.

Ich will ich will ich will ich will ich will ich will ich will ich will ich will ich will ich will ich will ich will

Die Kindergärtnerin versuchte, mit Hillel zu reden, sie berührte ihn sogar sanft im Gesicht, doch Hillel hörte weder auf zu murmeln, noch schlug er die Augen auf. Gilad wollte instinktiv zu ihr sagen, dass das nichts half, aber er war sich nicht sicher, ob sich diese Äußerung zu seinen Gunsten auswirken würde. Vielleicht ist jetzt, dachte er sich, vielleicht ist jetzt der richtige Moment, um den Termin im Büro zu erwähnen und einfach zu gehen.

Ich will ich will ich will ich will ich will ich will ich will ich will ich will ich will ich will ich will ich will

»Tut mir leid«, sagte die Kindergärtnerin, »in einem solchen Zustand können Sie ihn nicht dalassen.« Gilad versuchte zu erklären, dass das kein Zustand, sondern bloß irgendein Müll war, den sie im Fernsehen brachten, so wie ein Spiel. Es war ja nicht so, dass der Junge litt oder so was, er hatte sich einfach auf irgendeinen Blödsinn versteift. Doch die Kindergärtnerin wollte nichts davon hören, und Gilad sah sich gezwungen, Hillel wieder auf die Arme zu nehmen. Die Kindergärtnerin begleitete sie hinaus, und als sie ihnen das Tor des Kindergartens öffnete, sagte sie in emphatischem Ton, dass es sich wohl lohnen würde, Na'ama anzurufen, denn das sei keine Bagatelle. Gilad stimmte ihr sofort zu und sagte, er würde sich darum kümmern, allerdings hauptsächlich aus Angst, sie würde Na'ama selbst anrufen.

Ich will ich will ich will ich will ich will ich will ich will ich will ich will ich will ich will ich will ich will

Draußen stellte Gilad Hillel auf den Bürgersteig und fragte mit ziemlich ruhiger Stimme: »Was für ein Autobus?« Als Hillel weitermurmelte, wiederholte er die Frage etwas lauter: »Was für ein Autobus?« Hillel verstummte, schlug die Augen auf, schaute Gilad ganz intensiv an und antwortete:

»Ein großer blauer Autobus.«

Gilad nickte, und mit einer Stimme, die vollkommen normal zu klingen versuchte, ohne die leiseste Spur von Tränen, fragte er, ob es wichtig sei, dass dieser Autobus eine bestimmte Nummer habe. Worauf Hillel lächelnd den Kopf schüttelte.

Sie gingen zusammen zur Diezengoffstraße und warteten an einer Haltestelle. Der erste Autobus, der ankam, war rot. Sie stiegen nicht ein. Gleich darauf traf jedoch noch einer ein, ein großer blauer. Die Nummer 1 nach Abu Kabir. Während Gilad eine Fahrkarte kaufte, wartete Hillel geduldig, wie er versprochen hatte, und danach hangelte er sich vorsichtig den Zwischengang entlang, wobei er die Stangen zu Hilfe nahm. Sie setzten sich nebeneinander in die hinterste Reihe. Der Autobus war gähnend leer. Gilad versuchte sich an das letzte Mal zu erinnern, als er nach Abu Kabir gefahren war. Das war, als er noch Assistent gewesen war und ihn jemand aus der Kanzlei hingeschickt hatte, um irgendeinen Obduktionsbericht zu kopieren, der verlorengegangen war. Das war, noch bevor er begriffen hatte, dass Strafrecht nichts für ihn war. Hillel fragte, ob dieser Autobus zum Kindergarten fuhr, und Gilad sagte, so ungefähr, das heißt, metaphorisch, am Schluss würde er beim Kindergarten ankommen. Wenn Hillel ihn jetzt gefragt hätte, was »metaphorisch« hieß, was er manchmal machte, wenn er über solche Wörter stolperte, hätte Gilad ein Problem gehabt. Doch Hillel fragte nicht, legte nur seine kleine Hand auf Gilads Oberschenkel und schaute aus dem Fenster. Gilad lehnte sich zurück, schloss die Augen und versuchte, an nichts zu denken. Der Wind vom offenen Fenster war stark, jedoch nicht allzu sehr, sein Körper atmete langsam, und seinen Lippen war keine Bewegung anzusehen, doch im Herzen wiederholte er in einem fort:

»Ich will ich will ich will ich will ich will ich will ich will.«

Die Hämorride

Das ist die Geschichte von einem Mann, der an einer Hämorride litt. Nicht an vielen Hämorriden, an einer einzelnen, alleinstehenden Hämorride. Diese Hämorride begann klein und lästig, wurde jedoch sehr rasch mittelgroß und quälend, und innerhalb nicht einmal zweier Monate war sie bereits groß und wirklich schmerzhaft geworden. Der Mann lebte sein Leben weiter wie gewöhnlich: Arbeitete jeden Tag bis spätabends, amüsierte sich am Wochenende, vögelte nebenher, wenn sich eine Möglichkeit ergab. Doch diese Hämorride, die ihm an der Ader hing, erinnerte ihn bei jeder längeren Sitzung oder angestrengtem Stuhlgang, dass das Leben brennen hieß, dass das Leben schwitzen ließ, dass das Leben pausenlos fucking störend war. Und so pflegte der Mann vor jeder wichtigen Entscheidung auf seine Hämorride zu hören wie andere auf ihr Gewissen. Und die Hämorride, wie eine Hämorride eben, gab dem Mann Ratschläge aus dem Arsch. Ratschläge, jemanden zu feuern, Ratschläge, nicht nachzugeben, Ratschläge, böse zu werden und auch ein bisschen zu nörgeln. Es funktionierte, und von Tag zu Tag hatte der Mann mehr Erfolg. Die Gewinne der Firma, an deren Spitze er stand, wurden ständig größer, während gleichzeitig auch die Hämorride zunehmend wuchs. Bis zu einem bestimmten Zeitpunkt die Hämorride bereits größer als der Mann war. Doch auch dann hörte sie nicht zu wachsen auf. Bis zu guter Letzt an der Spitze des Direktoriums der Firma die Hämorride stand. Und bisweilen, wenn sich die Hämorride auf dem Sessel im Sitzungszimmer niederließ, war der Mann unter ihr etwas lästig für sie.

Das ist die Geschichte von einer Hämorride, die an einem Mann litt. Die Hämorride lebte ihr Leben weiter wie gewöhnlich: Arbeitete jeden Tag bis spätabends, amüsierte sich am Wochenende, vögelte nebenher, wenn sich eine Möglichkeit ergab. Aber dieser Mann, der ihr an der Ader hing, erinnerte die Hämorride bei jeder längeren Sitzung oder angestrengtem Stuhlgang daran, dass das Leben lieben hieß, dass das Leben wehtun ließ, dass das Leben fucking scheitern, aber auch nach Gutem streben hieß. Und die Hämorride hörte auf den Mann, so wie Menschen oftmals auf ihren knurrenden Bauch hören, der nach Nahrung verlangt – ohne große Lust, aber mit Ergebenheit. Dank dieses Mannes bemühte sich die Hämorride zu glauben, dass sie fähig war zu verzichten und versuchte es. Auf ihre Ehre. Und auch ein bisschen vorsichtig mit der Ehre anderer umzugehen. Und wenn sie schon fluchte, achtete sie streng darauf, keine Eltern dabei zu involvieren. Und so, dank des kleinen lästigen Mannes in ihrem Hinterteil, wurde die Hämorride zu einer allseits beliebten Hämorride: bei Hämorriden, Menschen und natürlich bei den zufriedenen Aktionären der Firma, die über die ganze Welt verstreut waren.

September das ganze Jahr

Als die große Depression begann, erwischte es ND am schlimmsten. Ihr Produkt war zwar für die oberen Zehntausend bestimmt, die gegen Flauten eigentlich immun sein sollten, doch nach der Lynchaffäre in Chicago hörten auch die Millionäre zu kaufen auf. Ein Teil wegen der miserablen Wirtschaftslage, die meisten jedoch aus Angst oder weil es ihnen einfach vor den Nachbarn unangenehm war. Die Aktie blieb platt am Boden der Geschäftszimmer der Weltbörsen liegen, blutete Prozent um Prozent aus, und ND wurde zum Symbol der Wirtschaftskrise. Das Wall Street Journal widmete der Firma eine Titelgeschichte unter der Schlagzeile »Schlechte Winde im September«, eine Art persiflierte Imitation ihrer Werbung »September das ganze Jahr«, in der eine Familie, nur mit Badesachen bekleidet, an einem sonnigen Sommermittag zu sehen war, wie sie einen Tannenbaum für Weihnachten schmückte. Diese Werbung griff wie ein Lauffeuer um sich. Eine Woche nachdem man angefangen hatte, sie auszustrahlen, verkaufte die Firma bereits dreitausend Einheiten am Tag. Reiche Geschäftsleute kauften, aber auch weniger reiche, die versuchten, Eindruck zu schinden. ND wurde zum Statussymbol – der Koscher-Stempel der Millionäre. Was in den Neunziger- und Zweitausenderjahren das Privatflugzeug symbolisierte, symbolisierten jetzt sie.

»Nice Day«, Wetter für die Reichen. Wenn man im eisigen Island lebte und der Schnee und das Grau einen um den Verstand brachte, brauchte man bloß seine Kreditkartennummern einzuspeisen, und schon besorgten sie einem, mit ein oder zwei Satelliten, eine sonnenüberflutete Terrasse mit einer Ibiza-Herbstbrise an jedem einzelnen Tag des Jahres.

Mucki Ilon war einer der Ersten, die das System von ihnen erwarben. Er liebte sein Geld, und es kam ihn ungemein hart an, sich davon zu trennen, aber noch mehr als er die Millionen, die er mit Waffen- und Medikamentenverkäufen nach Rhodesien gescheffelt hatte, liebte, hasste er den feuchten New Yorker Sommer, das widerliche Gefühl eines schweißnassen Unterhemds, das einem am Rücken pappte. Er kaufte das System nicht nur für sich allein, sondern gleich für den ganzen Block. Es gab Leute, die das irrtümlich als Großzügigkeit interpretierten, doch die Wahrheit war, dass er das tat, weil er wollte, dass dieses phantastische Wetter bis zum Minimarkt an der Straßenecke für ihn anhielte – ein Minimarkt, der, außer dass er Mucki Ilon Nobels verkaufte, die extra für ihn aus Haifa, Israel, importiert wurden, mehr als alles andere für ihn auch die Grenzmeile seines Lebensbereichs bezeichnete. Und seit Mucki den Scheck unterschrieben hatte, war das Wetter in dem Block schlicht paradiesisch. Ohne fiesen Regen und ohne verschissene Hitzewellen. Schlicht und einfach September das ganze Jahr. Und nicht etwa der sprunghafte, nervende September von Manhattan, sondern der der Stadtlandschaften, in denen er als Kind aufgewachsen war. Bis plötzlich diese Lynchaffäre in Chicago daherkam und die Nachbarn damit anfingen zu verlangen, er solle ihnen diesen ewigen Herbst sofort abstellen. Anfangs ignorierte er es, doch dann trafen die Briefe von den Rechtsanwälten ein, und jemand hinterließ ihm sogar einen abgeschlachteten Pfau auf der Windschutzscheibe des Autos. Nachdem das passiert war, bat auch seine Frau, er solle ihn abschalten. Das war im Januar. Mucki schaltete die Sonne und die Wärme aus, und innerhalb einer Sekunde wurde der Tag kurz und traurig. Alles wegen einem geschlachteten Pfau und einer ängstlichen anorexischen Frau, der es wie immer gelang, ihn mit ihrer Schwäche unterzukriegen.

Die Depression verschärfte sich zunehmend. Die Aktienkurse von ND an der Wall Street sanken auf Grund. Nicht nur sie, auch die von Muckis Firma. Und kurz nachdem sie den Boden erreicht hatten, bohrten sie ein Loch hinein und fielen weiter, in den Keller. Merkwürdig, die Logik besagt, dass gerade Waffen und Medikamente in Phasen einer weltweiten Wirtschaftskrise gut laufen sollten, doch es stellte sich das Gegenteil heraus. Die Leute hatten kein Geld, um Medikamente zu kaufen, und sehr rasch entdeckten sie, was sie seit langem vergessen hatten: Dass eine geladene Waffe ein Luxusgut ist und manchmal einfach bloß ein großer Stein genügt, den man im Hof gefunden hat, um jemandem den Schädel einzuschlagen. Alle lernten ganz schnell, ohne Muckis Gewehre auszukommen, sehr viel schneller, als Mucki es schaffte, sich an das traurige Endfebruarwetter zu gewöhnen. Und Mucki Ilon, oder »Mucki Million«, wie ihn die Lokalpresse zu nennen beliebte, machte bankrott.

Die Wohnung blieb – dem fixen Buchhalter der Firma

gelang es noch, sie rückwirkend auf den Namen der anorexischen Frau einzutragen –, doch der ganze Rest ging dahin. Sogar die Möbel nahmen sie mit. Vier Tage danach traf der Techniker von ND ein, um die Verbindung zu kappen. Als er an die Tür klopfte, war er völlig durchnässt vom Regen. Mucki kochte eine Kanne heißen Kaffee, und sie redeten ein bisschen miteinander. Mucki erzählte ihm, dass er kurz nach der Affäre in Chicago aufgehört habe, das System zu benutzen. Der Techniker sagte zu ihm, dass viele Kunden aufgehört hätten. Sie sprachen über die Lynchaffäre, bei der eine zornentbrannte, hungrige und halb erfrorene Menge ihre Wut an einer angenehm sommerlichen Villa von Reichen ausgelassen hatte. »Die Sonne über ihrem Haus hat uns einfach rasend gemacht«, erzählte einer der Randalierer ein paar Tage danach in einer Fernsehreportage. »Wir erfrieren hier ohne Geld für Heizung, und diese Hunde, diese Hunde …« An dieser Stelle brach er in Tränen aus. Sein Gesicht wurde in der Sendung nur unscharf gezeigt, damit man ihn nicht identifizieren könnte, weshalb man die Tränen nicht so richtig sehen konnte, doch man konnte ihn jaulen hören wie ein überfahrenes Tier. Der Techniker, ein Schwarzer, sagte, dass er in diesem Viertel in Chicago geboren worden sei und sich heute schon schäme, das laut zu sagen.

»Dieses Geld«, sagte er zu Mucki, »dieses stinkige Geld hat uns bloß die Welt versaut.«

Nach dem Kaffee, als der Techniker bereits die Vorbereitungen zur Demontage traf, bat ihn Mucki, ihn den Satelliten noch ein letztes Mal in Betrieb setzen zu lassen. Der Techniker zuckte mit den Schultern, was Mucki als ein Ja auslegte. Er drückte auf ein paar Knöpfe der Fernbedienung, und plötzlich trat die Sonne hinter der Wolkendecke heraus. »Das ist keine echte Sonne, wissen Sie«, sagte der Techniker stolz, »das ist letztendlich die Simulation einer Sonne. Man macht das mit Lasern.« Worauf ihm Mucki zuzwinkerte und sagte:

»Lass mal, mach's nicht kaputt. Für mich ist das Sonne.« Und der Techniker lächelte und sagte:

»Eine super Sonne. Schade, dass man sie nicht anlassen kann, bis ich wieder beim Auto bin. Ich hab echt bald schon keinen Nerv mehr für diesen Regen.« Mucki antwortete nicht, schloss nur die Augen und ließ die sanften Sonnenstrahlen sein Gesicht streicheln.

Dschouzef

Es gibt Gespräche, die können einem Menschen das Leben verändern. Ich bin mir sicher. Das heißt, ich möchte es glauben. Ich sitze im Café mit einem Produzenten. Er ist nicht direkt Produzent, er hat noch nie was produziert, aber er will produzieren. Er hat eine Idee für einen Film, und er will, dass ich ihm das Drehbuch schreibe. Ich erkläre ihm, dass ich nicht fürs Kino schreibe, und er akzeptiert das und ruft nach der Bedienung. Ich bin sicher, dass er die Rechnung haben will, aber er bestellt sich noch einen Espresso. Die Bedienung fragt mich, ob ich auch noch etwas möchte, und ich verlange ein Glas Wasser. Der Möchtegernproduzent heißt Josef, aber er stellt sich englisch ausgesprochen, als »Dschouzef«, vor. »Niemand«, so sagt er, »wird wirklich Josef genannt. Immer ist es Seppi oder Jossi oder Jos, also habe ich Dschouzef genommen.« Er ist ein scharfer Kopf, dieser Dschouzef. Durchschaut mich innerhalb einer Sekunde. »Du bist beschäftigt, ha?«, sagt er, als er sieht, wie ich auf die Uhr schiele, und fügt sofort hinzu:

»Sehr beschäftigt. Reist, arbeitest, schreibst E-Mails.« Es liegt überhaupt keine Bösartigkeit oder Ironie in der Art, in der er das sagt. Wie eine Tatsachenfeststellung, höchstenfalls Anteilnahme. Ich nicke.

»Hast du Schiss davor, nicht beschäftigt zu sein?«, fragt er. Ich nicke wieder.

»Ich auch«, sagt er und lächelt mit gelben Zähnen. »Schließlich gibt es da irgend so etwas drunter. Was Bedrohliches. Wenn nicht, dann würden wir unsere Zeit nicht so nahtlos mit allen möglichen Projekten verbraten. Und weißt du, wovor ich am allermeisten Angst habe?«, fragt er. Ich zögere eine Sekunde, denke über eine Antwort nach, doch Dschouzef redet schon weiter. »Vor mir«, sagt er, »vor dem, was ich bin. Kennst du dieses Nichts, das dich ausfüllt, eine Sekunde, nachdem du gekommen bist? Nicht mit einer, die du liebst, mit bloß so irgendeiner. Oder wenn du's im Handbetrieb machst. Kennst du das? Davor hab ich echt Schiss, davor, in mich selber reinzuschauen und dort nichts zu finden. Nicht bloß ein Standardnichts. So ein Nichts zum Verzweifeln, ich weiß nicht, wie ich das genau nennen soll …« Jetzt schweigt er. Ich fühle mich unbehaglich mit diesem Schweigen. Wenn wir uns näherstehen würden, könnte ich vielleicht mit ihm zusammen schweigen. Aber nicht bei unserem ersten Treffen. Nicht nach einem solchen Satz.

»Manchmal«, versuche ich offenherzig zurückzugeben, »kommt mir das Leben vor wie eine Falle. Etwas, in das du reingehst, ohne Misstrauen, und dann schnappt es über dir zu. Und wenn du drin bist, in dem Leben, meine ich, dann kannst du nirgendwohin fliehen, außer vielleicht du bringst dich um, was aber auch nicht wirklich entkommen ist, sondern mehr aufgeben. Weißt du, was ich meine?«

»Das ist Kackenfurzscheiß«, sagt Dschouzef. »Echt ein Kackenfurzscheiß, dass du den Film nicht schreibst.« Es hat was total Merkwürdiges, wie er redet. Sogar fluchen tut er nicht wie andere Menschen. Ich weiß nicht, was ich darauf erwidern soll, also schweige ich. »Egal«, sagt er nach einem Moment, »dass du ›nein‹ gesagt hast, wird mir nur eine Chance geben, mich noch mit anderen Leuten zu treffen und Kaffee zu trinken. Das ist schließlich der beste Teil bei diesem ganzen Business. Einen Proofer zu produzieren scheint mir nicht genau meins zu sein.« Offenbar habe ich genickt, denn er reagiert dementsprechend. »Du denkst, ich hab das gewisse Etwas nicht, ha? Dass ich nicht wirklich ein Produzent bin, bloß so einer mit ein bisschen Geld von zu Hause, der viel redet.« Anscheinend nicke ich weiter, nicht mit Absicht, wegen dem Druck, denn jetzt lacht er. »Du hast recht«, sagt er, »oder vielleicht überrasch ich dich ja trotzdem noch. Oder mich selber.« Dschouzef verlangt nach der Rechnung und besteht darauf zu zahlen. »Was sagst du zu unserer Bedienung?«, fragt er, während wir darauf warten, dass sie seine Kreditkarte einlesen. »Kommt's dir so vor, dass sie auch flieht? Vor sich selber, meine ich?« Ich zucke die Achseln. »Und der eine da, der gerade reinkommt, mit dem Mantel? Schau, wie er schwitzt. Der flieht garantiert vor was. Vielleicht machen wir daraus eine Start-up. Statt dem Film – ein Computerprogramm, das Menschen identifiziert, die vor sich selber fliehen, die Schiss davor haben, was sie entdecken könnten. Das könnte der Hit werden.« Ich betrachte den Schwitzenden im Mantel. Das ist das erste Mal in meinem Leben, dass ich einen Selbstmordattentäter sehe.

Nachher, im Krankenhaus, würden mich Korrespondenten ausländischer Sender bitten, ihn zu beschreiben, und ich würde sagen, dass ich mich nicht erinnern kann. Denn es wird mir als etwas irgendwie Persönliches vorkommen, etwas zwischen mir und ihm. Auch Dschouzef wird die Explosion überleben. Ausgerechnet die Bedienung nicht. Was nicht zu ihren Ungunsten spricht. Bei solchen Anschlägen ist der Charakter kein maßgeblicher Faktor. Alles ist letztendlich eine Sache des Winkels und der Entfernung.

»Der, der gerade reingekommen ist, flieht hundertprozentig vor was«, grinst Dschouzef und durchwühlt seine Taschen auf der Suche nach Münzen für ein Trinkgeld. »Vielleicht würde er einverstanden sein, mir den Film zu schreiben oder sich wenigstens auf einen Kaffee zu treffen.« Unsere Bedienung, die nylonverschweißte Speisekarte in der Hand, nähert sich mit den Schritten einer Tänzerin dem Schwitzenden im Mantel.

Das Trauermahl

Das Restaurant beschloss sie schon am Morgen nach dem Begräbnis wieder aufzumachen. Als Itamar das hörte, explodierte er schlicht und einfach. »Gerade vor einer Stunde hast du deinen Mann unter die Erde gebracht und schon brennt's dir unter den Nägeln, den Leuten Tschorba zu verkaufen?«

»Wir haben kein Tschorba auf der Karte, Itamar«, Madscha versuchte in beruhigendem Ton zu sprechen, »und mit Geld hat das überhaupt nichts zu tun. Es hat mit Menschen zu tun. Es ist besser für mich, mit Kunden im Lokal zu sein, als allein daheimzusitzen.«

»Aber du hast doch darauf bestanden, dass wir nicht zusammen Trauer sitzen«, schäumte Itamar, »mit dieser ganzen Nerverei …«

»Das ist keine Nerverei«, protestierte Madscha, »aber Menschen, die ihren Körper der Wissenschaft spenden, für die sitzt man nicht Schive. Das ist eine Tatsache. Auch als der Vater von Horoschovski gestorben ist …«

»Tu mir einen Gefallen, Mama«, schnitt Itamar sie ab, »ohne Horoschovski, ohne die Schiffermanns und ohne Frau Pintschevski aus der Bialik einundzwanzig. Nur wir jetzt, in Ordnung? Kommt dir das normal vor, dass Papa stirbt, und du machst einen Tag nach dem Begräbnis das Lokal auf, als sei alles ganz normal?«

»Ja«, beharrte Madscha, »bei mir im Herzen wird es nicht ganz normal sein, aber für die, die essen – ja. Papa ist vielleicht gestorben, aber das Geschäft lebt.«

»Auch das Geschäft ist schon tot«, zischte Itamar, »kein müder Hund wird zu euch kommen.«

Im Krankenhaus, als man ihr mitteilte, dass Gideon gestorben war, hatte sie nicht geweint. Aber nach dem, was Itamar sagte, schon. Nicht vor ihm natürlich, die ganze Zeit, solange er da war, bewahrte sie Haltung. Doch sowie er draußen war, heulte sie wie ein kleines Kind. Denn es ist so viel leichter, über eine Kränkung zu weinen.

Seit sie an den Atarimplatz umgezogen waren, kamen tatsächlich viel weniger Leute. Sie war von Anfang an gegen diesen Umzug gewesen, doch Gideon hatte gesagt, es sei »eine einmalige Gelegenheit«. Und seitdem hatte sie ihn jedes Mal, wenn sie sich stritten, daran erinnert, an diese »einmalige Gelegenheit«, aber jetzt, wo er tot war, gab es niemanden mehr, den man daran erinnern hätte können.

Sie und der Thai saßen in dem leeren Restaurant, ohne ein Wort zu wechseln. Der Thai hatte Gideon sehr geliebt. Gideon hatte Geduld für ihn gehabt. Er konnte ihm stundenlang erklären, wie man Tscholent und Gefilte Fisch machte, und jedes Mal wenn der Thai etwas ruinierte und ihr der alte polnische Fluch »psa krew cholera« entfuhr, beeilte sich Gideon hinzuzusetzen, »never mind, never mind«.

Wenn bis drei keine Kunden kämen, dachte sie, würde sie zumachen. Nicht nur für heute. Für immer. Zu zweit im Geschäft war es etwas anderes. Wenn es Stress gab, dann war jemand da zum Helfen, und wenn es keinen gab, war wenigstens jemand zum Reden da.

»You okay?«, fragte der Thai, und Madscha nickte und bemühte sich um ein Lächeln. Vielleicht sogar schon vor drei, sie würde einfach alles absperren und gehen.

Es waren knapp an die zwanzig, und noch während sie an der Tür standen und die Speisekarte begutachteten, die draußen aushing, wusste sie, das würde ein Chaos geben. Der, der als Erster hereinkam, war riesig, über einen Kopf größer als sie, mit silberweißem Haar und Augenbrauen wie ein Teppichfell. »Ist offen?«, fragte er, und sie zögerte einen Augenblick, doch bevor sie dazukam zu antworten, war das Lokal schon voll mit lilagolden lackierten Fingernägeln, mit dem scharfen Geruch nach Wodka und kreischenden Kindern. Sie und der Thai rückten ein paar Tische zusammen, und als sie mit den Speisekarten kam, sagte der Große zu ihr: »Ist jetzt nicht nötig, gute Frau, braucht es nicht. Nur bitte für alle einen Teller und Messer und Gabel.«

Erst als sie und der Thai die Teller aufdeckten, fielen ihr die Proviantkörbe auf. Sie holten Essen und Flaschen heraus und begannen, völlig ungeniert, die Teller zu füllen. Wenn Gideon noch am Leben gewesen wäre, hätte er sie zum Teufel gejagt, doch sie hatte nicht einmal die Energie, auch nur irgendwas zu sagen. »Jetzt kommen Sie, setzt euch zu uns und esst«, befahl der Große, und Madscha bedeutete dem Thai, zu ihnen an den Tisch zu kommen, und setzte sich lustlos dazu. »Trinken Sie, mein Dame«, sagte der Große, »trinken Sie«, und füllte ihr Glas mit Wodka, »heute ist ein besonderer Tag.« Als sie ihn fragend anblickte, fügte er augenzwinkernd hinzu: »Heute ist der Tag, an dem wir das Lokal von Ihnen und einem chinesischen Freund entdecken. Warum tun Sie nicht essen?«

Das Essen, das sie mitgebracht hatten, schmeckte gut, und nach einem Gläschen machte Madscha ihre Unverfrorenheit schon nichts mehr aus. Auch wenn sie nichts bestellten und das ganze Geschirr schmutzig machten, war sie froh darüber, dass sie gekommen waren und alles mit ihrem Geschrei und Gelächter erfüllten. So musste sie wenigstens nicht allein bleiben. Sie tranken auf ihr Wohl, auf das Wohl des Geschäfts und sogar auf das Wohl Gideons, von dem ihnen Madscha erzählte, er sei zurzeit im Ausland auf Geschäftsreise. Danach tranken sie auf das Wohl von Gideons Geschäften im Ausland, auf das Wohl von Josef, wie der Thai hieß, und das Wohl seiner Familie und anschließend auf das Wohl des Staates. Und Madscha, die schon ein wenig beschwipst war, versuchte sich zu entsinnen, wie viele Jahre schon vergangen waren, seitdem sie zum letzten Mal auf das Wohl des Staates angestoßen hatte.

Nachdem sie die Proviantkörbe gänzlich geleert hatten, fragte sie der Große, was sie von ihrem Essen halte, und Madscha erwiderte, es sei ausgezeichnet. »Sehr schön«, lächelte der Große, »freut mich. Und jetzt bitte die Speisekarte vom Lokal.« Im ersten Moment begriff Madscha gar nicht, was er wollte, vielleicht wegen des Wodkas, aber der Große beeilte sich zu erklären: »Sie sind mit uns zusammengesessen und haben unser Essen gegessen. Jetzt ist es Zeit, dass wir bei Ihnen sitzen und Ihr Essen essen.«

Sie bestellten von der Karte wie nichts und aßen gierig. Salate, Suppen, Fleisch und hinterher sogar noch einen

Nachtisch. Wenn sie gewusst hätte, dass sie bestellen würden, hätte sie nicht so viel getrunken. Doch trotz des Alkohols, vielleicht im Grunde sogar wegen ihm, ging die Arbeit in der Küche entspannt und leicht von der Hand. Sogar Josef, der noch betrunkener zu sein schien als sie, verpfuschte nichts. »Ihr Essen schmeckt gut, meine Dame«, sagte der Große, als er die Geldbörse zückte, um zu bezahlen. »Sehr gut. Sogar besser als unsres.« Und als er die Scheine fertig gezählt hatte und sie auf den Tisch legte, fügte er hinzu: »Ihr Mann, wann kommt er aus dem Ausland zurück?« Madscha zögerte einen Moment, bevor sie antwortete, und dann sagte sie, das sei noch nicht klar, alles hänge von seinen Geschäften dort ab. »Ist weggefahren und hat die Frau einfach so alleingelassen?«, der Große schnalzte leicht vorwurfsvoll und bekümmert mit der Zunge, »das ist nicht in Ordnung.« Und Madscha, die eigentlich sagen wollte, das sei schon in Ordnung, alles sei in Ordnung, wirklich, und sie komme auch so sehr gut zurecht, ertappte sich dabei, dass sie zustimmend nickte und lächelte, als glänzten ihre Augen nicht vor Tränen.

Mehr Leben

Hört euch eine verrückte Geschichte an. Eineiige Zwillingsbrüder aus Jacksonville, Florida, lernten eineiige Zwillingsschwestern aus Daytona kennen, was auch in Florida liegt und nach amerikanischen Begriffen nicht besonders weit weg ist. Sie lernten sich übers Internet kennen. Das heißt, am Anfang lernte sich nur ein Pärchen kennen, Todd und Nicki, und als Todd Nicki zum Essen nach Hause mitbrachte, war sein Zwillingsbruder Adam richtig Feuer und Flamme. Und da erzählte ihm Todd, dass sie eine Schwester hatte. Nicht bloß so eben eine Schwester, eine eineiige Zwillingsschwester. Todd und Nicki arrangierten dieses Blind Date. Obwohl es fast ein bisschen schwerfällt, das ein Blind Date zu nennen, da sowohl Adam als auch Michelle haargenau wussten, wie die zweite Seite aussehen würde. Und um die Befangenheit abzumildern, machten sie ein Doppeldate aus dieser Verabredung und gingen zu viert einen Film in einem Drive-in anschauen. Und in welchen Film gingen sie? Nein, nicht in »Twins« mit Schwarzenegger und DeVito. Sie sahen sich »Gefährliche Liebschaften« an. Stellt euch das vor. Und trotzdem war das Date ein Erfolg. Die Zwillingsschwestern hatten sich extra die Mühe gemacht, Kleider in unterschiedlichen Farben anzuziehen, damit sie leichter voneinander zu unterscheiden waren. Die Zwillingsbrüder kamen in Jeans und weißen T-Shirts und sahen bis aufs i-Tüpfelchen gleich aus. Nach dem Film gingen sie in einen Diner, und in irgendeinem peinlichen Augenblick, an den sie sich noch Jahre danach erinnern würde, küsste Nicki aus Versehen Adam, weil sie dachte, er sei Todd.

Wenn ihr einen Partner oder eine Partnerin trefft und verliebt seid, was ist die stärkste Empfindung, die ihr habt? Ich weiß ja nicht, wie das bei euch ist, aber in diesen Augenblicken verspüre ich immer das Gefühl, dass ich mit jemandem zusammen bin, den es nur einmal auf der Welt gibt. Doch als sich Michelle und Adam in dem Diner gegenübersaßen, was genau fühlten sie da? Dass es auf dieser Welt niemand wie Adam gab? Dass es keine an diesem Tisch gab wie Michelle? Was auch immer, am Schluss endete es mit Heiraten. Obwohl, das ist eigentlich nicht exakt. Am Schluss endete es mit Mord, aber irgendwo in der Mitte durchlief es das Heiratsstadium.

Michelle und Adam heirateten ein Jahr, nachdem Todd Nicki den Ring an den Finger gesteckt hatte. Eineiige Zwillingsschwestern, die mit eineiigen Zwillingsbrüdern verheiratet waren – ich weiß nicht, ob so etwas in der Geschichte schon jemals vorgekommen ist. Nicht nur in der von Florida, in der ganzen Welt. Es war so außerordentlich, dass sie sogar von irgendeiner Talkshow auf sie zukamen, und sagt jetzt bloß nicht, von einem Lokalsender, es war was Überregionales von CBS, doch Michelle sagte nein, denn sie behauptete, sie würde sich dort wie irgend so eine Frau mit Bart in einem Zirkus fühlen. »Sie bringen uns ja nicht wegen irgendwas, das wir gemacht haben«, versuchte sie Adam zu erklären, »sie bringen uns nur deswegen, weil ihnen das sonderbar vorkommt. Sie würden garantiert zu uns sagen, wir sollen das Gleiche anziehen, und dann anfangen, Nicki und mich zu fragen, warum wir die gleiche Frisur tragen. Und auch wenn wir versuchen würden, ihnen zu erklären, dass das deswegen ist, weil das die Frisur ist, die uns am besten steht, würde das abartig ankommen. Und der Moderator würde uns bestimmt mit lauter solchen kleinen Witzchen piesacken, die uns blöd dastehen lassen. Und das Publikum daheim würde lachen, und du und Todd würdet lachen, denn du und Todd, ihr lacht über alles, und bloß ich würde nicht wissen, wo ich mich vergraben soll. Verstehst du?«

Adam verstand es nicht. Er wäre geradezu versessen darauf gewesen, für diese Sendung gefilmt zu werden. Er war noch nie im Fernsehen gewesen und wusste, dass die Kameraden in der Arbeit ihm ein Meer von Respekt zollen würden, wenn sie ihn in einer populären Talkshow sähen. Auch die Kunden. Das hätte für ihn ein echtes Stück Erfahrung sein können, doch er versuchte nicht einmal, darüber zu diskutieren. Denn bei Michelle, wenn sie erst mal etwas beschlossen hatte, hatte das überhaupt keinen Sinn, sie hörte sowieso auf niemanden. Am Ende kam Adam allerdings doch noch dazu, im Fernsehen aufzutreten, und nicht bloß so, zur besten Sendezeit und auf dem ganzen Kontinent. Er selbst wurde nicht ins Studio eingeladen, doch ganz Amerika sah ihn in nostalgischem Schwarzweiß einen Basketball dribbeln, in seiner Highschooluniform von Jacksonville. Und genau in dem Augenblick, in dem er lächelnd in die Kamera winkte, konnte man Todd aus dem Nichts ins Bild schießen sehen, der sich den Ball schnappte und ihn in den Korb warf. »Schon damals«, sagte der Moderator im Studio, »war die Rivalität zwischen ihnen zu spüren.« Was nicht hieß, dass irgendeine Rivalität zwischen ihnen bestanden hätte, doch so ist das eben im Fernsehen.

In Wirklichkeit hatten Adam und Todd eine ausgezeichnete Beziehung zueinander. Überhaupt, die beiden Paare kamen wunderbar miteinander aus. Sie wohnten nicht weit voneinander, und an den Wochenenden gingen sie zusammen aus. Und als sie anfingen, von Kindern zu reden, planten sie sogar, sie ungefähr zur gleichen Zeit auf die Welt zu bringen, damit sie nicht allein aufwachsen würden. Und diese Pläne hätten sich sicher auch verwirklicht, wäre nicht passiert, was passierte. Nicht dass jemand Verdacht geschöpft hätte. Ganz ehrlich? Im Nachhinein ist es schwer, so etwas zu argwöhnen. Auch wenn einer der Nachbarn versehentlich mal mitbekam, wie sich Nicki und Adam auf der Straße oder der Terrasse küssten, dachte er garantiert, es sei eben Todd, oder sie sei Michelle. Und so zog sich ihre Liebesaffäre über ein Jahr hin. Zu irgendeinem Zeitpunkt dachten sie sogar daran, alles auffliegen zu lassen, es der ganzen Welt zu erzählen, sich scheiden zu lassen und einander zu heiraten. Aber Nicki wusste, das würde Michelle umbringen, und auch Adam hatte ein bisschen Mitleid mit ihr, sogar mit Todd, der, auch wenn er Adam öfter verletzt hatte, ihn doch immer geliebt und sein Bestes gewollt hatte. Später kam auch der Moment, in dem Nicki vorschlug, damit Schluss zu machen. Das war, als sie anfing, den Verdacht zu hegen, dass Todd dahintergekommen war. Es war nichts Spezifisches, aber sie hatte so ein Gefühl. Sie hörten tatsächlich für einige Wochen auf sich zu treffen, aber danach fingen sie wieder an, denn es stellte sich heraus, dass nicht zusammen zu sein für sie beide unmöglich war.

Als ich Nicki kennenlernte, war das schon ein paar gute Jahre, nachdem diese ganze Affäre ein böses Ende gefunden hatte. Adam war damals tot, und Todd saß dafür bereits für lange Zeit im Gefängnis. Michelle hatte kein Wort mehr mit ihr geredet, seit die ganze Geschichte aufgeflogen war. In ihrem Fall war das an dem Tag, an dem Todd drei Kugeln aus null Distanz in Adams Kopf feuerte. Gut, Michelle war noch nie unbedingt eine, die verzieh. Ich war damals als Gastdozent an irgendeiner kleinen Universität im Mittleren Westen eingeladen. Nicki war die Sekretärin der Abteilung. Ihre Geschichte hörte ich zum ersten Mal von einem anderen Dozenten im Fachbereich, auch ein Gast, aus Slowenien, und danach von ihr. Das war, noch bevor wir zusammen schliefen.

Sie sagte, dass sie Florida verlassen hatte, um von dem Ganzen wegzukommen, doch es habe nichts geholfen, denn auch hier wüssten alle Bescheid und redeten hinter ihrem Rücken darüber. Sie erzählte, das sie sich auf äußerst merkwürdige Weise, »pervers«, wie ihre Schwester Michelle das sicher genannt hätte, schrecklich nach diesem ganzen Zwillingsding sehnte. Danach, dass die Leute sie und Michelle auf der Straße verwechselten. »Irgendwie«, so erinnere ich mich, dass sie mir damals erzählte, ganz kurz bevor wir uns küssten, »fühlst du dich mehr, wenn du eine eineiige Zwillingsschwester hast. Als ob du mehr als ein Mensch bist und außer deinem Leben noch ein Leben hättest. Allein schon dass jemand zu dir sagt, ›Ich hab dich vor einer Stunde gesehen, wie du Vanilleeis gegessen hast‹, oder ›Ich hab dich mit einem rosa Kleid an der Bushaltestelle gesehen‹, da kannst du zwar, wenn du willst, erklären, dass das deine Schwester war, aber irgendwo hast du das Gefühl, dass das ein bisschen du bist, die das Eis gegessen und das rosa Kleid angehabt hat, und das ist so ein merkwürdiges Gefühl, als ob du mehr als ein Leben lebst und in diesem erweiterten Leben noch alle möglichen geheimnisvollen Dinge tust, die du nie erfahren wirst.« Nicht nur danach sehnte sie sich. Auch nach ihrem Mann und hauptsächlich nach Adam. Ein Mensch, der genau, aber auch echt haargenau wie ihr Mann aussah, der jetzt im Gefängnis saß, und den sie ohne jeden Grund viel mehr geliebt hatte.

In jener Nacht erzählte ich ihr auch von meinem Leben. Und von meinen Seitensprüngen. Nicht mit einer Zwillingsschwester meiner Frau, bloß mit einer aus der Arbeit. Sie war jünger als meine Frau und weitaus weniger attraktiv, aber auch ich hatte damals genau dieses Gefühl wie Nicki, dass ich für mich selber noch ein Leben dazugewann. Nicht unbedingt ein erfolgreicheres oder vielversprechenderes als das, das ich schon hatte. Aber weil ich dachte, dass dieses Leben zusätzlich und nicht stattdessen daherkam, verschlang ich es, ohne eine Sekunde zu zögern. In meinem Fall erschoss niemand irgendjemanden, und meine Frau, obwohl sie etwas argwöhnte, erwischte uns nicht einmal. Ich und sie blieben zusammen. Nur dass ich, wie bei all diesen Dingen im Leben, von denen du glaubst, sie seien umsonst, auch für diese Affäre in der

Arbeit ein bisschen bezahlen musste. Als man mir diesen Job für ein Jahr im Ausland anbot, zog sie es vor, in Israel zu bleiben. Die offizielle Begründung waren die Kinder, dass ihnen dieser Umzug für ein Jahr schwerfallen würde, aber die Wahrheit ist, dass es ihr einfach passte, ein bisschen fern von mir zu sein.

Als ich Nicki kennenlernte, war das schon lange, nachdem ich mir selbst versprochen hatte, nie mehr fremdzugehen. Und trotzdem tat ich es. Und es ist nicht so, dass es eine große Liebe gewesen wäre. Es war bloß noch ein Versuch von uns beiden, ein bisschen mehr Leben zu gewinnen.

Paralleluniversen

Es gibt eine wissenschaftliche Theorie, die postuliert, es gäbe noch Milliarden anderer Universen parallel zu dem, in dem wir leben, und jedes sei ein bisschen anders. Es gibt solche, in denen du nie geboren worden bist, und andere, in denen du nicht geboren sein wolltest. Es gibt Paralleluniversen, in denen ich gerade Geschlechtsverkehr mit einem Pferd betreibe, es gibt welche, in denen habe ich den großen Preis im Lotto gewonnen. Solche, in denen ich langsam verblutend auf dem Schlafzimmerboden liege, und welche, in denen ich mit Stimmenmajorität in das Amt des Staatspräsidenten gewählt worden bin. Aber diese Paralleluniversen interessieren mich jetzt allesamt nicht. Es interessieren mich nur die, in denen sie nicht glücklich verheiratet ist, mit einem niedlichen kleinen Kind. In denen sie völlig allein ist. Es gibt eine Menge solcher Universen, da bin ich mir sicher. An die versuche ich jetzt zu denken. Unter diesen ganzen Universen gibt es welche, in denen wir uns nie begegnet sind. Auch die interessieren mich momentan nicht. Unter denen, die übrig bleiben, sind solche, in denen sie mich nicht will. Wo sie nein zu mir sagt. In einigen auf schonende Art, in anderen in verletzender Form. Sie interessieren mich alle nicht. Damit bleiben nur noch die übrig, in denen sie ja zu mir sagt, und ich wähle eins davon aus, ein bisschen so wie man eine

Frucht im Gemüseladen aussucht. Am schönsten, am reifsten und am süßesten. Es ist ein Universum mit perfektem Wetter. Nie zu heiß oder zu kalt, und wir leben darin in einer kleinen Hütte im Wald. Sie arbeitet in der städtischen Bücherei, vierzig Minuten Fahrt von unserem Häuschen, und ich arbeite im Bildungssektor des Gemeinderats in einem Gebäude gegenüber dem, wo sie arbeitet. Vom Fenster meines Büros aus kann man sie manchmal sehen, wie sie Bücher in die Regale zurückstellt. Mittags essen wir immer zusammen. Und ich liebe sie, und sie liebt mich. Und ich liebe sie und sie mich. Und ich liebe sie und sie mich. Ich würde alles dafür geben, in dieses Universum umzuziehen, aber einstweilen, bis ich den Weg gefunden habe, bleibt mir nichts anderes übrig, als daran zu denken, was auch nicht grade wenig ist. An dieses Ich zu denken, das dort mitten im Wald lebt, mit ihr, in vollkommenem Glück. Es gibt endlos viele Paralleluniversen auf der Welt. In einem davon betreibe ich jetzt Geschlechtsverkehr mit einem Pferd, in einem habe ich den großen Preis im Lotto gewonnen. An die will ich jetzt nicht denken, nur an das eine, an dieses Universum mit dem Haus im Wald. Es gibt ein Universum, in dem ich mit aufgeschnittenen Adern verblutend auf dem Schlafzimmerboden liege. Das ist das Universum, in dem ich dazu verurteilt bin zu leben, bis es zu Ende ist. An das will ich jetzt nicht denken. Nur an dieses eine. Ein Haus im Wald, Sonnenuntergang, früh schlafen gehen. Im Bett, mein rechter Arm ist unversehrt und trocken, liegt sie auf mir, und wir umarmen uns. Sie liegt so lange auf mir, dass ich allmählich aufhöre, sie zu spüren. Aber ich rühre mich nicht, ich fühle mich wohl so, mit dem Arm unter ihrem warmen Körper, und ich fühle mich weiter wohl, auch als ich ganz aufhöre, meinen Arm überhaupt noch zu spüren. Ich fühle ihren Atem auf meinem Gesicht, regelmäßig, stetig, nicht endend. Meine Augen fangen jetzt an sich zu schließen. Nicht nur in jenem Universum im Bett, im Wald, auch in anderen Universen, an die ich jetzt nicht denken will. Ich fühle mich wohl in dem Wissen, dass es einen Ort gibt, im Herzen eines Waldes, an dem ich jetzt glücklich einschlafe.

Aufwertung

Ich rede zu viel. Manchmal tritt dieser Moment ein, in dem ich rede und rede und rede, und mitten im Reden fällt mir auf, dass der Mensch neben mir schon gar nicht mehr zuhört. Er fährt fort zu nicken, aber seine Augen sind völlig glasig. Er denkt an etwas anderes, etwas Besseres als das, was ich zu sagen habe. Ich könnte dieser Wahrnehmung natürlich widersprechen. Ich kann in allem anderer Meinung sein. Meine Frau behauptet, ich sei imstande, mit einer Tischlampe zu diskutieren. Ich könnte, doch es hat keinen Sinn. Der Mensch hört mir nicht mehr zu. Er ist in einer anderen Welt. Einer besseren, wenigstens seiner Meinung nach. Und ich? Ich fahre fort zu reden und zu reden und zu reden. Wie ein Auto, dessen Handbremse angezogen ist, dessen Räder blockiert sind, und das trotzdem auf der Fahrbahn weiterschlittert. Ich würde gerne aufhören zu reden, aber die Wörter, die Sätze, die Ideen haben die Trägheit der Masse in sich. Man kann sie nicht einfach auf der Stelle anhalten, die Lippen verschließen und aufhören, sie zu sagen, bloß so, mitten im Satz. Es gibt Menschen, die sind in der Lage, das zu tun, ich weiß. Hauptsächlich Frauen. Wenn sie das machen, löst das bei demjenigen, der sich neben ihnen befindet, Schuldgefühle aus, bringt ihn dazu, sich nach vorn beugen, sie umarmen und sagen zu wollen: »Tut mir leid.«

Zu sagen: »Ich liebe dich.« Ich wäre bereit, auf ein Auge zu verzichten, um dazu fähig zu sein, das zu tun, dieses Anhalten. Ich würde es sehr sehr gut nutzen. Ich würde bei den lohnendsten Mädchen zu reden aufhören, und sie würden mich umarmen, zu mir sagen wollen: »Ich liebe dich.« Und auch wenn sie es am Ende nicht tun würden, allein die Tatsache, dass sie es wollten, wäre schon was wert. Eine Menge.

An jenem Tag schaffe ich es nicht, bei einem Mann aufzuhören zu reden, der Mikel heißt. Er ist Graphikdesigner einer orthodoxen Zeitung in Brooklyn und von New York nach Louisville, Kentucky, geflogen, um mit seinem Onkel zum Fest in der Laubhütte zu sitzen. Er steht diesem Onkel nicht wirklich nahe und ist nicht gerade hin und weg von Louisville, aber der Onkel hat ihm das Ticket als Geschenk geschickt, und Mikel ist geil auf die Bonuspunkte für Vielflieger, die er für den Flug erhält. Er macht eine Reise nach Australien in ein paar Monaten, und zusammen mit den Punkten für den Flug nach Louisville reicht das für eine Aufstockung zur Businessklasse. Bei langen Flügen, sagt Mikel zu mir, ist der Unterschied zwischen Business und Touristenklasse wie Tag und Nacht. Was ist dir lieber?, frage ich. Tag oder Nacht? Denn ich bin normalerweise ein Nachttyp, aber auch der Tag hat was, so was Spezielles, Strahlendes. In der Nacht ist es stiller und kühler, und das ist eine gravierende Überlegung, zumindest für mich, wo ich in einem heißen Land wohne. Aber in der Nacht kann man sich auch einsamer fühlen, wenn niemand bei dir ist, wenn du verstehst, was ich meine.

Tu ich nicht, sagt Mikel. Seine Stimme klingt hart.

Ich bin kein Homo, sage ich zu ihm, denn ich kriege mit, dass ich ihn in Stress gebracht habe. Ich weiß, dass sich dieses ganze Gerede von Einsamkeit und Nacht wie das Geschwafel von einem Homo anhört, aber ich bin keiner. In all den dreißig und noch was Jahren, die ich schon lebe, habe ich nur ein einziges Mal einen Mann auf den Mund geküsst, und auch das war halb aus Versehen. Ich war in der Armee, und da war ein Soldat dabei, der hieß Zlil Drucker, und er brachte Haschisch in die Basis mit und bot mir etwas zu rauchen an. Er fragte mich, ob ich schon mal geraucht hätte, und ich sagte, ja. Ich hatte nicht vor zu lügen, aber ich habe einfach so eine Eigenschaft, dass ich, wenn man mich was fragt und ich unter Druck bin, immer ja sage. Um gefällig zu sein. Diese Unart kann mir noch mal im großen Stil Schwierigkeiten einhandeln. Stellt euch mal vor, ein Polizist kommt ins Zimmer, sieht mich neben einer Leiche und fragt: Hast du ihn ermordet? Das kann übel ausgehen. Der Polizist könnte, mal angenommen, auch fragen: Bist du unschuldig? Dann komm ich gut dabei weg. Aber unter uns, welche Chance besteht, dass dich ein Polizist so was fragt? Wir haben zusammen geraucht, und es war echt ein total besonderes Gefühl. Die Droge hat mir schlicht den Mund verschlossen. Ich musste nicht mehr reden, um zu sein. Und Zlil sagte, dass ein Jahr vergangen sei, seit er sich von seiner Freundin getrennt habe. Dass ein Jahr vergangen sei, seit er eine Frau geküsst habe. Ich erinnere mich, dass er dieses Wort benutzte, »Frau«. Ich sagte zu ihm, dass ich noch nie eine Frau geküsst hatte. Oder ein Mädchen. Oder ein Kind. Auf den Mund war gemeint. Auf die Wange hatte ich eine ganze Menge geküsst. Tanten und Derartiges. Und Zlil schaute mich an und sagte nichts, aber ich sah, dass er überrascht war. Und dann, ganz plötzlich, haben wir uns geküsst. Seine Zunge war rau und säuerlich, wie der Rost auf dem Geländer an der Promenade. Ich erinnere mich, dass ich damals dachte, alle Zungen und Küsse, die ich im Leben haben würde, würden sich so anfühlen. Dass ich bis zu diesem Tag niemanden geküsst hatte – eigentlich hatte ich da überhaupt nichts versäumt. Und Zlil sagte: »Ich bin kein Homo«, und ich lachte und sagte: »Aber du hast einen Namen wie ein Homo.« Und das war's, im Wesentlichen. Acht Jahre später traf ich ihn in irgendeiner Humusbude, und als ich ihn mit Zlil ansprach, sagte er mir, er heiße nicht mehr so, er habe seinen Namen im Innenministerium zu Zachi geändert. Ich hoffe, das war nicht wegen mir.

Mikel, der neben mir sitzt, hört mir schon längst nicht mehr zu. Am Anfang habe ich gedacht, er fühle sich unter Druck, weil er dachte, dass ich ihn anmachen will, danach fing ich an ihn zu verdächtigen, dass er eigentlich schon ein Homo ist und ihn meine Geschichte beleidigt hat, die ja quasi besagt, dass Küssen mit Männern eklig ist. Doch als ich ihm in die Augen schaue, sehe ich weder Beleidigung noch Bedrängnis darin, einfach nur viele Flugpunkte, die sich zu einer Aufwertung anhäufen, zu liebenswürdigeren Stewardessen, zu besserem Kaffee, zu mehr Beinfreiheit. Und als ich das sehe, fühle ich mich schuldig. Das ist nicht das erste Mal, dass ich das in den Augen von Menschen sehe, mit denen ich rede – nicht das mit der Beinfreiheit, sondern dass sie nicht mehr zuhören, dass sie an was anderes denken. Und immer fühle ich mich schuldig. Meine Frau sagt, das bräuchte ich nicht. Dass ich so viel rede, sei ein Hilferuf. Dass es egal ist, welche Worte aus meinem Mund kommen, was ich in Wahrheit in jenem Augenblick sagen würde, das sei »Hilfe«. Denk mal drüber nach, sagt sie, du schreist »Hilfe«, und sie denken inzwischen an was anderes. Wenn sich jemand unbehaglich zu fühlen hat, sind das sie, nicht du. Die Zunge meiner Frau ist weich und angenehm. Ihre Zunge ist der beste Platz auf Erden. Wenn sie ein bisschen breiter und länger wäre, würde ich auf sie umziehen. Mich in sie einrollen wie ein Stück Fisch in Reis. Wenn ich daran denke, mit welcher Zunge ich zu küssen angefangen habe und bis wohin ich gekommen bin – man könnte glatt sagen, ich hab was aus meinem Leben gemacht. Dass ich auch eine ganz schöne Aufwertung hinter mir habe. Die Wahrheit ist, dass ich nie in der Businessklasse geflogen bin, aber wenn der Unterschied zwischen ihr und der Touristenklasse wie der zwischen der Zunge meiner Frau und der von Zachi-Zlil Drucker ist, dann wäre ich gern bereit, eine Woche in der gedörrtesten Laubhütte der Welt mit dem holzköpfigsten Onkel auf Erden zu sitzen, um eine solche Aufwertung zu erreichen.

Die Durchsage kommt, dass wir demnächst landen. Ich rede weiter. Mikel hört weiter nicht zu. Der Erdball dreht sich weiter um seine Achse. Noch vier Tage, meine Liebste. In vier Tagen kehre ich zu dir zurück. Noch vier Tage und ich kann wieder schweigen.

Die Guajave

Das Geräusch der Flugzeugmotoren war nicht zu hören. Nichts war zu hören. Außer vielleicht dem leisen Weinen der Stewardessen ein paar Sitze weiter hinter ihm. Durch das elliptische Fenster schaute Schakedi auf eine Wolke, die direkt unter ihm schwebte. Er stellte sich das Flugzeug vor, wie es wie ein Stein hindurchfiel, ein riesiges Loch hineinbohrte, das sich gleich beim ersten Wind schließen und nicht einmal eine Narbe hinterlassen würde. »Bloß nicht fallen«, dachte Schakedi, »bloß nicht fallen.«

Vierzig Sekunden bevor es mit Schakedi vorbei war, tauchte ein ganz in Weiß gekleideter Engel auf und erzählte ihm, dass ihm ein letzter Wunsch in seinem Leben vergönnt sei. Schakedi versuchte zu klären, was genau »vergönnt« hieß. Ob es sich um eine Art Gewinn wie bei einer Verlosung handelte oder um etwas, das eine Spur schmeichelhafter war: »vergönnt« im Sinne von verdient, als Preis für seine guten Taten. Der Engel zuckte mit den Flügeln. »Weiß ich nicht«, bekannte er mit glasklar engelhafter Aufrichtigkeit. »Man hat mir gesagt, ich soll kommen und schnell machen, sie haben nicht gesagt, warum.«

»Schade«, sagte Schakedi, »denn gerade das wäre schon hyperinteressant. Besonders jetzt, wo ich im Begriff bin, diese Welt und das alles zu verlassen, wäre es mir echt wichtig zu wissen, ob ich sie schlicht als Glückspilz verlasse oder mit irgendeinem Schulterklopfen.«

»Vierzig Sekunden und du pustest deine Seele aus«, versetzte der Engel mit gleichmütiger Stimme, »wenn du das in diesen vierzig durchhecheln willst, geht das von mir aus in Ordnung. Voll. Du solltest dir bloß einverleiben, dass dein Fenster der Gelegenheiten immer mehr zugeht.«

Schakedi verleibte es sich ein und bat schleunigst um etwas. Allerdings nicht bevor er sich die Mühe gemacht hatte, zu dem Engel zu bemerken, dass er eine eigenartige Ausdrucksweise habe, das heißt, so verhältnismäßig, für einen Engel. Der Engel war beleidigt. »Was soll das heißen, für einen Engel? Hast du in deinem Leben schon mal einen Engel reden gehört, dass du mir so was hinrotzt?«

»Nein«, gab Schakedi zu. Der Engel wirkte auf einmal viel weniger engelhaft und nett, was aber noch gar nichts dagegen war, wie er aussah, nachdem er den Wunsch vernommen hatte.

»Weltfrieden?!«, schrie er wütend. »Weltweiter Frieden? Du machst wohl Witze mit mir!«

Und da starb Schakedi.

Schakedi war tot, und der Engel blieb. Blieb mit dem schwersten und kompliziertesten Wunsch zurück, den zu verwirklichen er jemals gebeten worden war. Die meisten Menschen wünschen sich ein neues Auto für die Frau, eine Wohnung fürs Kind. Plausible Dinge. Punktuelle. Aber Weltfrieden, das war ein tonnenschwerer Fall. Zuerst quälte ihn der Kerl mit Fragen, als sei er die Auskunft persönlich, danach beleidigte er ihn damit, dass er eigenartig rede, und zum Nachtisch würgte er ihm Weltfrieden rein. Wenn er nicht schon seine Seele ausgehaucht hätte, der Engel hätte sich wie ein Herpes an ihn drangeklebt, hätte nicht lockergelassen, bis er den Wunsch geändert hätte. Aber der Kerl hatte seine Seele schon ins siebte Firmament expediert, und da geh mal einer hin und such ihn.

Der Engel nahm einen langen Atemzug. »Bloß Weltfrieden«, murmelte er vor sich hin. »Bloß Weltfrieden.«

Und während all das geschah, hatte es Schakedis Seele bereits geschafft zu vergessen, dass sie einmal jemand namens Schakedi gewesen war, und sie reinkarnierte, rein und geläutert, zweiter Hand so gut wie neu, in einer Frucht. Ja, eine Frucht. Eine Guajave.

Die neue Seele hatte keine Gedanken. Eine Guajave hat keine Gedanken. Aber sie fühlte. Verspürte grauenerregende, entsetzliche Angst. Sie hatte Angst, vom Baum zu fallen. Sie hatte keine Worte, um diese Angst zu beschreiben. Aber hätte sie welche gehabt, wäre das garantiert etwas im Stil von »Mamilein, bloß nicht fallen« gewesen. Und während sie an dem Baum hing und sich fürchtete, begann auf der Welt Frieden zu herrschen. Die Menschen schmiedeten ihre Schwerter zu Pflugscharen um, und Atomreaktoren wurden flink und klug zu Friedenszwecken umgemodelt. Doch all das beruhigte die Guajave in keinster Weise. Denn der Baum war hoch, und die Erde schien fern und schmerzhaft. Bloß nicht fallen, bangte die Guajave wortlos, bloß nicht fallen.

Das Überraschungsfest

Drei Leute warten an einer Tür mit Intercom-Anlage. Ein merkwürdiger Augenblick. Um es treffender zu sagen, ein unbeholfener, unbehaglicher Augenblick.

»Auch zu Avners Geburtstag?«, fragt einer von ihnen mit ergrautem Schnurrbart den, der auf die Summertaste gedrückt hat. Der gedrückt hat, nickt. Auch der dritte, ein Großer mit einem Pflaster auf der Nase, nickt. »Wallah«, knetet sich der Schnurrbärtige mit nervöser Bewegung den Hals, »sind Sie Freunde von ihm?« Beide nicken. Eine weibliche Stimme quäkt aus der Sprechanlage:

»Kommen Sie rauf, kommen Sie rauf, einundzwanzigste Etage.« Und danach – das Summen, das die Tür aufgehen lässt. Im Aufzug gibt es nur einundzwanzig Stockwerke. Unser Avner wohnt im Penthouse. Auf dem Weg nach oben bekennt der Schnurrbärtige, dass er ihn nicht wirklich kennt. Er ist einfach der Leiter der Bankfiliale in Ramat Aviv, wo Avner und Pnina Kamzan ein Konto haben. Er hat sie nie persönlich getroffen, hat die Filiale erst vor zwei Monaten übernommen, hat davor eine andere Zweigstelle, eine kleinere, geführt, in Ra'anana. Deshalb war er überrascht, als Pnina anrief, um ihn zu diesem Fest einzuladen, aber sie bestand darauf, sagte, Avner würde sich sehr freuen. Auch der mit dem Nasenpflaster ist, wie sich herausstellt, nicht wirklich ein enger Freund. Er ist der Versicherungsagent des Ehemanns, hat ihn bloß ein paarmal getroffen. Und auch das ist schon geraume Zeit her. In den letzten Jahren haben sie alles über E-Mails erledigt. Der, der auf die Summertaste gedrückt hat, gutaussehend trotz zusammengewachsener Augenbrauen, kennt sie am besten. Er ist ihr Zahnarzt. Er hat Pnina vier Löcher plombiert und ihr auch eine Krone an einem der Backenzähne gemacht, und bei Avner war er gezwungen, zwei Zähne zu ziehen plus eine Füllung und eine Wurzelbehandlung vorzunehmen, doch es lässt sich nur schwerlich sagen, dass er ein Freund ist. »Merkwürdig, dass sie uns eingeladen hat«, sagt der Schnurrbärtige.

»Es ist sicher ein großes Ereignis«, stellt der mit dem Pflaster fest.

»Ich hatte schon daran gedacht, nicht zu kommen«, beichtet der mit den zusammengewachsenen Augenbrauen, »aber Pnina ist so empfindlich.«

»Ist sie hübsch?«, fragt der Schnurrbärtige. Das ist keine Frage, die ein Bankfilialleiter stellen sollte, das weiß er. Der mit den Brauen nickt und zuckt gleichzeitig die Achseln, als wollte er sagen, ja, aber was haben wir schon davon?

Pnina ist wirklich hübsch. Sie ist über vierzig und sieht genauso alt aus, wie sie ist, mit beginnenden Falten, ohne irgendwelche Operationen, die das Alter heruntersetzen. Wenn man jede Frau mit einer männlichen Sexualphantasie versehen kann, denkt der Schnurrbärtige, während er ihre lose Hand drückt, dann ist die, die zu Pnina passt, »das Fräulein in Bedrängnis«. Sie hat so etwas Unsicheres, Hilfsbedürftiges an sich. Außer den dreien ist, wie sich herausstellt, noch niemand eingetroffen. Nur die Cateringleute, die noch und noch riesige, mit Alufolie abgedeckte Schüsseln neben vollbeladenen Tabletts mit Appetithäppchen abstellen. Nein, beruhigt sie Pnina, sie seien nicht zu früh dran. Es seien einfach bloß die anderen, die sich verspäteten. »Es ist meine Schuld«, erklärt sie. »Ich habe das alles im letzten Moment beschlossen. Deswegen habe ich Sie alle erst heute eingeladen. Ich muss mich entschuldigen.« Der Schnurrbart sagt, keine Ursache. Der mit den Brauen ist bereits an eins der Tabletts getreten und fängt an, Bruschettas zu kauen. Die Bruschettas sind in mustergültiger Ordnung angerichtet, und jedes einzelne, das er wegnimmt, glänzt wie ein herausgerissener Zahn durch seine Abwesenheit. Er weiß, dass es nicht gerade höflich ist und besser wäre, auf den Rest der Gäste zu warten, aber er stirbt vor Hunger. Er hat heute irgendeinem alten Mann beide Kiefer operiert, eine Geschichte von dreieinhalb Stunden, und anschließend hat er bloß die Kleider gewechselt und ist direkt hierhergerast. Ohne dass er dazu gekommen wäre, zu Hause vorbeizuschauen. Er ist jetzt hungrig, hungrig und verlegen. Die Bruschettas schmecken gut. Er nimmt sich noch eine, bereits die fünfte, und sucht eine Ecke für sich. Das Wohnzimmer in der Wohnung ist schlicht riesig, und es gibt auch noch eine Glastür, die aufs Dach führt. Pnina erzählt, dass sie dreihundert Leute eingeladen hat, alle, die sie auf der Adressenliste in Avners Palm gefunden hat. Nicht alle würden kommen, das weiß sie, sicher nicht bei einer so knappen Ankündigung, aber es würde lustig werden. Das letzte Mal, dass sie ein Überraschungsfest für ihn organisiert hat, war vor zehn Jahren gewesen, sie wohnten damals in Indien wegen Avners Geschäften, und einer der Geladenen brachte ihnen als Geschenk ein Löwenbaby mit. In Indien, stellt sich heraus, sind sie flexibler in allem, was mit den Gesetzen zum Schutz von Wildtieren zusammenhängt, oder sie halten sich bloß weniger dran. Dieses Löwenbaby war das Herzigste, was Pnina je im Leben gesehen hat. Überhaupt, dieses Fest damals war wirklich gelungen. Es sei jetzt nicht so, dass sie erwarte, dass ihnen auch heute jemand ein Löwenbaby mitbringen würde, doch es würden Leute kommen, man würde zusammen trinken und lachen, es würde einfach fröhlich sein. Und dieses Abspannen ist etwas, das wir alle brauchen, besonders Avner, der in den letzten Monaten wie ein Ochse an der Emission gearbeitet hat. Die Geschichte über Indien erinnert den Schnurrbärtigen an etwas – er hat auch ein Geschenk mitgebracht. Er zieht eine längliche, in buntes Papier verpackte Schachtel mit dem Logo der Bank aus der Tasche. »Es ist etwas Symbolisches«, sagt er in entschuldigendem Ton, »und es ist nicht nur von mir, das ist von der ganzen Filiale.« Es ist ohnehin schwierig, nach dieser derart erstaunlichen Löwengeschichte noch ein Geschenk zu machen. Pnina bedankt sich und umarmt den Schnurrbärtigen – eine doch etwas überraschende Geste, wenn man berücksichtigt, dass sie sich nicht kennen, das zumindest denkt sich der mit dem Pflaster. Pnina besteht darauf, dass der Schnurrbärtige das Geschenk einstweilen bei sich behält, um es Avner persönlich zu überreichen. Sie ist sicher, sagt sie, dass sich Avner total freuen wird, er hat Geschenke immer geliebt. Die letzte Äußerung verursacht bei dem mit den Brauen ein unbehagliches Gefühl, da er kein Geschenk mitgebracht hat. Auch der mit dem Pflaster hat nichts dabei, aber er hat auch nichts gegessen, während der mit den Brauen bis jetzt schon sechs Bruschettas, zwei Stückchen Salzhering und ein Oktopus-Sushi vertilgt hat, bei dem der Junge mit dem Tablett zweimal hartnäckig darauf hingewiesen hat, dass es nicht koscher sei. Der mit den Brauen weiß, er hätte nicht kommen sollen, aber jetzt bleibt ihm bloß noch übrig, darauf zu warten, dass Avner und der Rest der Gäste eintreffen, und dann, im Schutz der Party, zu verschwinden. Und bis es so weit ist, sitzt er hier fest, das weiß er, aber auch komplett. Nur, inzwischen sind schon zwanzig Minuten vergangen seit dem Augenblick, in dem er durch die Tür getreten ist, und kein einziger weiterer Gast ist gekommen.

»Wann, haben Sie gesagt, dass Avner kommen soll?«, fragt der mit den Brauen, wobei er ganz nonchalant zu klingen versucht. Es funktioniert nicht. Pnina gerät sofort in Bedrängnis. Er sollte schon hier sein, sagt sie, aber er weiß ja nichts von der Party, also kann es sein, dass er ein bisschen später kommt. Sie schenkt dem mit den Brauen ein Glas Wein ein. Er lehnt höflich ab, doch sie besteht darauf. Der mit dem Pflaster fragt, ob es Cognac gebe. Das macht Pnina echte Freude, und sie läuft auf ihren Streichholzabsätzen zur Getränkevitrine in der Ecke des Wohnzimmers und holt eine Flasche heraus. Auch die Jungens vom Catering haben bestimmt einen Cognac, sagt sie, aber keinen so guten wie den. Die Flasche wird vielleicht nicht für alle Gäste reichen, aber in unserem intimen Kreis wollen wir doch mit einem Gläschen anstoßen. Sie schenkt auch sich und dem Schnurrbärtigen von dem Cognac ein, und sie erheben die Gläser. Der Schnurrbärtige, der sieht, dass keiner beabsichtigt, ein paar Worte zu sagen, beeilt sich, die Verantwortung zu übernehmen. Er wünscht allen Anwesenden viele Feste und viele Überraschungen, angenehme selbstredend. Und Avner wünscht er, dass er nicht zu lange ausbleibt, sonst wird für ihn, bis er kommt, nichts mehr zu essen und zu trinken übrig bleiben. Pnina und er lachen. Der mit den Brauen hat das Gefühl, dass sich diese Äußerung irgendwie auf ihn bezieht. Stimmt, er hat viel gegessen, seit er eingetroffen ist, aber er findet es trotzdem ein bisschen unschön von dem Schnurrbärtigen, ihn für einen Scherz zu verkaufen. Und auch Pnina – es kränkt ihn, dass sie über diesen schalen Witz lacht, wobei sie Kronen entblößt, die nicht dort wären, hätte es ihn nicht gegeben. Er beschließt, das war's jetzt, Zeit zu gehen. Er wird es höflich machen, um niemanden zu verletzen, aber bei allem Respekt, er hat eine Frau zu Hause warten, und hier, an diesem Ort, ist nichts außer ein wenig angespannter Atmosphäre und unkoscherem Sushi.

Pninas Reaktion auf sein Abschiedsgestotter ist extrem. Sie können nicht gehen, sagt sie und umklammert seine Hand, dieses Fest ist so wichtig für Avner … auch so ist fast keiner gekommen. Sie werden schon noch kommen, fängt sie sich hastig, sie sind sicher nur unterwegs steckengeblieben, um diese Zeit jetzt ist Stau, aber wenn Avner vor ihnen kommt und die Tür aufmacht, wird er nur zwei Leute vorfinden. Wunderbare Menschen, aber nur zwei. Das Cateringteam nicht mitgezählt, natürlich. Und das kann deprimierend sein. Und das Letzte, was jemand an seinem fünfzigsten Geburtstag braucht, ist Deprimiertheit. Es ist sowieso ein hartes Alter. Und überhaupt hat

Avner in den letzten Monaten wirklich keine leichte Zeit gehabt, auch ohne dieses leere Wohnzimmer, das ihn empfangen würde, wenn er zurückkommt.

»Auch drei ist wenig«, bemerkt der mit den Brauen mit böswilliger Nüchternheit. Um ehrlich zu sein, fügt er hinzu, er würde an Pninas Stelle einfach das Ganze streichen und abzublasen versuchen, bevor Avner eintreffe. Pnina stimmt hastig zu. Sie ruft den Leiter des Caterings und bittet ihn, dass sie aufhören, noch mehr Essen heraufzubringen, und dass er und sein Team vorläufig unten im Wagen warten sollen. Wenn der Rest der Gäste einträfe, würde sie ihnen eine SMS schicken, dann könnten sie weitermachen. Und bis dahin, erklärt sie allen, ohne die Hand von dem mit den Brauen loszulassen, setzen wir uns alle hier in irgendein Eck im Wohnzimmer und warten auf Avner mit einem Glas in der Hand. Vielleicht hätte sie von vornherein an etwas eine Spur Intimeres denken sollen. Schließlich ist fünfzig kein Alter für Rumgehüpfe und lautstarke Musik, fünfzig ist mehr das Alter fesselnder Gespräche mit nahestehenden Menschen mit Tiefgang. Der mit den Brauen hätte zu ihr gesagt, dass keiner der Menschen hier Avner nahesteht, doch er sieht, dass sie sich schon am Rande der Tränen bewegt, weshalb er beschließt zu schweigen und sich von ihr zum Sofa ziehen lässt. Sie platziert ihn dort, und der mit dem Pflaster und der Schnurrbärtige beeilen sich, sich ebenfalls hinzusetzen. Der Schnurrbärtige ist Weltmeister im Beruhigen, er hat in seinem Leben schon eine ganze Latte von Gesprächen mit Kunden gehabt, die ihr gesamtes Geld als Folge einer Bruchlandung der einen oder anderen Investition verloren haben, und er hat immer gewusst, wie er sich verhalten soll, speziell bei Frauen. Er erzählt Witze am laufenden Meter, schenkt allen Getränke ein, legt eine tröstende Hand auf Pninas bleiche Schulter. Wäre ein Fremder hereingekommen, hätte er sicher gedacht, sie seien ein Paar. Auch der mit dem Pflaster fügt sich nicht übel ein. Was sich günstig für ihn auswirkt, ist, dass er nirgendwohin will. Er hat eine Frau, die immer aussieht, als sei gerade jemand gestorben, der ihr nahestand, und ein nerviges zweijähriges Kind, das heute an der Reihe ist, gebadet zu werden. Hier kann er dasitzen, ein bisschen was trinken, sich an jemandem reiben, der es in diesem Leben etwas weiter gebracht hat als er, finanziell zumindest, und offiziell gilt das sogar als Arbeit. Und wenn er nach Hause zurückkommt, wann immer das sein wird, muss er nur ein müdes Gesicht aufsetzen und erzählen, wie sie ihm den ganzen Abend die Ohren vollgeblubbert haben und er keine andere Wahl hatte, als es lächelnd zu schlucken, da sie wirklich gute Kunden seien. »So ist das«, wird er zu seiner Frau sagen, »ich muss mir, für den Lebensunterhalt, den Schwachsinn von Leuten anhören, genau wie du …« Und dann wird er verstummen, als wäre es ihm herausgerutscht, als sei ihm für einen Moment völlig entfallen, dass sie schon seit über zwei Jahren nicht mehr arbeitet und die ganze Bürde allein ihm aufhalst. Sie würde dann sicher weinen, sagen, es sei doch nicht ihre Schuld, dass sie in eine postnatale Depression verfallen sei, und das sei ein erwiesenes wissenschaftliches Phänomen, nicht bloß was in ihrem Kopf, das sei chemisch, wie jede Krankheit. Wenn sie nur konnte, sie wäre ganz wild drauf, wieder zu arbeiten, aber sie könne nicht, sie sei einfach nicht … Und er würde diesen Schwall abschneiden und sich entschuldigen. Sagen, dass er damit gar nichts gemeint habe, dass es ihm einfach unabsichtlich herausgerutscht sei. Und sie würde ihm glauben oder auch nicht. Bei dieser ganzen Öde zwischen ihnen, was spielte das schon für ein Rolle. Der Schnurrbärtige scheint mitzukriegen, was ihm alles durch den Kopf geht, und schenkt ihm noch ein wenig Cognac ein. Dieser Schurrbärtige ist echt einer, denkt sich der mit dem Pflaster, ein ganz besonderer Knabe. Der mit den Brauen dagegen ist ein bisschen stressig, so ein Neurotiker. Am Anfang, als sie gekommen sind, hat er andauernd gegessen, und jetzt schaut er bloß auf die Uhr und kratzt sich. Vorher, als Pnina versucht hat, ihn zum Bleiben zu überreden, wollte er fast schon in das Gespräch hineinplatzen und zu ihr sagen, sie soll ihn doch lassen, sie solle ihn einfach gehen lassen und Schluss damit. Niemand brauche ihn hier. Man könnte meinen, er sei ein Kindheitsfreund von Avner oder so was, dabei ist er schlicht bloß irgendein Kerl, der ihm im Zahn herumgebohrt hat. Überhaupt, wenn man es so recht bedenkt, ist es ein bisschen komisch, dass sie die Einzigen sind, die gekommen sind. Was sagt das über die wirklich engen Freunde von Avner aus? Dass sie dermaßen egoistisch sind? Dass sie von ihm verletzt worden sind? Vielleicht besagt es auch, dass er überhaupt keine hat?

Die Intercom-Anlage summt, und Pnina rennt los, um zu antworten. Der Schnurrbart zwinkert dem mit den Brauen und dem mit dem Pflaster zu und initiiert noch eine Runde Cognac. »Keine Bange«, sagt er zu dem mit den Brauen, als sei auch er irgendein Bankkunde, der in Schwierigkeiten geraten ist, »wird schon gutgehen.« Wer auf die Klingelanlage gedrückt hat, ist nur der Mann vom Catering. Ihr Wagen blockiert irgendjemanden. Er fragt, ob er die Parkgarage des Gebäudes benutzen kann. Pnina ist noch nicht einmal dazugekommen zu antworten, als das Telefon klingelt. Sie eilt, um den Hörer abzuheben. Am anderen Ende der Leitung herrscht Stille.

»Avner«, sagt sie, »wo bist du? Ist alles in Ordnung?« Sie weiß, dass es Avner ist, denn die Nummer des eingehenden Gesprächs taucht auf dem Display auf. Doch es kommt keine Antwort vom anderen Ende, nur der Ton, dass unterbrochen wurde.

Pnina ist in Bedrängnis. Sie beginnt zu weinen, jedoch ein höchst eigenartiges Weinen. Ihre Augen sind nass, und sie zittert am ganzen Leib, doch sie lässt keinen Ton verlauten, wie ein vibrierendes Mobiltelefon. Der Schnurrbärtige tritt rasch zu ihr und nimmt ihr das Cognacglas in letzter Sekunde aus der Hand, bevor es hinunterfällt und zersplittert. »Es stimmt was nicht mit ihm«, sagt Pnina und umarmt den Schnurrbärtigen gewaltsam, »irgendetwas mit ihm ist nicht in Ordnung. Ich hab's gewusst, die ganze Zeit hab ich's schon gewusst. Deswegen habe ich auch beschlossen, das Fest zu machen, um ihn zu ermutigen.« Der Schnurrbärtige führt sie zum Sofa und setzt sie neben den mit den Brauen. Der ist tödlich enttäuscht. Als Pnina zum Telefonieren aufgestanden ist, hat er geplant, wenn sie zurückkommt, zu ihr zu sagen, er müsse aufbrechen, seine Frau warte auf ihn oder so was, doch nach diesem Anruf weiß er bereits, dass das nicht geht. Sie befindet sich jetzt nahe neben ihm, er kann ihren Atem hören, unregelmäßig. Und ihr Gesicht ist total weiß. Sieht aus, als würde sie gleich in Ohnmacht fallen. Der mit dem

Pflaster bringt ein Glas Wasser, und der Schnurrbart hält das Glas an ihre Lippen. Sie trinkt ein bisschen, trinkt und beruhigt sich allmählich. Das war ein beängstigender Moment, denkt der mit den Brauen. Was er wohl am Telefon zu ihr gesagt hat?, denkt der mit dem Pflaster. Auch wenn sie schwach ist, denkt der Schnurrbärtige, auch wenn sie fast zusammenbricht, ist sie so sehr Frau. Er spürt, wie sich tief im Innern seiner Hose ein Ständer zu regen beginnt, und hofft, dass es keinem in der Runde auffällt.

Das Intercom summt erneut. Es ist wieder der Mann vom Catering, er wartet auf eine Antwort, was das Parken im Gebäude angeht. Es ist eine äußerst problematische Zeit jetzt gerade, und auf der Straße einen Parkplatz für einen Lieferwagen zu finden, ist schlicht ein Problem. Der mit dem Pflaster, der am Intercom geantwortet hat, wiederholt die Frage mit lauter Stimme. Der Schnurrbärtige signalisiert ihm mit dem Kopf, zu sagen, das gehe in Ordnung. Doch nachdem der mit dem Pflaster es gesagt hat, murmelt die halb ohnmächtige Pnina, sie sollten die Parkgarage nicht benutzen. Es gibt einen Nachbarn aus der siebzehnten Etage, der Probleme macht. Erst vor einer Woche ist ein Bekannter für eine Stunde, nicht einmal eine, zu ihr gekommen, und man hat ihn abgeschleppt. Der mit den Brauen bietet sich an, hinunterzugehen und den Cateringleuten zu sagen, dass sie den Parkplatz nicht benutzen können. Von dort aus, so denkt er sich, ist der Weg nach Hause kürzer. Der Schnurrbärtige sagt, er solle lieber dableiben, immerhin gehe es Pnina nicht gut, und es sei von Vorteil, wenn es auf dem Fest einen Arzt gebe. »Ich bin Zahnarzt«, erwidert der mit den Brauen mit Betonung auf »Zahn«.

»Sie sind Zahnarzt, ich weiß«, sagt der Schnurrbärtige und betont dabei allerdings das Wort »Arzt«. Pnina sagt, man müsse jetzt dringend zu Avners Büro fahren. Es passe nicht zu ihm, so anzurufen und dann aufzulegen. Überhaupt sei bei ihm etwas in der letzten Zeit nicht in Ordnung. Er nehme ständig Tabletten. Er hat zu Pnina gesagt, sie seien gegen Kopfschmerzen, aber Pnina kennt Kopfwehtabletten, und was Avner da schluckt, das ist kein Akamol oder Advil, das sind so schwarze Pillen, elliptische, die keiner Tablette ähneln, die sie jemals gesehen hat. Und in der Nacht hat er Albträume, das weiß sie, denn sie hat ihn im Schlaf schreien gehört. »Sprecht mit Kochavi«, hat er geschrien, »sprecht mit Kochavi.« Und als sie ihn aufweckte, hat er gesagt, es sei alles in Ordnung und er kenne keinen Kochavi. Und sie wisse aber, dass er schon einen Kochavi kennt. Jigal Kochavi. Seine Nummer taucht in Avners Palm auf. Und von allen Telefonnummern, die dort gespeichert sind, hat sie bloß ihn nicht eingeladen. Sie hat gedacht, dass er möglicherweise die Stimmung drückt.

»Ich weiß nicht, was los ist«, sagt Pnina, »ich habe Angst.« Daraufhin nickt der Schnurrbärtige und schlägt vor, dass sie alle vier zu Avner ins Büro fahren, um nachzuschauen, ob mit ihm alles in Ordnung ist.

Der mit den Brauen meint, dass hier alle ein bisschen überreagieren und es sich zunächst einmal lohnen würde, dass Pnina noch einmal bei ihm anruft. Alles in allem haben sie ja bloß telefoniert, und das Gespräch wurde unterbrochen, solche Dinge passieren andauernd. Möglich, dass mit Avner etwas nicht stimmt, aber genauso gut kann mit den Leitungen von Bezek wieder mal was nicht in Ordnung sein, und bevor sie jetzt anfingen, sich bis nach Herzelia zu quälen, solle man das lieber erst klären. Pnina wählt die Nummer von Avners Büro mit zitternder Hand. Sie hat das Telefon auf Lautsprecher gestellt. Der mit dem Pflaster denkt sich, dass es komisch ist, dass sie das Gespräch auf laut gestellt hat. Was, wenn Avner antwortet und etwas Intimes zu ihr sagt oder einfach irgendwas Beleidigendes, das kann nicht zur Sache gehören. Doch am anderen Ende der Leitung antwortet niemand. Der mit den Brauen schlägt vor, sie solle versuchen, Avner auf dem Mobiltelefon anzurufen, und Pnina tut es. Es antwortet ihr die Mobilbox mit der Ansage, hier sei Avner Kamzan und wer ihn dringend brauche, solle seine Sekretärin anrufen oder eine SMS schicken, da er keine Nachrichten abhöre. Der Schnurrbart kennt Avner nicht, aber rein von seiner Artikulation her weiß er bereits, dass er ihn nicht mögen wird. Es liegt etwas Hochfahrendes in seiner Stimme. Es ist die Stimme von jemandem, der meint, dass ihm alles zusteht, so von der Sorte Politspezikaste. In der Filiale in Ra'anana hatte der Schnurrbärtige eine Menge solcher Kunden, Typen, die jedes Mal beleidigt waren, wenn sie entdeckten, dass die Bank sie mit Gebühren belastete. Aus ihrer Sicht war allein schon ihre Einwilligung, ein Konto in der Filiale des Schnurrbärtigen zu eröffnen, ein grandioses Geschenk, dass sie der Bank machten, und die Tatsache, dass man nach dieser schönen Geste von ihnen noch erwartete, für ein neues Scheckheft oder eine Überziehung was zu zahlen, war eine Unverschämtheit, um nicht zu sagen schnöde Undankbarkeit. Der mit den Brauen bittet Pnina nun, sie solle Avner eine SMS schicken, doch der Schnurrbärtige schneidet ihn ab und sagt, dass sie keine Zeit mehr zu verlieren hätten, sie müssten jetzt alle zu Avners Büro fahren. Der mit dem Pflaster stimmt gleich zu, die ganze Geschichte erscheint ihm wie ein Abenteuer. Unter uns, auch wenn sich Avner umgebracht hat, ist das nichts, was ihn stören würde, denn die Lebensversicherung greift im Fall von Selbstmord nicht, aber aus Sicht seiner Frau kann er jetzt genauso gut auch um vier Uhr morgens heimkommen und sagen, dass es mit der Arbeit zusammenhing.

Alle fahren in dem Wagen des Schnurrbärtigen, ein neuer Honda Civic. Im Aufzug hat der mit den Brauen noch versucht, sie zu überreden, dass sie sich auf zwei Autos verteilen, dass er und der mit dem Pflaster mit seinem Wagen hinkommen würden, doch der Schnurrbärtige hat die Idee eindeutig verworfen. Der mit dem Pflaster und der mit den Brauen sitzen hinten angeschnallt wie zwei Kinder beim Familienausflug am Schabbat. Es fehlt nur noch, dass der mit den Brauen sich beim Schnurrbärtigen und bei Pnina beklagt: »Papa, der mit dem Pflaster ist gemein zu mir«, oder dass er bittet, dass sie bei einer Tankstelle anhalten, weil er Pipi muss. Er ist imstande zu solchen Dingen, der mit den Brauen. Ein wahres Kleinkind. Wenn jetzt Krieg wäre, denkt der Schnurrbärtige bei sich, und viele sagen ja, es ist, wäre der mit den Brauen der letzte Mensch, von dem du wolltest, dass er dir den Rücken schützt. Dass dieser Avner eine ziemliche Pest ist, ist schon klar, aber trotzdem, dein Patient ist verschwunden, seine Frau ist in einer nicht einfachen emotionalen Lage und alles, was du im Kopf hast, sind Bruschettas und früh nach Hause kommen? Der mit den Brauen simst hinten, sicher an seine Frau, bestimmt was Zynisches. Der mit dem Pflaster versucht zu spicken, um zu sehen, was er schreibt, hat jedoch keinen guten Blickwinkel. Einen Moment darauf allerdings, wenn die Antwort-SMS eingeht, wird es ihm trotzdem gelingen, sie zu lesen, und da wird stehen: »Ich warte auf dich im Bett nur mit Strümpfen.« Wenn der mit dem Pflaster das liest, wird er neidisch sein. Er hat nie im Leben eine erotische SMS bekommen. Das letzte Mal, dass seine Frau ihm etwas Erotisches sagen wollte, war vor der Erfindung der SMS, und diesen ganzen Frauen, mit denen er nebenher vögelt, erlaubt er nicht, ihm zu simsen oder ihm Sprachnachrichten zu hinterlassen. Er hat einmal in irgendeiner Zeitung gelesen, dass, auch wenn du die Nachricht löschst, beim Mobilfunkbetreiber eine Kopie davon verbleibt, und nachher kann man dich dafür erpressen oder einfach Unfug anrichten.

Auf der Strecke nach Herzelia herrscht Stau. Alle, die in Tel Aviv arbeiten, sind jetzt unterwegs nach Hause. In der Gegenrichtung jedoch fließt der Verkehr ausgerechnet. Der mit den Brauen kann sich im Geist vorstellen, wie Avner jetzt mit dem Wagen zu Hause ankommt nach einem völlig gewöhnlichen Arbeitstag. Bei dem Anruf vom Festnetz wollte er Pnina sagen, dass er sie liebe, dass es ihm leidtue, dass er in den letzten Tagen ein wenig gestresst war, und auch dass er bezüglich der schwarzen Pillen gelogen habe. Sie seien gegen Hämorriden, und es war ihm peinlich, das zu sagen, also habe er ihr die Geschichte mit den Kopfschmerzen angedreht. Wenn er heimkommen würde, würde er gereizte Menschen mit einem Cateringfahrzeug sehen, die mit einem der Nachbarn wegen einem Parkplatz stritten, würde sich irgendeinen buddhistischen Gedanken machen, wie sich doch unsere meisten Streitigkeiten im Leben um Unsinn drehen, in den Aufzug springen und wenn er in seiner Etage angekommen wäre und die Tür geöffnet hätte, würde er eine leere Wohnung und eine halb leere Cognacflasche vorfinden. Pnina würde nicht da sein, und er wäre beleidigt deswegen. Immerhin hatte er heute Geburtstag. Er brauchte kein Geschenk oder Fest von ihr, aus dem Alter von solchem Blödsinn waren sie schon raus, aber war es zu viel verlangt von deiner Lebenspartnerin, dass sie da war, dass sie schlicht und ergreifend an deinem lausigen Geburtstag mit dir zusammen war? Und während dieser ganzen Zeit, denkt der mit den Brauen, steckt Pnina in einem Verkehrsstau auf dem Weg nach Herzelia. Was für eine Idiotie.

Doch Avner ist nicht inzwischen zu seiner Wohnung in Ramat Aviv gefahren. Er ist auch nicht in seinem Büro in Herzelia. Als die vier endlich dort ankommen, ist überhaupt niemand mehr im Büro, aber der Wächter am Eingang sagt, dass er gesehen hat, wie Avner vor einer knappen Stunde weggefahren ist. Der Wächter sagt, dass er eine Pistole hatte. Er weiß das, weil ihn Avner gefragt hat, wie man sie entsichert. Das heißt, Avner wusste, wie man sie entsichert, aber irgendwas klemmte dort, und er hoffte, der Wächter könne ihm helfen. Nur dass dieser Wachmann nun nicht gerade genau der richtige Mensch für solche Fragen ist, er ist letztlich nur ein alter Kasache, der sein ganzes Leben lang Gemüse in irgendeinem abgelegenen Dorf angebaut hat, kein Rambo. Als er nach Israel gekommen ist, wollte er in der Landwirtschaft arbeiten, aber die Leute im Amt sagten zu ihm, dass bloß Thais und

Araber heute in der Landwirtschaft arbeiteten, und was er von jetzt ab bis zu seinem Tod noch machen könne, das sei, in Rente zu gehen oder im Wachdienst zu arbeiten. Der Wächter erzählt ihnen, dass Avner, als er ihm mit der Pistole nicht helfen konnte, wütend auf ihn wurde und zu fluchen anfing. »Nicht schön«, sagt er zu dem Schnurrbärtigen, »gar nicht schön, einen Juden in meinem Alter zu verfluchen. Und für was? Hab ich was Falsches gemacht?« Der Schnurrbart nickt. Er weiß, wenn er nur wollte, könnte er auch ihn beruhigen, doch er hat keine Energie mehr dazu. Und dieses Gerede von der Pistole verstört ihn. Auf der ganzen Strecke hierher hat er gedacht, dass Pnina mit ihren Ängsten vielleicht ein bisschen übertreibt, aber jetzt sieht er, dass sie tatsächlich recht hat. »Wenn er mich über Agrikultura gefragt hätte, hätte ich ihm bei allem geholfen«, sagt der Wächter zu dem mit dem Pflaster, »ich liebe helfen. Aber bei einer Pistole weiß ich nichts. Und dafür fluchen?«

Auf dem Rückweg zum Auto weint Pnina. Der mit den Brauen äußert, dass diese ganze Angelegenheit schon nicht mehr in ihrer Hand liege, dass man die Polizei rufen müsse. Der mit dem Pflaster interveniert und sagt, die Polizei würde gar nichts machen. Wenn du keine Beziehungen hast, dauert es mindestens einen Tag, bevor sie anfangen, ihren Hintern in Bewegung zu setzen. Es ist nicht so, dass der mit dem Pflaster einen besseren Plan hätte, als zur Polizei zu gehen, aber der mit den Brauen geht ihm schon seit einer ganzen Weile auf den Geist, und das Letzte, was er jetzt will, ist, sich mit ihm über irgendwas einig zu sein. Der Schnurrbärtige streicht Pnina übers Haar. Auch er hat keinerlei Plan im Moment, er ist nicht in der Lage, an irgendetwas zu denken, solange sie weint. Ihr Weinen überschwemmt sein Gehirn, ertränkt jeden Gedanken, bevor er zu Ende gedacht ist. Und dass sich der mit dem Pflaster und der mit den Brauen neben ihm streiten – auch das hilft ihm nicht gerade dabei, sich zu konzentrieren. »Ihr beide nehmt euch ein Taxi. Ihr könnt hier nichts mehr helfen«, wirft er ihnen zu.

»Und was ist mit Ihnen und Pnina?«, fragt der mit dem Pflaster. Er will jetzt wirklich nicht gehen oder ein Taxi bezahlen oder den ganzen Weg nach Ramat Aviv zusammen mit dem mit den Brauen fahren. Der Schnurrbärtige zuckt die Achseln. Er hat keine Antwort darauf.

»Er hat recht«, sagt der mit den Brauen, er weiß, das ist seine Chance sich abzusetzen, und außerdem hat der Schnurrbärtige tatsächlich recht, es nützt überhaupt nichts, wenn sie zu viert sind. Der Schnurrbärtige kann mit Pnina allein zur Polizei fahren, er braucht sie nicht zum Händchenhalten. Dem mit dem Pflaster passt das ganz und gar nicht. Ausgerechnet jetzt, wo es eine Pistole und Action gibt, nach Hause zu fahren, das ist enttäuschend. Wenn er bliebe, könnte er etwas ändern, vielleicht diesen Avner retten, und auch wenn nicht, falls er bloß mit dem Schnurrbärtigen und Pnina zusammen seine Leiche finden würde, wäre das ein Erlebnis, an das er sich garantiert sein Leben lang erinnern würde. Vielleicht nicht das gelungenste Erlebnis, aber immerhin, ein Erlebnis. Davon hatte er in den letzten Jahren nicht allzu viel. Da war diese Rakete gewesen im zweiten Libanonkrieg, deren Aufprallerschütterung das Fenster in ihrem Pensionszimmer im Norden oben zerspringen ließ, und es gab irgendein Spiel in Jad Elijahu, zu dem er mit einem

Freund ging, wo sie ihn fürs Fernsehen filmten, genau wie er im Publikum gähnte. Vielleicht noch die Geburt seines Sohnes. Obwohl er nicht wirklich dabei war. Seine Frau vertrieb ihn ein paar Minuten vorher aus dem Geburtsraum, da es sie aufbrachte, dass er den Anruf von jemandem aus der Arbeit annahm. Kurz gesagt, der mit dem Pflaster reißt sich nicht darum zu gehen, aber er weiß auch, wenn der Schnurrbärtige und der mit den Brauen gegen ihn sind, kann er sich nicht stur stellen und bleiben, ohne als komplette Landplage dazustehen. Das Einzige, was die Lage jetzt retten kann, wäre, wenn er einen Einfall hätte. So eine Bombenidee, die einen Plan oder ein Ziel produziert, ihn aber auch innerhalb der ganzen Affäre als einen positioniert, der initiativ ist, nützlich, so einer, bei dem es gut ist, wenn er in der Gegend bleibt.

»Man muss mit Jigal Kochavi reden«, sagt er halb zu dem Schnurrbärtigen, halb zu Pnina, die jetzt zu Ende geweint hat und bloß noch schnieft: »Pnina hat gesagt, dass sie seine Telefonnummer aus Avners Palm hat. Und wenn Avner einen Traum von ihm hatte, der ihn zum Schreien gebracht hat, besagt das sicher, dass er stark bei ihm im Kopf steckt. Wer weiß, vordergründig erscheint diese ganze Sache mit der Pistole, als wolle er Selbstmord begehen, aber was ist, wenn er eigentlich plant, diesen Kochavi zu ermorden? Man muss ihn anrufen, um ihn zu warnen, um nachzuforschen.« In dem Moment, in dem der mit dem Pflaster das Wort »Selbstmord« ausspricht, fängt Pnina wieder zu weinen an, und als er »ermorden« sagt, fällt sie prompt in Ohnmacht. Ein Glück, dass es dem Schnurrbärtigen gelingt, sie im letzten Augenblick, bevor sie mit dem Gesicht auf dem Bürgersteig auftrifft, zu erwischen. Der mit dem Pflaster rennt auf den Schnurrbärtigen zu, um zu helfen, doch der Blick des Schnurrbärtigen macht ihm deutlich, dass das keine gute Idee ist. Der mit den Brauen lässt von der Seite her fallen, das sei gar nichts, bloß der Stress. Man müsse ihr ein Glas Wasser geben, sie auf irgendeine Bank setzen, und innerhalb einer Minute wäre sie wieder auf den Beinen.

»Macht, dass ihr hier wegkommt, alle beide«, schreit der Schnurrbärtige, »Abflug, jetzt sofort!«

Nachher, im Taxi, wird der mit dem Pflaster zu dem mit den Brauen sagen, dass der Schnurrbärtige echt übertrieben hat, wer ist er denn, dass er sie anscheißt? Wenn ein Offizier heute so mit einem Soldaten redet, handelt er sich dafür eine Klage ein, und da soll der Schnurrbärtige zwei Menschen, die er kaum kennt und die alles in allem nur helfen wollen, anschreien dürfen? Das wird er nachher, im Taxi, sagen. Jetzt aber, draußen vor dem Bürogebäude im Gewerbegebiet von Herzelia, sagt der mit dem Pflaster gar nichts, sondern er geht mit dem mit den Brauen weg, und sie lassen den Schnurrbärtigen mit Pnina allein.

Der Schnurrbärtige trägt sie auf den Armen zum Wagen und setzt sie behutsam auf dem Beifahrersitz ab, wie man einen zerbrechlichen Gegenstand platziert. Pnina wacht auf, noch bevor sie das Auto erreicht haben, und murmelt mit halb geschlossenen Augen, doch erst jetzt, nachdem er sie abgesetzt hat, fängt er an hinzuhören. »Ich hab Durst«, sagt sie.

»Ich weiß«, sagt der Schnurrbärtige, »ich habe kein Wasser im Auto, tut mir leid. Wir können eins kaufen fahren. Ich habe auf dem Weg hierher, wirklich ganz nah, so einen Aroma-Shop gesehen.«

»Glauben Sie, er ist schon tot?«, fragt sie.

»Wer?«, fragt der Schnurrbärtige. Er weiß, wen sie meint, doch er tut so, als ob – eine Art Manipulation, die ihre Furcht als überzogen erscheinen lassen soll. Sie schaut ihn an, sagt aber nicht »Avner«, wie er erwartet hat. Schaut bloß. »Ich bin sicher, dass er wohlauf ist«, sagt der Schnurrbärtige. Seine Stimme klingt überzeugend. Dank dieser Stimme hat er seinerzeit die Filiale in Ra'anana erhalten und jetzt die in Ramat Aviv.

»Ich habe Angst«, sagt Pnina haargenau so, wie er sich, als er sie heute Abend zum ersten Mal gesehen hat, vorgestellt hat, dass sie das sagen würde. Sie ist so hübsch, wie sie das sagt. Der Schnurrbärtige beugt sich vor und küsst ihre trockenen Lippen. Ihre Lippen entfernen sich von seinen. Er sieht nichts, registriert nicht einmal, dass sich ihre Hand bewegt, doch seine Wange spürt die Ohrfeige.

Beim letzten Mal, und das einzige Mal, dass Pnina jemanden geohrfeigt hat, war es Avner. Das passierte siebzehn Jahre vorher. Er war da noch nicht reich oder bitter mit Ansatz zur Glatze, aber schon damals hatte er diese Sicherheit, dass alles ihm gehörte. Es war ihre erste Verabredung, und sie gingen in ein Restaurant. Avner redete den Kellner blöd an und zwang sie, ihr Essen zurückgehen zu lassen, das zwar nicht überwältigend, aber annehmbar war. Es wollte ihr nicht in den Kopf, was sie mit diesem überheblichen Kerl am gleichen Tisch machte. Ihre Mitbewohnerin hatte sie verkuppelt. Ihr hatte sie gesagt, dass Avner brillant sei, und ihm, sie sei bezaubernd, was im Grunde ihre Art war auszudrücken, dass Pnina hübsch war, ohne dass es sich chauvinistisch anfühlte. Avner redete den ganzen Abend mit ihr über Aktien und Anteile und institutionelle Körperschaften, ließ sie kein Wort dazwischen einschleusen. Nach dem Essen brachte er sie in seinem ramponierten weißen Autobianchi zu ihrer Wohnung zurück. Er hielt am Hauseingang, stellte den Motor ab und schlug vor, dass er mit hinaufkäme. Sie sagte, sie denke nicht, dass das eine gute Idee sei. Er erinnerte sie daran, dass er ihre Mitbewohnerin kannte und dass er nur einen Moment mit hinaufkommen wolle, um Hallo zu sagen. Hallo und danke, dafür dass sie sie miteinander bekanntgemacht hatte. Pnina lächelte höflich und sagte, dass ihre Mitbewohnerin erst spät zurückkommen würde, da sie heute Abend Schicht habe. Sie versprach, ihr die Grüße und auch den Dank auszurichten, und sie hatte schon die Wagentür aufgemacht, um auszusteigen, als Avner sie wieder schloss und sie küsste. Es lag keinerlei Zögern in seinem Kuss, da war nichts Suchendes oder Fragendes, wie sie sich, dort auf der anderen Seite des Kusses, wohl fühlte. Es war nur ein Kuss auf den Mund, doch er fühlte sich an wie eine Vergewaltigung. Pnina ohrfeigte ihn und stieg aus dem Wagen. Avner versuchte nicht, ihr nachzulaufen oder zu rufen. Vom Balkon der Wohnung aus konnte sie seinen Autobianchi sehen, der unten stand, regungslos. Vielleicht eine Stunde. Er stand immer noch da, als Pnina schlafen ging. Am Morgen weckte sie ein Bote mit einem riesigen und ein wenig geschmacklosen Blumenstrauß auf. Auf dem Zettel stand nur ein einziges Wort. Verzeihung.

Als der mit den Brauen nach Hause kommt, schläft seine Frau bereits. Er fühlt sich überhaupt nicht müde. Sein Körper platzt vor Adrenalin. Sein Verstand weiß zwar, dass all diese Ohnmachten, die Warterei und die merkwürdigen Debatten heute Abend für nichts waren, doch sein Körper ist dumm genug, das ernst zu nehmen. Statt ins Bett zu gehen, setzt er sich an den Computer und überprüft die E-Mails. Die Einzige, die er erhalten hat, ist von irgendeinem Trottel, der mit ihm zusammen in die Grundschule gegangen ist und seine Mail-Adresse über eine Internetseite gefunden hat. Das ist es, was an dieser ganzen Technologie echt frustrierend ist, denkt sich der mit den Brauen. Die, die das Internet erfunden haben, waren Genies und haben sicher geglaubt, dass sie die Menschheit voranbringen, und das Ende vom Lied ist, dass die Menschen, statt diese ganze technologisch intellektuelle Raffinesse auszunutzen, um zu forschen und sich zu bilden, sie dazu verwenden, um irgendeinen armen Tropf zu belästigen, der in der vierten Klasse neben ihnen die Bank gedrückt hat. Was soll er diesem Jiftach Rozales denn eigentlich zurückschreiben? Erinnerst du dich, wie wir genau in der Mitte vom Tisch eine Linie gezogen haben? Wie du mir den Ellbogen reingerammt hast, wenn ich die Hälfte übertreten habe? Der mit den Brauen versucht sich auszudenken, wie das Leben dieses Jiftach Rozales wohl aussieht, wenn alles, was er in seiner Freizeit zu tun hat, ist, irgendeinen Jungen zu suchen, den er nie wirklich mochte und der vor dreißig Jahren mit ihm in der gleichen Klasse war. Nachdem er ein paar Minuten seinen Dünkel an Rozales ausgelassen hat, beginnt der mit den Brauen, über sich selbst nachzudenken. Man kann sich auch Gedanken machen, was er mit seinem Leben anfängt. Beugt sich über stinkende Münder, bohrt und füllt Löcher in verfaulten Zähnen. »Eine ehrenwerte Arbeit«, das sagt seine Mutter immer, wenn sie von Zahnärzten spricht. Aber was ist so ehrenwert daran? Worin besteht eigentlich der Unterschied zwischen ihm und einem Installateur? Beide arbeiten über stinkenden Löchern, bohren und verschließen Öffnungen für ihren Lebensunterhalt. Beide verdienen kein schlechtes Geld. Und beide, mit hoher Wahrscheinlichkeit, genießen ihren Beruf nicht wirklich. Nur dass die Arbeit des mit den Brauen »ehrenwert« ist und er für diese Ehre fünf Jahre lang Israel verlassen und in Rumänien studieren musste, während das für den Installateur sicher ein bisschen einfacher lief. Das heute war echt schon die Krönung mit dieser Kieferoperation, als der Alte nicht zu wimmern und zu bluten aufhören wollte und ihn der Absauger fast erstickte. Und der mit den Brauen, der die ganze Zeit beruhigend zu sein versuchte, konnte nicht damit aufhören bei sich zu denken, dass das alles umsonst war. Dass es diesen Alten mindestens ein Jahr der Qual kosten würde, bis er sich an die Implantate gewöhnt hätte, und dass er garantiert schon zwei Tage vorher oder nachher an einem Herzinfarkt, an Krebs oder einem Schlaganfall sterben würde, oder woran immer Menschen in diesem Alter eben sterben. Man muss das Alter, bis zu dem man Patienten behandelt, auf achtzig begrenzen, denkt er, während er die Schuhe abstreift, und danach schlicht und einfach zu ihnen sagen: »Ihr habt genug gelebt. Von jetzt an nehmt das, was übrig ist, wie einen Bonus, ein Geschenk ohne Umtauschzettel. Euch tut was weh? Legt euch ins Bett. Es tut weiter weh? Wartet ab: Entweder geht es vorbei oder ihr sterbt.« Dieses Alter, denkt sich der mit den Brauen, während er sich die Zähne putzt, ist schon unterwegs zu mir, galoppierend wie ein wild gewordenes Pferd, dem der Schaum aus den Nüstern sprüht. Demnächst werde ich das sein, der sich in dieses Bett legt und nicht aufsteht. Und etwas an diesem Gedanken beruhigt ihn.

»Es tut mir leid«, sagt der Schnurrbärtige, »das war nicht meine Absicht.« Pnina könnte hart bleiben, ihn fragen, was genau nicht seine Absicht gewesen sei, sie zu küssen? Ihre Schwäche auszunutzen? Mit ihr den ganzen Weg im Auto nach Herzelia zu fahren, in dem Geruch nach Kokosduftreiniger gemischt mit Schweißausdünstung? Doch sie sagt nichts, sie hat keine Kraft dazu. Sie bittet nur, dass er sie nach Hause zurückbringen soll. »Vielleicht wäre es besser, wir würden zur Polizei fahren«, meint der Schnurrbärtige, »trotzdem, zur Sicherheit.« Doch Pnina schüttelt den Kopf. Avner wird am Ende zurückkehren, das weiß sie, er ist keiner von denen, die Selbstmord begehen, und auch keiner von denen, die jemanden erschießen. Zu Anfang, als der mit dem Pflaster das gesagt hat, hat es ihr einen gehörigen Schrecken eingejagt, aber jetzt, wenn sie versucht, sich im Geiste dieses Bild auszumalen, wie Avner sich die Pistole in den Rachen schiebt oder an die Schläfe presst, ist das einfach nicht nach ihm. Der Schnurrbärtige erhebt keine Widerrede, fährt sie nur nach Hause. Unten steht das Fahrzeug vom Catering mit zwei Rädern auf dem Bürgersteig und blockiert noch immer die Straße. Die Armen, die ganze Zeit über haben sie dort gewartet. Der Schnurrbärtige schlägt vor, auszusteigen und mit ihnen zu reden. Pnina sieht, dass er irgendwie behilflich sein möchte, etwas wiedergutmachen. Aber sie lässt ihn nicht. Nicht um ihn zu bestrafen, bloß so, sie hat nicht die

Kraft. Nachdem sie aus dem Auto ausgestiegen ist, ruft er ihr nach. Sie hofft, dass es nicht deswegen ist, um sich nochmals zu entschuldigen. Die Wut, die sie vorher überflutet hat, ist bereits verschwunden. Sie ist nicht mehr böse auf ihn, wirklich nicht. Er scheint durchaus eigentlich ein netter Mensch zu sein. Und dass er sie geküsst hat – vielleicht war sein Timing ja etwas unglücklich, aber sie hat gespürt, dass er sie von dem Moment an, in dem er eintraf, begehrt hat, und den größten Teil dieses Abends über war das sogar ein erfreuliches Gefühl. Der Schnurrbärtige gibt ihr das Geschenk für Avner und eine Visitenkarte, und er erklärt ihr, dass auf der Karte auch seine Mobiltelefonnummer steht und dass sie ihn jederzeit anrufen könne. Sie nickt, sie wird ihn nicht anrufen, nicht heute.

Der mit dem Pflaster findet einen Parkplatz direkt vor seinem Haus. Doch statt die zwei Stockwerke hinaufzugehen, den Schlüssel ins Türschloss zu stecken, die Kleider im Korridor im Dunkeln abzulegen und leise auf seiner Seite ins Bett zu schlüpfen, beginnt er zu gehen. Anfangs hat er keine blasse Ahnung, wohin: Strandstraße, Schlomo hamelech, King George, danach Diezengoff. Erst auf der Diezengoffstraße erfasst er, dass er zum Meer will. Er geht weiter bis zur Promenade und von dort an den Strand hinunter. Er zieht die Schuhe und die Socken aus und bleibt an der Stelle stehen, häufelt den Meersand zwischen seinen Zehen. Hinter sich kann er den Verkehrslärm von der Straße und Trance-Musik vernehmen, die anscheinend aus einer der Kioskbuden bricht. Vor sich hört er das Geräusch der Wellen, die an der nicht weit von dort entfernten Mole zerbersten.

»Entschuldigung«, sagt ein Junge mit militärisch geschorenem Haarschnitt zu ihm, der aus dem Nichts mit einem Mal neben ihm auftaucht. »Sind Sie von hier? Aus Tel Aviv?« Der mit dem Pflaster nickt. »Wow, cool«, sagt der mit dem Haarschnitt, »vielleicht wissen Sie, wo man hier Spaß haben kann?« Der mit dem Pflaster könnte versuchen, ihn zu fragen, von welcher Sorte Spaß die Rede ist: Alkohol? Mädchen? Ein unklarer Ausbruch von Wärme, der dir die Brust überschwemmt? Aber was soll's, er weiß von keinem einzigen dieser Dinge, wo es zu finden ist, also macht er bloß eine verneinende Kopfbewegung. Der mit dem Haarschnitt jedoch lässt nicht locker. »Sie haben aber doch gesagt, dass Sie von hier sind, oder?« Der mit dem Pflaster gibt keine Antwort, blickt nur zu dem fernen Punkt hin, an dem das Schwarz des Meeres die Schwärze des Himmels trifft. Interessant, was wohl mit diesem Avner passiert ist, denkt er sich, ich hoffe, dass sich am Schluss doch noch alles eingerenkt hat.

Welches Tier bist du?

Die Sätze, die ich jetzt schreibe, sind für die Zuschauerschaft des öffentlich-rechtlichen deutschen Fernsehens. Eine Fernsehkorrespondentin, die heute zu mir nach Hause kam, bat mich, etwas auf dem Computer zu tippen, denn das fotografiert sich immer prächtig: ein schreibender Schriftsteller. Es ist ein Klischee, sie weiß, aber Klischees seien alles in allem der unerotische Aggregatzustand der Wahrheit, und ihre Aufgabe, als Korrespondentin, sei es, diese Wahrheit in etwas zu verwandeln, das sexy sei, die Klischees mit Hilfe von Licht und überraschenden Aufnahmewinkeln zu brechen. Der Lichteinfall bei mir zu Hause sei herrlich, ohne dass man auch nur einen Scheinwerfer einschalten müsse, so dass bloß noch fehlte, dass ich schreibe.

Am Anfang tat ich so, als ob ich schreibe, aber sie sagte zu mir, das sei es nicht. Dass man gleich sehen würde, dass ich nur so tue als ob. »Schreiben Sie tatsächlich«, forderte sie mich auf und betonte dann: »Eine Geschichte. Nicht bloß eine Wortfolge. Schreiben Sie es ganz natürlich, wie Sie immer schreiben.« Ich sagte zu ihr, es sei nicht natürlich für mich zu schreiben, während man mich fürs öffentlich-rechtliche deutsche Fernsehen filmte, aber sie beharrte darauf.

»Dann benutzen Sie das«, sagte sie. »Schreiben Sie diese

Geschichte genau darüber. Darüber, wie unnatürlich das ist und wie aus dieser Unnatürlichkeit plötzlich etwas herausbricht: etwas Echtes, voller Lust und Leidenschaft. Etwas, das Ihr Gehirn überflutet bis in die Lendengegend. Oder umgekehrt, ich weiß nicht, wie das bei Ihnen funktioniert. Das heißt, von wo genau das Schaffen bei Ihnen im Körper ausgeht. Das ist sehr individuell.« Sie erzählte mir, dass sie einmal einen belgischen Schriftsteller interviewte, der sich immer, wenn er schrieb, im Erektionszustand befand. Etwas beim Schreiben »verhärtete ihm das Glied« – das war der Ausdruck, den sie benutzte. Es war sicher eine wörtliche Übersetzung aus dem Deutschen, aber im Englischen klang es äußerst merkwürdig.

»Schreiben Sie«, verlangte sie wieder. »Wunderbar. Ich liebe Ihre grauenhafte Haltung, wenn Sie schreiben, der eingezogene Hals. Das ist einfach herrlich. Schreiben Sie weiter, ausgezeichnet. So, ganz natürlich. Bemerken Sie mich gar nicht, vergessen Sie, dass ich hier bin.«

Also schreibe ich weiter, bemerke sie gar nicht, vergesse, dass sie da ist, und bin natürlich. So viel ich nur kann. Ich habe eine Rechnung offen mit dem öffentlich-rechtlich deutschen Fernsehpublikum, doch hier ist nicht der Moment, sie zu begleichen. Jetzt ist der Moment zu schreiben. Sinnige Dinge zu schreiben, denn Blödsinn schreiben, das hat sie mir schon erklärt, fotografiert sich ganz und gar nicht gut.

Mein Sohn kommt aus dem Kindergarten heim. Er rennt zu mir und umarmt mich. Immer wenn Fernsehteams bei uns zu Hause sind, gibt es eine Umarmung. Am Anfang mussten die Fernsehleute ihn darum bitten, aber jetzt ist er schon konditioniert: rennen, nicht zur Kamera hinschauen, umarmen, »Papa, ich hab dich lieb« sagen. Er ist noch keine vier und begreift bereits, wie die Dinge funktionieren, mein süßer kleiner Sohn.

Meine Frau ist weniger gelungen, sagt die Korrespondentin des öffentlich-rechtlichen deutschen Fernsehens. Harmoniert weniger. Sie ordnet die ganze Zeit ihre Haare, wirft verstohlene Blicke nach der Kamera. Allerdings ist das kein echtes Problem, man kann sie nachher beim Redigieren jederzeit rausnehmen. Das ist das Schöne am Fernsehen. Im richtigen Leben ist das nicht so. Im Leben kannst du sie nicht rausnehmen, löschen. Nur Gott kann das, oder ein Autobus, wenn er sie überfährt. Oder eine schwere Krankheit. Der Nachbar über uns ist Witwer, eine unheilbare Krankheit hat ihm seine Frau genommen. Kein Krebs, was anderes. Etwas, das in den Eingeweiden anfängt und böse endet. Ein halbes Jahr hat sie Blut gekackt. Das hat er mir zumindest erzählt. Ein halbes Jahr, bis der Gesegnet-sei-Er sie beim Redigieren komplett rausgenommen hat. Seit sie tot ist, kommen alle möglichen Frauen auf hohen Absätzen zu uns ins Haus, die nach billigem Parfüm riechen. Sie kommen zu den unerwartetsten Zeiten, manchmal sogar mittags. Er ist Rentner, unser Nachbar von oben, seine Zeit ist flexibel. Und die, laut meiner Frau jedenfalls, sind Nutten. Wenn sie »Nutten« sagt, wirkt das so natürlich bei ihr, als ob sie »Sellerie« sagen würde. Aber wenn man sie filmt, dann nicht. Niemand ist perfekt.

Mein Sohn liebt die Nutten, die zu unserem Nachbarn von oben kommen. »Was für ein Tier bist du?«, fragt er sie, wenn er im Treppenhaus auf sie trifft. »Ich bin heute eine Maus. Eine flinke Maus, die davonsaust.« Und sie begreifen auf der Stelle und werfen den Namen eines Tieres zurück: Elefant, Känguruh, Schmetterling. Jede Nutte ein eigenes Tier. Das ist komisch, denn andere Leute, wenn er die nach den Tieren fragt, verstehen überhaupt nicht richtig, was er von ihnen will. Aber die Nutten harmonieren da voll.

Was mich auf den Gedanken bringt, dass ich vielleicht beim nächsten Mal, wenn ein Filmteam kommt, eine von ihnen statt meiner Frau herbringe, was sich natürlicher machen würde. Sie schauen toll aus, billig aber toll, und auch mein Sohn kommt viel besser mit ihnen zurecht. Wenn er meine Frau fragt, welches Tier sie ist, beharrt sie immer darauf: »Ich bin kein Tier, mein Schatz, ich bin ein Mensch. Ich bin deine Mama.« Und dann fängt er regelmäßig zu weinen an.

Warum harmoniert sie nicht, meine Frau? Warum fällt es ihr leicht, zu Frauen mit billigem Parfüm »Nutten« zu sagen, aber zu einem kleinen Jungen, »Ich bin ein Känguruh«, grenzt für sie an Unmögliches? Es macht mich wütend, macht mir Lust zu schlagen. Nicht sie, sie liebe ich, aber irgendjemanden. Meinen Frust auf jemandem abzuladen, der es verdient. Rechte können ihre ganze Wut immer an Arabern auslassen. Rassisten an Schwarzen. Aber wir von der liberalen Linken stehen auf dem Schlauch. Wir haben uns selber geknebelt, wir haben niemand, über den wir herfallen können. »Nenn sie nicht Nutten«, sage ich grollend zu meiner Frau, »du weißt ja gar nicht, ob sie Nutten sind, du hast nicht gesehen, dass sie jemand bezahlt oder so was, also nenn sie nicht so, gut? Wie würdest du dich fühlen, wenn dich jemand Nutte nennt?«

»Sehr schön«, sagt die deutsche Korrespondentin, »ich liebe das. Die Falte auf der Stirn. Der schnelle Rhythmus beim Tippen. Jetzt fehlt nur noch, einen Zwischencut von einigen fremdsprachigen Übersetzungen ihrer Geschichtenbände zu schießen, um unsere Zuschauer wissen zu lassen, dass Sie erfolgreich sind, und noch einmal diese Umarmung von Ihrem Sohn – beim ersten Mal ist er zu schnell gerannt, und Jörg, unser Kameramann, hat es nicht geschafft, den Fokus rechtzeitig darauf einzustellen.« Meine Frau fragt, ob die Deutsche auch sie noch einmal für eine Umarmung braucht, und ich bete im Herzen, dass sie ja sagt. Ich hätte so gerne, dass mich meine Frau wieder umarmt, dass sich ihre glatten Arme um mich schließen, als gäbe es nichts außer uns auf der Welt. »Nicht nötig«, sagt die Deutsche in kühlem Ton zu ihr, »das haben wir schon.«

»Was für ein Tier bist du?«, fragt mein Sohn die Deutsche, und ich beeile mich, es ins Englische zu übersetzen.

»Ich bin kein Tier«, lacht sie und fährt ihm mit ihren langen Fingernägeln durchs Haar, »ich bin ein Monster. Ein Monster, das von der anderen Seite des Ozeans gekommen ist, um hübsche kleine Jungen wie dich zu fressen.«

»Sie sagt, dass sie ein Singvogel ist«, übersetze ich meinem Sohn mit einem Höchstmaß an Natürlichkeit. »Sie sagt, sie ist ein Singvogel mit roten Federn, der aus einem fernen Land hierhergeflogen ist.«

Quellennachweis

Die sechs folgenden Geschichten wurden bereits in deutscher Übersetzung veröffentlicht, in der vorliegenden Fassung vom Autor allerdings mehr oder weniger verändert:

Simion; Pudding; Der Stich; Der höfliche Junge; Schlechtes Karma; Das Überraschungsei, alle aus:
Etgar Keret / Samir el-Youssef, Alles Gaza / Geteilte Geschichten, Luchterhand Literaturverlag 2006

Die Hündin, aus:
Berlin Hüttenweg – Stadt erzählen, hrsg. von Oliver Lubrich / Hans Jürgen Balmes, Matthes & Seitz Berlin Verlagsgesellschaft 2006

Etgar Keret
Die sieben guten Jahre
Mein Leben als Vater und Sohn
Aus dem Englischen von Daniel Kehlmann
223 Seiten. Broschur
ISBN 978-3-7466-3692-4
Auch als E-Book lieferbar

Zwischen tiefsinnig und komisch

In seinem persönlichsten Buch erzählt der israelische Autor Etgar Keret von seinem Leben als Vater und Sohn. Es sind einzigartige sieben Jahre zwischen der Geburt seines Sohnes und dem Tod seines Vaters: Angry Birds und Raketenangriffe, alles muss man dem kleinen Sohn erklären, den man beschützen will; und langsam wird der eigene Vater immer älter … Skurrile, ergreifende, großherzige Geschichten, deren Wahrheit wie Songs wirken und für immer bleiben. Kongenial übersetzt von Daniel Kehlmann.

»Und Gott schuf Etgar Keret, den besten Kurzgeschichten-Autor seit Kafka und Hemingway.« Maxim Biller
»Es sind herzerweichende Geschichten wie diese, die den ganz normalen Wahnsinn in Israel beschreiben und durch Humor helfen, ihn zu ertragen.« Jüdische Allgemeine

Regelmäßige Informationen erhalten Sie über unseren Newsletter.
Jetzt anmelden unter: www.aufbau-verlage.de/newsletter

atb aufbau taschenbuch